KB102226

위대한 리더를 꿈꾸는 이들에게 이 책을 바칩니다

The Mind of Great Leaders

Written by Chulhyun Bae.
Published by Sallim Publishing Co., 2019.

| 일러두기 |

• 국립국어원에 등재되어 있지 않은 외래어의 경우, 원 발음에 가깝게 표기했다.

• 시, 노래, 연극, 단편소설, 조각, 그림 제목에는 「　」, 외국어 논문명에는 "　", 책제목에는 『　』를 각각 붙여 구분해주었다.

The Mind of Great Leaders
자신에게 리더인 사람이 리더다

배철현의

위대한 리더

숭고한 자신을 발견한 인류의 긴 여정.
호모 사피엔스에서 안티고네까지,
지혜와 성찰 속에서 길어낸
위대한 리더 마인드 12

살림

당신은 이것을 가졌는가?

미스테리움(신비)·트러멘둠(전율)·파시난스(매력)

위대한 리더는 스스로에게 리더인 사람입니다. 그(녀)는 항상 자신에게 감동적인 리더의 모습을 상상하고, 그것을 위해 수련하는 사람입니다. 그는 리더로서 갖추어야 할 덕목들을 심오하게 발굴하고 훈련하는 자입니다. 구태의연한 리더는 자신이 추구해야 할 리더의 모습을 가지고 있지 않습니다. 그는 자신의 욕망을 채우기 위해, 타인의 충성을 강요합니다. 리더는 자신의 생각, 말 그리고 행동을 통해 공동체의 충성을 자아냅니다. 고대 로마인은 리더가 갖추어야 할 위엄을 '누멘(Numen)'이라는 라틴어 단어를 이용하여 설명했습니다.

'누멘'의 원래 의미는 '고개를 끄덕이다, 인정하다'라는 의미인 '누오(*Nuo-)'와 명사형 어미 '-men'의 합성어입니다. '누멘'의 의미를 어원을 이용하여 설명하자면 '인간들뿐만 아니라, 신들도 인정하는 인간의 기질'입니다. 로마의 정치가 키케로(Marcus Tullius Cicero)는 '누멘'을 '신적인 마음'이자 '신적인 힘'으로 만물을 움직이게 하는 원동력이라 해석하였습니다. 리더는 한마디로 오랜 훈련을 거쳐, 누멘을 몸에 지닌 사람입니다.

독일 종교학자 오토(Rudolf Otto)는 누멘을 다음 세 가지 품성으로 풀어 설명합니다.

첫 번째 리더의 품성은 '미스테리움(Mysterium)', 즉 '신비(神祕)'입니다. '나는 왜 인간으로 태어났는가?' '생명은 왜, 어떻게 등장했는가?' 신비는 너무 깊거나 높아서 가늠할 수 없을 때 인간이 느끼는 감정입니다. 그래서 '미스테리움'이란 라틴어 단어에는 "숨겨진, 파악할 수 없는"이란 의미가 숨어 있습니다.

리더는 공동체를 위해 두 갈래 갈림길에서 항상 더 나은 길을 선택해야 합니다. 아무도 가본 적이 없는 길을 선택해야 하기 때문에 불안합니다. 리더는 범인(凡人)들이 상상할 수 없는 미지의 세계를 상상하고 숙고하여 최적의 방법을 찾아냅니다. 리더는 자신만의 공간과 시간에서 그 어느 누구보다도 깊이 숙고합니다. 이것을 통해 가야만 하는 길을 발견하기에 리더는 늘 신비롭습니다.

두 번째 리더의 품성은 '트러멘둠(Tremendum)', 즉 '전율(戰慄)'입니다. 전율이란 자신의 오감으로는 감지할 수 없는 어떤 것을 경험할 때 자연스럽게 나오는 반응입니다. 숲에서 길을 잃어 헤매다 나를 응시하고 있는 늑대를 보았을 때, 내 몸과 마음이 반응하는 방식이 바로 전율입니다. 리더의 말과 행동은 나의 눈을 사로잡고 귀를 기울이게 만듭니다. 그의 언행은 나의 눈에서 눈물을 자아내고 나의 귀에 깨달음을 선사합니다. 그의 안목은 강력하여 나의 자발적인 충성을 자아냅니다. 그는 가야 할 길을 잃고 헤매는 나에게 최적의 길을 제시하고 설득합니다. 나는 두렵지만, 그의 언행에 기꺼이 승복합니다.

세 번째 리더의 품성은 '파시난스(Fascinans)', 즉 '매력(魅力)'입니다. '매력'이란 사람을 끄는 아우라입니다. 리더는 보통사람들이 접근할 수 없는 한계를, 실제 몸으로 혹은 지적인 자기 공부를 통해서, 혹은 영적인 깨달음을 통해 경험한 사람입니다. 그는 이 경험을 통해, 용감하고 지혜로운 사람이 됩니다. 매력은 나와 너의 경계를 가물가물(玄)하게 하는 신비한 돌, '자석(磁石)'과 같습니다.

저는 새로운 도약을 위해 혼란의 시대를 살고 있는 대한민국을 위해 『위대한 리더』라는 책을 출간합니다. 저는 이 책에 나온 12가지 덕목이 '더 나은 자신'을 추구하는 개인과 자신이 속한 공동체의 리더를 꿈꾸는 이들의 마음에 씨앗으로 심기길 바랍니다. 언젠가 그 씨가 싹을 틔워 큰 나무가 될 것입니다. 자신에게 리더인 사람이 리더입니다.

저는 이 책을 위대한 리더를 열망하는 이들에게 바칩니다. 살림출판사의 심만수 사장님과 김광숙 상무님은 작가로서 새로운 여정을 떠나는 저의 손을 굳건히 잡아주셨습니다. 고대 언어들의 원문들을 실어야 하는 까다로운 편집을 훌륭하게 마쳐주신 서상미 주간을 비롯한 직원 여러분의 노고에 감사드립니다.

2019년 9월 9일
배철현

차 례

제1부

카리스마(Charisma)-신이 부여한 리더의 품격
"카리스마는 만드는 것이 아니라 쌓이는 것이다"

제2부

자비(慈悲)-타인의 눈으로 세상을 보는 능력
"자비는 리더가 가진 최고의 무기다"

제3부

안목(眼目)-무엇을 볼 것인가, 어떻게 볼 것인가
"안목은 죽음의 시점에서 지금을 상상하는 용기다"

제4부

원칙(原則)—무엇을 위해 기꺼이 목숨을 바칠 것인가
"원칙은 리더의 생각, 말 그리고 행동의 문법이다"

미켈란젤로, 「다비드(다윗) 상」의 오른손

다윗의 자기 확신

홍안 소년 다윗은
블레셋의 거인 골리앗 앞에 섰다.

완전군장하고 나선 골리앗은 태곳적 산맥과 같다.
양치기 다윗은 늑대들을 내쫓던
돌멩이 다섯 개를 가방에 넣고 어깨에는 무릿매 끈을 멨다.

골리앗의 목소리가 강산을 울린다.
"네가 나를 개로 아느냐? 너를 들짐승의 밥으로 만들겠다."

다윗은 골리앗의 눈을 가만히 바라본다.
온몸의 피가 요동치며 돌멩이를 쥔 오른손으로 쏠린다.
그것은 새 깃털처럼 가볍기도 하고
메카의 카바처럼 무겁기도 하다.

이 돌멩이는 골리앗의 이마 정중앙에 박힐 것이다.
그리고 그는 썩은 거목처럼 힘없이 넘어질 것이다.

다윗은 가만히 돌멩이를 어루만진다.

이 확신의 순간, 그는 이스라엘 왕이 된다.
다윗은 남들이 감히 갈 수 없는 터부의 경계에서 영웅이 되었다.

그는 이제
카리스마,
자비,
안목,
원칙
이 네 마음을 지니게 될 것이다.

제1부

카리스마
신이 부여한 리더의 품격

"카리스마는 만드는 것이 아니라,
쌓이는 것이다"

카리스마(χάρισμα, 고대 그리스어)**,
'매력적인 권위'**

카리스마는 리더가 지니는 매력이다. 무엇이 리더를 비범하게 만들까? 리더는 묵상, 임무, 수련, 이야기 그리고 자기 확신을 통해 카리스마를 획득하고 강화한다. 먼저 자신을 위한 별도의 공간을 마련하고 그곳에서 흠모할 만한 자신을 위해 시간을 바친다. 이 구별된 시간과 공간이 고독이다. 고독이 그를 변모시킨다. 평범한 인간은 고독을 통해 비범한 인간으로 다시 탄생한다. 그는 자신의 심연 속에서 흘러나오는 내면의 소리를 경청하며 그 안에서 자신의 고유한 임무를 감지한다. 그리고 그 임무를 대중에게 감동적으로 이야기하여 공동체를 위한 최선을 찾아낸다. 리더는 오랜 자기 수련을 통해 카리스마를 몸에 익힌 후, 자연스럽게 등장하는 인물이다.

「아들 사무엘을 엘리 제사장에게 바치는 한나」

에크하우트, 유화, 1665, 117cm×143cm,

파리, 루브르 박물관

리더의 첫 번째 조건, 카리스마

카리스마는 리더의 첫 번째 조건이다. 카리스마가 없다면, 그(녀)는 지도자가 아니라 추종자다. 대중들은 말로는 설명할 수 없는 자신만의 카리스마를 지닌 리더를 기꺼이 따른다. 카리스마는 그가 대중 속에 있어도 그를 구분시키는 무언가다. 여기 카리스마의 기원을 다룬 그림이 한 장 있다. 네덜란드 화가 헤르브란트 반 덴 에크하우트(Gerbrand Van den Eeckhout, 1621~1674)는 그림 「아들 사무엘을 엘리 제사장에게 바치는 한나」에서 카리스마의 기원을 묘사하였다.

이 그림은 반 덴 에크하우트의 신앙과 세계관을 가장 잘 드러낸 작품이다. 이 그림에서 한나는 아들 사무엘을 이스라엘 실로의 제사장 엘리에게 바치고 있다. 한나는 아이를 낳지 못하는 여인이었다. 그의 남편 엘카나는 그녀를 다른 아내인 브니나보다 사랑했지만, 한나의 슬픔은 깊어만 갔다. 브니나는 아이를 낳지 못하는 그녀를 학대했다. 한나는 자신의 존재의미를 부여하는 간절(懇切)한 그 무엇을 추구하였다. 카리스마란 한 인간의 간절함이, 그 사람의 언행을 통한 훈련에서 서서히 드러나는 신의 선물이다.

　카리스마는 다음 두 가지를 통해 획득된다. 첫 번째는 자신이 흠모하는 자신의 구체적인 모습을 실현하기 위한 간절(懇切)함이다. 간절이란 자기 확신과 그 확신을 실제로 실현시키려는 반복적인 노력이다. 간절(懇切)이라는 한자의 간(懇)은 자신에게 맡겨진 임무가 무엇인가를 가만히 헤아리고 분명히 인식한 후, 그것을 조금씩 완수해가는 과정이다. 간(懇)은 세 가지 단어의 합성어다. 두 글자가 마음 '심(心)' 위에 놓여 있다. 왼편 글자 豸의 한자 훈음은 '발 없는 벌레 치' 혹은 '해태 치'다. 이 글자는 고양이나 호랑이와 같은 짐승이, 먹잇감을 발견하고 자신의 몸을 잔뜩 웅크리고 등을 굽혀 그것을 덮치기 전 그 절체절명의 순간을 표현한 형상이다. 자신이 목표한 먹잇감을 한순간에 낚아채기 위해 발자국 소리를 내지 않는다. 그리고 그의 눈은 오직 그 목표물에 조준돼 흔들림이 없다. 오른편에 있는 한자 艮은 '그칠 간'으로, '가만히 눈여겨보기 위해 모든 움직임을 정지하다'라는 의미다. 세상의 비밀은 집중하고 몰입하는 자에게 드러나게 마련이다. '간절'한 사람은 자신의 심장(心臟)을 내어줄 정도로 거룩한 목적을 가지고 있다. 리더는 매일매일 간절을 수련하는 자다.

　두 번째는 자신의 간절함을 실현하기 위한 구체적인 훈련인 구별(區別)이다. 그녀는 자신의 거주지를 떠나 실로라는 성소(聖所)로 들어가 신에게 간구한다. 실로의 사제 엘리는 그녀의 간절한 기도를 지켜보았다. 그녀는 이 구별된 공간에서 자신도 모르는 전혀 다른 세계로 진입하였다. 그녀는 '자기 자신'이라는 성소로 진입하여 자신의 몸을 '신의 은총'으로 변모시켰다. 한나는 신에게 아이를 가지게 된다면, 보통 아이가 아니라 '구별된' 아이로 키우겠다고 맹세한다. 고대 이스라엘에서는 '구별된 자'를 히브리어로 '나찌르(nazir)'라고 불렀다. '나찌르'는 일상의 습관을 구별하는 자다. 나찌르인은 머리카락을 자르지 않고, 알코올이 들어간 음료를 마시지 않는다. 새로운 자신으로 만들기 위해 자신을 철저히 분리시켜 훈련한다.

한나가 먼저 간절함을 이루기 위해 자신을 구별하고 일상을 장악하였기 때문에, 그 정성이 자신의 몸을 통해 세상에 드러났다. 그가 바로 아들 사무엘이다. 이후 사무엘을 통해 사울과 다윗이 이스라엘의 왕이 되었다.

한나(Hannah)는 고대 히브리어로 '(신의) 은총(恩寵)' 혹은 '조용'이란 의미다. 영어이름 '앤(Ann)' '안나(Anna)'는 모두 '한나'에서 파생된 이름이다. '한나'에 해당하는 그리스어가 '카리스마'다. 카리스마는 다른 사람들의 충성을 자아내는 매력이다. 고대 그리스 여신 '카리테스'는 신적인 매력, 아름다움, 창의성 혹은 자연의 풍요를 생산하는 원초적인 힘의 화신이다. 위대한 리더는 자연적으로 태어나는 것이 아니다. 신의 은총을 일방적으로 받는 선택된 자도 아니다.

위대한 리더는 자신의 일상을 구별하고 스스로 흠모하는 자신이 되려는 훈련을 통해 슬그머니 자신이 속한 공동체에서 두각(頭角)을 나타내는 자다. 위대한 리더는 카리스마를 지녀야 한다. 카리스마는 자신의 포부를 간절하게 원하고, 그것을 실현하기 위해 스스로를 구별하여, 자신을 장악하는 자에게 주어진다. 남들은 그 카리스마를 '신의 선물', 즉 '은총'이라 부른다.

나는 위대한 리더의 첫 번째 조건으로 카리스마를 꼽았다. 리더는 오랜 자기 수련을 통해 카리스마를 몸에 익힌 후, 자연스럽게 등장하는 인물이다.[1]

1

호모 사피엔스-사피엔스의 카리스마, 콘템플라치오(Contemplatio)

"당신은 자신을 위한 구별된
시간과 공간을 가졌습니까?"

'콘템플라치오'(Contemplatio, 라틴어), '묵상'

라틴어 콘템플라치오는 '묵상(默想)'이라는 의미다. 리더는 자신을 이끄는 자다. 자신에게 리더인 자가, 남에게도 리더다. 그(녀)는 스스로 제3자가 되어 항상 자신을 엄격하게 점검하는 자다. '묵상'은 자신이 누구인지 그리고 자신이 속한 공동체를 위한 자신의 임무에 대한 숙고다. 그는 자신에게 '또 다른 자아' 혹은 '3인칭이 된 생경한 자신이 되어, 현재의 자신을 관찰한다. 그는 묵상을 통해 자신이 속한 공동체가 가야 할 길을 구체적으로 상상하고 제시하는 자다.[2]

이주(移住)의 본능

리더와 범인(凡人)들의 차이는 무엇인가? 무엇이 리더를 다른 사람으로부터 구분할까? 리더는 앞장서서 대중을 인도하는 사람이다. 그(녀)는 자신도 가본 적이 없고 대중도 상상해본 적이 없는 새로운 길을 제시하는 자다.

새로운 길은 그 자체로 위험하고 이상하다. 범인들은 그 대안을 리더만큼 깊이 생각해본 적이 없기 때문에 선뜻 동의할 수 없다. '새롭다'라는 형용사는 놀람, 위험, 역설, 참신, 두려움, 좌절 그리고 절망으로 무장되어 있다. 그 형용사의 구석자리에 잘 보이지 않는 희망이 숨어 있다.

앞서가는 리더는 안주(安住)하지 않고 이주(移住)한다. 그에게 안주란 퇴행이며 죽음이다. 자신과 자신이 속한 공동체가 생존하기 위해, 더 나은 곳을 항상 모색한다.

인간의 특징 중 하나는 움직임이다. 식물과 달리 인간을 포함한 모든 동물은 글자 그대로 매 순간 움직인다. 식물은 한곳에 뿌리를 내려, 싹을 틔우고 줄기를 내고 가지를 내, 꽃을 피우고 열매를 맺는다. 식물은 자신에게 주어진 자연의 섭리를 완수하기 위해선 꿈쩍하지 않고 자신의 자리를 지켜야 한다. 만일 인간이 인위적으로 식물을 그 자리에서 다른 자리로 옮긴다면, 그 식물은 때 이른 소멸을 맞이할 것이다.

그러나 동물은 항상 이동한다. 자신의 거처를 만들어 해가 지면 돌아와 잠을 청하지만, 아침이면 다시 거처를 떠나 생계를 유지하기 위해 이동한다. 한곳에 만족하여 머무는 행위는 곧 죽음이다.

현생인류의 탄생

이주가 현생인류를 탄생시킨 것이다. 최근 과학자들은 호모 사피엔스 사피엔스(Homo sapiens sapiens, 이하 '호모 사피엔스'는 '호모 사피엔스 사피엔스'를 의미한다)의 등장을 20만 년 전이 아니라, 그보다 10만 년이 앞선 30만 년 전 북아프리카에서 처음으로 등장했다는 사실을 증명하였다.[3] 북아프리카에서 처음 등장한 호모 사피엔스는 먹을 것을 찾아 오늘날 이집트 북부와 중동지방을 거쳐 유럽으로 이동하기 시작하였다. 본격적인 이주는 16만 년 전부터 시작하였다. 이들이 오늘날과 같은 도시 안에 문명을 구축하여 살기 시작한 시기는 기원전 3000년경으로 비교적 최근의 일이다.

호모 사피엔스의 생활 방식은 지난 29만 7,000년 동안 사냥·채집경제였다. 초기 인류는 다른 동물들이 먹다 남은 사체를 차지하기 위해, 하이에나와 같은 동물들과 경쟁하였다. 인류는 창과 화살과 같은 무기를 개발하여 생태계 최고의 포식자와 사냥꾼으로 군림하기 시작하였다.

인류는 기원전 9000년경, 빙하기가 끝나면서 농업을 발견한다. 토양이 두터워지면서 점진적으로 양분이 축적됨으로써 농업이 가능해졌다. 이제 인류의 삶은 수렵-채집 이동생활에서 농경-유목 정착생활로 전환되었다.[4] 지구의 '마지막 빙하기(Last Glacial Period)'가 기원전 10만 5,000년경부터 기원전 1만 7,000년경까지 지속되었기 때문이다.

유럽에는 이미 호모 사피엔스보다 먼저 이주해 온 다른 '사람(Homo) 속(屬)' 인종들이 정착하고 있었다. 특히 네안데르탈인(Homo sapiens neanderthalensis)은 유럽 전역을 장악하는 최상위 포식자였다. 호모 사피엔스는 생존을 위해 이들과 경쟁해야만 했다. 호모 사피엔스와 네안데르탈인의 겉모습은 거의 차이가 없었다. 호모 사피엔스 남성은 호리호리한 몸을 지녔다. 반면 네안데르탈인 남성은 호모 사피엔스보다 키가 평균적으로 작았지만, 레슬링 선수의 몸과 단거리 달리기 선수의 다리를 지닌 다부진 체격의 소유자였다.

호모 사피엔스와 네안데르탈인은 성교를 할 정도로 유전적으로 가까운 동물이었다. 실제로 오늘날 유럽인과 아시아인의 유전자에서 네안데르탈인의 유전자 흔적이 발견된다. 동물의 생존이 '약육강식'을 기초로 한 '적자생존'의 방식이라면, 네안데르탈인이 생존했어야 한다. 그러나 네안데르탈인은 2만 8,000년 전 에스파냐 동굴에 마지막 흔적을 남긴 채 사라졌다. 무엇이 호모 사피엔스를 유일한 지구의 정복자로 만들었을까? 왜 호모 사피엔스는 생존하였고 네안데르탈인은 멸종했을까?

위대함을 만날 때 느끼는 숭고(崇高)

어느 날, 한 무명의 호모 사피엔스가 얼음으로 뒤덮인 유럽의 한 장소에서 동료들과 함께 사냥하고 있었다. 그날은 특별한 날이었다. 저 멀리 보이는 안개 낀 숲에서 스르르 나오는 거대한 동물을 보았다. 하늘로 솟아오르는 거대한 뿔을 지닌 사슴이었다. 지금은 멸종된 큰뿔 사슴과인 메갈로케로스(Megaloceros)다. 뿔은 가로로 4.3미터 펼쳐 있고 키는 거의 3미터, 몸무게는 700킬로그램 이상 되는 거대한 산과 같은 사슴이다. '메갈로케로스'는 '거대한 뿔'이라는 의미로 자신의 신체적 특징 때문에 붙여진 이름이다. 메갈로케로스는 '가지 뿔' 때문에 나무가 많은 숲에서 생활할 수 없었다. 뿔이 나뭇가지에 종종 걸려 이동하기가 쉽지 않기 때문이다. 이 거대한 사슴은 주로 평원에서 서식했다.

호모 사피엔스는 이 신적인 풍채를 지닌 동물에게 창을 던질 수 없었다. 메갈로케로스의 낮은 울음소리는 온 평원을 울리는 천둥소리와 같았다. 이 웅장한 메갈로케로스를 만나는 순간, 그는 숨이 멎는 듯했다. 온몸에서 기운이 갑자기 빠져나갔다. 메갈로케로스의 눈을 가만히 응시하고 자신의 몸에서 엑스터시를 경험했다. 메갈로케로스는 그의 시선과 정신을 몰두시키는 이질적인 무엇인가를 지녔다. 그는 이 거대한 동물이 가진 것이 무엇인지 고민하였다. 독일신학자 루돌프 오토는 호모 사피엔스와 메갈로케로스의 만남을 '전적 타자(daz Ganz Andere)'와의 만남이라고 설명했다.[5] 메갈로케로스는 자신이 가질 수 없는 강력한 매력으로 그를 한순간에 복종시킬 수 있는 권위를 지녔다.

이 거대한 동물은 사냥할 대상이 아니라 숭배의 대상이 될 정도로 숭고했다. 그것은 자신이 일상에서 경험하고 관찰할 수 있는 한계를 넘어선, 미지의 세계를 보여주었다. '숭고'는 인간이 인식 가능한 경계를 넘어선 어떤 것, 흔히 '위대함'을 만날 때 느끼는 감정이다. 숭고는 오감을 통해 그 일부를 느낄 수 있다. 인간이 가진 도덕·이성·형이상학·미학·예술·종교로는 담을 수 없는 거대한 무엇이다.

숭고의 감정을 일으키는 메갈로케로스는 호모 사피엔스가 이해하기

엔 너무 광대하고 강력하여, 관찰자를 우주의 먼지로 전락시킨다. 독일 철학자 쇼펜하우어는 이러한 '숭고'의 개념에 관해 설명했다. 그는 『의지와 표상으로서의 세계』라는 책 단락 39에서 '아름다움'과 '숭고'의 관계, 전이과정 그리고 차이에 주목했다.[6] '아름다움'은 관찰 대상이 관찰자를 친절하게 유혹하고, 유혹에 긍정적으로 반응할 때 생기는 미적인 감정이다. 그러나 숭고의 감정은 다르다. 관찰 대상이 관찰자를 초대하지 않고 친절하지도 않다. 그 대상은 스스로에게 몰입되어 있어 외부의 관심이나 시선엔 아랑곳하지 않는다. 오히려 관찰자의 경계 안을 무단으로 침입해, 그가 지닌 외부인식을 장악하고 파괴한다.

숭고는 우리가 광활한 사막 한가운데에서 밤하늘의 셀 수 없는 별들을 보았을 때 느끼는 감정과 같다. 이것은 인간의 육체적 자극과는 달리, 미적인 묵상을 순간에 요구하고 이내 사라져버린다. 그는 아름다움과 숭고의 감정을 다음 여섯 단계로 구분하여 설명했다.

첫째, 미적인 감정은 관찰자의 영역을 침범하지 않는 상냥한 대상을 단순히 볼 때 생긴다. 빛이 장미를 비춰, 관찰자의 눈으로 들어올 때 생기는 감정이 아름다움이다.

둘째, 숭고의 또 다른 약한 감정은 빛이 돌을 반영할 때 생긴다. 관찰자가 자신에게 위협이 되지 않는 돌을 본다. 이 돌은 장미와는 달리 무생물로, 스스로 변화하지 않고 외부의 환경에 의해 변한다.

셋째, 숭고의 또 다른 약한 감정은 아무런 움직임이 없는 드넓은 사막이다. 사막은 관찰자의 삶을 유지할 수 없는 물건이다.

넷째, 변화하는 자연이 주는 숭고다. 인간이 자신에게 불편함이라는 공포를 자아내지 않는 자연, 예를 들어 강이 굽이쳐 흐르고 동물들이 초원에서 유유자적 뛰노는 광경을 볼 때 생기는 감정이다.

다섯째, 파괴적이며 압도적인 자연이 주는 숭고다. 예를 들어 이과수 폭포수 밑에서 온몸으로 물을 받을 때 느끼는 감정이다.

여섯째, 온전한 숭고의 감정으로, 예를 들어 닐 암스트롱이 달에 도착한 후 지구를 보았을 때 느낀 감정이다.

정신적으로 문화적으로 전혀 다른 호모 사피엔스-사피엔스

호모 사피엔스가 네안데르탈인을 포함한 다른 유인원들과 달랐던 점은 무엇인가? 나는 그 차이를 호모 사피엔스는 했고, 네안데르탈인은 하지 못했던 '특별한 행위'에서 찾고 싶다. 호모 사피엔스는 지하동굴로 내려가 '동굴벽화'를 그렸지만, 네안데르탈인은 지하동굴로 내려가지 않았고, 당연히 동굴벽화도 그리지 않았다. 일부 극소수 호모 사피엔스만이 자신들의 생존과는 전혀 상관이 없는 행위처럼 보이는 벽화를 그리기 시작했다. 네안데르탈인은 자신들이 호모 사피엔스보다 빨리 달리고 힘이 세기 때문에, 자신들이 만물의 영장이 될 것이라고 확신하였다. 이들은 강인한 신체를 바탕으로 사냥하고 채집하였다. 이들은 자신들이 지닌 육체의 힘을 믿었다.

그러나 호모 사피엔스는 집단의 힘을 믿었다. 이들은 서로 사냥기술을 공유하고 실제 사냥하기 위해 협동하였다. 더 강력한 무기를 제작하고, 정교한 전술이 자신의 생존을 보장한다고 믿었다. 호모 사피엔스는 네안데르탈인뿐만 아니라 다른 호모 사피엔스와 경쟁하면서, 협동과 기술의 발전이 승리할 수 있는 비밀이라고 상상했다.

호모 사피엔스 중 소수(少數)는 자신을 의도적으로 분리하였다. 자신에게 몰입할 수 있는 공간과 시간을 모색하였다. 이들은 미래를 위한 최선의 포석은 자기 자신을 심오하게 관찰할 수 있는 '고독'이라고 판단하였다. 이들은 네안데르탈인처럼 자신의 힘에만 의지하는 자만에 빠지지 않았다. 이들은 다른 대부분의 호모 사피엔스처럼 정교한 무기와 전략을 통해 다른 유인원들과 벌이는 경쟁에서 이기는 것이 미래의 생존을 보장한다고 믿지 않았다. 일부 호모 사피엔스는 자신을 가만히 바라보고, 자신이 할 수 있는 일을 깊이 생각하고 이것을 실행에 옮기는 수련이 미래를 장악하는 지름길이라고 판단하였다. 이들은 '문화적으로 정신적으로 전혀 다른 인류'다.

한 무명의 호모 사피엔스는 자신을 홀린 메갈로케로스를 자신의 마음속에 담았다. 그는 그 '전적인 타자'를 시각적으로 표현하고 싶었다.[7] 그가 찾은 장소는 자신의 기억을 온전히 떠올릴 수 있는 장소, 지하동굴이었다. 동굴은 자신에게 몰입할 수 있는 최적의 장소다. 모든 인간이 태어난 어머니의 자궁과 같은 공간이다. 그는 한 손에 횃불을, 다른 한 손엔 검은 숯으로 만든 물감을 들고 한 치의 앞도 볼 수 없는 미지의 세계인 동굴로 들어갔다. 그는 자신의 마음속에 담긴 숭고한 것을 상기하고 그것을 밖으로 끄집어내, 자신의 손을 통해 동굴벽에 표현하였다. 이것은 호모 사피엔스를 다른 동물들이나 유인원들과 구별하는 확실한 경계다. 이 창조적인 활동이 '예술(藝術)'이다. 예술은 인간의 마음속에 담긴 숭고를 자신의 몸을 이용하여 아름답게 표현하는 정교한 인위다.

이들이 바로 현생인류의 조상인 '호모 사피엔스-사피엔스(Homo sapiens-sapiens)'다. '호모 사피엔스'와 '호모 사피엔스-사피엔스' 간의 차이는 호모 사피엔스와 네안데르탈인만큼이나 크다. 호모 사피엔스-사피엔스에는 '알다'라는 동사 '사페레(sapere)'의 분사형인 '사피엔스(sapiens)'가 두 번이나 반복되었다.

'사피엔스'의 어근인 '사페레'는 '연구하다; 노력하다; 취미를 가지다;

한 분야에 정통하다; 통찰하다'라는 등 다양한 의미를 지닌 원-인도유럽어 어근 *seh₁p에서 유래했다. 사실 호모 사피엔스가 세상에 대해 아는 것은 없다. 그는 관찰을 통해 만물에 숨겨진 자연과 인위의 비밀을 조금씩 알아가는 중일 뿐이다. 이렇게 알아가는 과정이 과학 혹은 철학이다. 과학이나 철학이 현재에 알고 있는 사실들은 미래에 우리가 발견할 지식에 비하면 항상 초보 수준이다. '호모 사피엔스'는 '아는 유인원'이 아니라 '조금씩 알아가고 있는 유인원'이다.

호모 사피엔스-사피엔스는 '적자생존'의 비밀이 다른 동물들을 사냥하고, 다른 인종들이나 동료 인종들과 무한 경쟁하는 '양육강식'에 있지 않고, '더 나은 자신'을 발견하기 위해 자신을 깊이 관찰하는 행위에 있다고 믿었다. 이들은 지상에서는 흔히 볼 수 없는 숨겨지고 구별된 장소로 내려갔다. 이들은 정기적으로 자신들이 내려갈 수 있는 가장 깊은 곳―동굴―로 내려갔다. 하강(下降)은 상승(上昇)을 위한 준비이며, 고독은 동반(同伴)을 위한 연습이다. 지구가 처음 만들어질 때, 지진과 화산활동으로 거대한 산맥이 만들어졌다. 그 산맥과 산맥, 산과 산 사이에 틈이 생겨 꾸불꾸불한 통로를 지닌 동굴들이 생겨났다.

왜 호모 사피엔스-사피엔스는 동굴로 내려갔을까? 이들은 그곳에서 무슨 행위를 했는가? 고고학자들은 19세기부터 프랑스, 에스파냐 그리고 독일에서 4만 년 전부터 1만 2,000년 전까지 호모 사피엔스-사피엔스가 깊숙한 동굴에 그려놓은 벽화(壁畫)들을 발견하였다. 이들은 지상의 편편한 벽이 아니라 지하동굴의 울퉁불퉁한 동굴벽에 그림을 그렸다. 이들은 빙하시대에 살면서, 지상에서는 사자·호랑이·코뿔소와 경쟁하며 먹을 것을 찾아 헤매는, 극한의 환경 속에서 살았다. 이들의 삶을 근본적으로 위협하는 위급한 상황에서조차 창조적 소수는 정기적으로 지하동굴로 내려가 그림을 그렸다. 또한 이곳에서 무용·노래를 동반한 의례(儀禮)를 드렸다. 이 동굴들 안에서 발견된 곰이나 매머드의 해골과 그 주위의 정교한 장식을 통해 이들에게 사후세계에 대한 신앙이 있었다는 걸 추측할 수 있다.

구석기인들의 시스티나 성당 '라스코 동굴'

구석기시대 동굴벽화 중 프랑스 남서부 도르도뉴 지방 베제르계곡 몽티냐크에 위치한 라스코 동굴벽화가 가장 유명하다. 이 벽화는 탄소연대측정에 따르면, 2만 년 전부터 1만 2,000년 전에 그려진 것으로 추정된다.[8] 1940년 이곳에 거주하는 네 명의 청소년이 잃어버린 개를 찾다가 이 벽화들을 우연히 발견하여 1955년에 일반에 공개되었다. 하지만 매일 수천 명의 방문자가 내뿜는 이산화탄소 때문에 1983년에 영구히 문을 닫았다. 현재는 실제 동굴 옆에 '라스코 II'라는 모형 동굴과 벽화를 만들었다.

'라스코 III'은 이동식 전시실로 2012년 이후 전 세계를 돌아다닌다. 인류는 인간 창의성의 시발점으로서 라스코 동굴을 인식하고 '라스코 IV'를 2017년에 건설하였다. 노르웨이 디자인 그룹인 스뇌헤타(Snøhetta)와 영국 디자인 그룹 카손 만(Casson Mann)은 수많은 고고학자, 미술사학자와 함께 최첨단기술을 이용하여 현대인에게 감동적이면서도 교육적인 새로운 신전, '라스코 IV'를 건축하였다.

호모 사피엔스-사피엔스는 길이가 22미터가 되는 동굴 천장에 다양한 동물을 그렸다. 커다란 검은 황소, 세 마리 말, 떨어지는 암소, 도망하는 말 그리고 사슴, 코뿔소 등이 등장한다. 호모 사피엔스-사피엔스는 자신들이 일상에서 보았던 동물들을 그렸다. 그들은 정지된 자연을 그린 것이 아니라 항상 살아 움직이는 역동적인 동물들을 그렸다. 이 동굴은 그들의 '시스티나 성당'이다. 라스코 동굴벽화는 르네상스 시대 이탈리아 화가 미켈란젤로가 교황 율리오 2세의 후원을 받아, 1508년에서부터 1512년 사이에 시스티나 성당의 천장에 1만 2,000점의 그림을 그렸듯이, 소수의 인류가 정기적으로 이곳에 내려와 그림을 그렸다. 오늘날 확인된 벽화만 600여 점이다.

관찰(觀察)과 기억(記憶)

자연적으로 형성된 깊은 지하동굴을 찾아 들어가면, 아무것도 볼 수 없고 아무것도 들리지 않는다. 유일하게 감지할 수 있는 소리는 자신의 몸속에서 미세하게 들려오는 심장박동 소리와 자신의 발자국 소리다. 지하동굴은 삶과 죽음의 경계, 이승과 저승을 가르는 문지방, 세상을 가르는 나와 너를 포함하며 '우리'가 자리 잡은 구별된 장소다.

인류는 바로 이곳에서 혁신하였다. 이 동굴은 후대 그리스 철학자 플라톤의 『국가』에 등장한 동굴이며, 이스라엘 예언자 엘리야가 신의 '미세한 침묵의 소리'를 들었다는 시나이산 동굴이다. 그리고 이곳은 무함마드가 계시를 받았다는 메카 외곽에 위치한 히라(Hira) 동굴이다. 이곳에서 우둔한 자는 현자가 되고, 인간 엘리야는 천상의 마차를 타고 승천하였고, 상인 무함마드는 16억 무슬림의 정신적인 지도자가 되었다. 이 공간에 감히 들어온 호모 사피엔스는, 자신이 눈으로 보이는 것만을 보는 인간이 아니라, 자신이 경험한 것을 마음에 간직하고 그것을 예술적으로 표현하는 인간, 즉 호모 사피엔스-사피엔스로 새롭게 태어난다.

삶과 죽음의 경계 공간인 동굴에서 인류는 자신을 혁신하기 시작하였다. 이는 공동체의 혁신의 씨앗이다. 그는 마치 자신이 태어났던 어머니의 자궁과 같은 장소로 다시 돌아가 지상에서 본 큰사슴을 그리기 시작하였다.

그는 어떻게 이렇게 단순하고 강력한 사슴을 그림으로 표현할 수 있었을까? 비밀은 두 가지 능력에 달려 있다. 하나는 대상을 깊이 관찰하고 기억하는 능력이고, 다른 하나는 그 특징을 잡아내는 추상(抽象)의 능력이다.

관찰이란 자신이 응시하려는 대상을 그냥 보고 지나치지 않는 침착에서 출발한다. 그냥 보면 그 대상이 목격자의 눈에 남아 있다 금방 사라진다. 그러나 침착하게 관찰하면, 눈에 남은 이미지가 가슴으로 내려와 자리 잡고, 그 후에 그의 뇌에 자국을 남기게 된다. 이렇게 남은 자국을 '인상(印象)'이라고 부른다. 이런 보기에서 관찰자는 어느 순간에 자신이 사물을 응시하던 과거 방식에서 탈출하기를 시도한다. 이때 관찰자 자신은 사라지고 정신적으로 자신이 표현하려는 대상 안으로 들어간다.

이런 합일(合一)은 숭고를 경험할 때 일어난다. 우리의 뇌와 눈은 사물을 있는 그대로 보지 않고 자신이 보려는 것을 보도록 세뇌되어 있다. 사물 그 자체를 보기 위해서는 자신이 응시하는 대상을 보고 또 볼 수 있는 인내의 능력이 필요하다. 그는 이 관찰 행위로 대상에 대한 정보를 얻는다. 정보란 그 대상만이 가지는 특징을 선별하는 작업의 결과다. 정보는 다른 대상과 연관된 가능성을 제거하는 수련을 통해 자신의 모습을 드러낸다.

호모 사피엔스-사피엔스는 횃불을 들고 메갈로케로스를 그리기 위해 가능한 한 평평한 동굴벽을 찾았다. 왼손엔 횃불을 들고, 오른손에 목탄을 들었다. 그는 잠시 눈을 감고, 메갈로케로스를 머리에 떠올린다. 메갈로케로스의 특징은 거대한 뿔과 웅장한 울음소리다. 그는 4미터나 되는

「메갈로케로스」

기원전 15,000년경,
라스코 동굴벽화

큰사슴의 뿔을 생각보다는 축소하여 그렸다. 그에게 뿔은 거대함보다는 자유로움의 상징이다. 뿔이 사슴의 머리 위에서 두 갈래로 마치 화산 용암처럼 용솟음쳐 올라간다. 각각의 뿔은 하늘 높이 솟아, 사람의 손가락처럼 다섯 갈래로 자유자재로 펼쳐나간다.

메갈로케로스는 입을 약간 벌렸다. 웅장한 울음소리를 내기 직전의 모습을 포착하여 그렸다. 메갈로케로스는 어디론가 달리고 있다. 고개를 치켜들고 힘차게 달린다. 평상시 그의 질주를 방해하던 거대한 뿔도 깃털처럼 가볍다. 약간 벌린 입을 통해 거친 숨소리가 들려온다. 뿔은 마치 거대한 나무처럼 흔들린다. 메갈로케로스 그림 아래 기호들이 등장한다. 가장 왼쪽에 있는 직사각형은 의도적이며 예술적인 모형이다. 직사각형 오른쪽으로 표시된 커다란 점들은 단순히 장식일 수 있지만, 어떤 것을 대신하여 간략하게 표시한 기호일 수도 있다. 호모 사피엔스-사피엔스는 추상과 상징을 표현할 수 있는 예술적인 동물이 되었다.

추상(抽象)

대상을 깊이 보는 사람은 그 대상이 지닌 핵심을 간파하는 능력을 지니게 된다. 이것이 바로 '추상'이다. 추상이란 한 대상을 깊이 관찰한 뒤에 얻어지는 극도의 단순함이다. 자신이 가진 한 관점으로 대상을 바라보고, 그것이 아닌 다른 모든 것을 제거하는 행위다. 추상의 본질은 한 가지 특징을 잡아내는 능력에서 드러난다. 추상화의 시작은 구체적인 실재에 대한 심오한 응시에서 출발한다. 그 구체에서 덜 중요한 부분들을 제거하면 된다. '덜 중요한 부분들'이란 그 대상의 본질을 묘사하는 데 생략해도 되는 것들이다.

프랑스 화가 앙리 마티스는 특별한 방식으로 그림을 그렸다. 그의 스

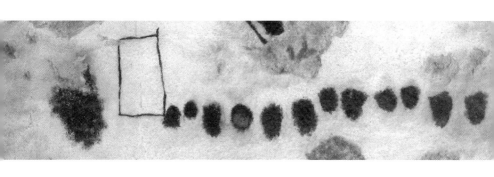

「메갈로케로스」 벽화 하단 상징들

추상과 상징의 표현
기원전 15,000년경,
라스코 동굴벽화

튜디오는 3층으로 되어 있었다. 1층에는 자신이 그리려는 대상, 모델이나 물건이 놓여 있다. 2층에는 푹신한 의자가 있다. 그는 1층에서 본 대상의 본질을 가려내는 상상의 훈련을 2층 의자에서 했다. 그는 기억과 상상의 과정을 거쳐 대상을 극도로 단순화하여 한 가지 선이나 점 혹은 색을 생각해낸다. 그런 후 3층으로 간다. 3층엔 그림을 그릴 수 있는 이젤, 종이 그리고 물감과 붓이 있다.[9] 그는 자신의 마음속에 새겨진 단순한 이미지를 화폭에 옮길 수 있었다. 이런 단순화 과정을 거치면 그 대상이 구성하는 구체적인 형태들은 사라진다. 하지만 그 대상이 주는 인상, 그 '대상다움'은 기억에 남아 가장 간결한 추상의 모습으로 추려진다.

추상(抽象)이라는 단어는 두 개의 한자로 이루어져 있다. 첫 번째 한자 '抽(추)'는 '뽑아내다, 빼다, 제거하다, 부수다'라는 의미다. 추는 다시 '손 수(手)'와 '말미암을 유(由)'로 구성되었다. '추상'이란 어떤 대상이 그 대상이 된 '까닭, 도리'를 알기 위해 '손'으로 거추장스러운 것을 제거하는 고도의 기술이다. 추상을 영어로는 '앱스트랙트(abstract)'라고 한다. 이는 교수들의 논문과도 깊이 연관되어 있다. 교수가 되면 1년에 한두 번씩 자신의 연구 성과를 다른 학자들 앞에서 발표해야 하는 의례가 있다. 논문 전문뿐만 아니라 그 논문의 핵심 내용과 주장을 A4 용지 반 장 정도로 요약해 발표해야 한다. 이런 요약본을 영어로 '앱스트랙트', 즉 '추상'이라고 부른다. 몸도 이 뿔을 지탱하기 위한 윗부분만 그렸다. 네발은 그리지도 않았다. 하늘을 향해 번개 치듯 솟구치는 뿔을 장대하고 아름답고 숭고하게 표현하였다.

호모 사피엔스-사피엔스는 자신이 두 눈으로 보고 마음에 담아둔 기억을 그렸을 뿐만 아니라, 메갈로케로스와 관련된 상징(象徵)들을 하단에 그렸다. 맨 앞에 있는 큰 점은 타원형이다. 점은 자신이 묘사하려는 대상을 그대로 반복하지 않는 대신, 상징을 이용해 표현하였다. 그 위에 그린 메갈로케로스를 상징하는 기호다. 프랑스 구조주의 언어학자 페르디낭 드 소쉬르(1857~1913)의 용어를 빌리자면, 이 점은 그 위에 묘사한 메갈로케로스라는 '기의(記意)'에 대한 '기표(記標)'다. 왼쪽의 커다란 점 옆의 직사각형 도형(圖形)은 정확한 의미를 파악하기는 어렵지만, 화가의 집일 수도 있고 메갈로케로스를 몰고 갈 우리일 수도 있다.

직사각형 오른쪽으로 열두 개 점이 나란히 찍혀 있다. 열두 개 점은 화가가 들판에서 관찰한 메갈로케로스의 숫자일지 모른다. 만일 그가 열두 마리 거대한 메갈로케로스를 목격했다면, 그 기억은 좀처럼 떨어버릴 수 없는 숭고한 광경이었을 것이다. 직사각형과 점들은 아직 정확하게 해독할 수 없지만 추상의 최고 단계인 수학적인 표식 같다.

'새의 가면을 쓴 인간'

구석기 벽화 중 동물만 등장하지 않고, 사람이 함께 그려진 예는 매우 드물다. 구석기시대 '호모 사피엔스-사피엔스'는 화가이면서, 자신의 모습을 제3자의 눈으로 상상하여 그린 관찰자다. 자신이 그림을 그린 주체이면서, 동시에 그림의 객체다. 그는 자연의 순환 안에서 자신의 자화상을 그린 예술가였다. '누가 리더인가'를 말해주는 인류 최초의 자화상이 있다.

라스코 동굴의 맨 안쪽, 숨겨진 공간이 있다. 아마도 이곳은 동굴의 다른 부분과 구별되는 가장 은밀하고 신비한 공간인 애프스(apse)다. 수직 통로 안에 숨겨진 후진(後陣)으로 지성소(至聖所)다. 지성소란 글자 그대로 가장 거룩한 금기의 장소인 터부다. 아무나 올 수 없는 곳이다. 이곳이 오늘날 교회나 법당이었다면 십자가나 불상이 있을 만한 터부(taboo)

라스코 동굴 지성소 '사고 장면'

기원전 15,000년경,
라스코 동굴벽화

의 공간이다. 터부란 영적으로 정결하지 못하면 들어올 수 없는 신비한 장소다.

이곳에서 구석기시대 동굴벽화 중 가장 충격적인 그림이 발견되었다. 사람이 등장하기 때문이다. 누군가 그림을 그린 자기 자신을 표현하였다. 벽화의 오른쪽엔 지금은 거의 멸종된 들소가 자리 잡고 있다. 몸길이 3미터, 어깨높이 1.8미터, 몸무게는 무려 1톤이다. 거대한 들소가 인간이 던진 창에 찔려 몸에서 내장을 땅에 쏟아내고 있다. 들소는 고통스러운 표정으로 고개를 돌려 창을 보고 있고 거의 80센티미터나 되는 꼬리는 고통으로 놀라 치켜 올렸다. 들소의 다리는 연약하고 제각각이다. 앞다리 왼발 끝은 둘로 갈라져 있고 오른발은 둥그렇다. 몸을 지탱하기 어려운 모습이다. 뒷다리의 굵기는 다르고 발굽은 가늘고 끝이 갈라져 있다. 사족보행하는 들소가 인간의 창 공격을 받아, 쓰러지기 직전이다.

이 장면에 대한 해석을 지금까지 주도한 학자는 영국 옥스퍼드대학교의 미술사학자 곰브리치다. 그는 구석기시대 벽화를 "자신들이 먹잇감에 대한 (주술적이며 우월한) 힘을 얻기 위한 기원 표시"라고 해석하였다.[10] 그러나 최근 학자들은 이 구석기시대 인류의 섭생을 조사하기 위해 이들의 유골을 조사하였다. 이들의 주식은 순록이었다. 라스코 동굴에는 순록 그림이 발견되지 않는다.[11] 이 장면이 더 많은 동물을 사냥하길 바라는 기원이 아니라면, 무엇을 상징하는 그림인가?

벽화의 왼쪽 아래에는 솟대가 보인다. 장대의 끝에 새를 조각하여 달았다. 새는 신과 인간의 의사소통을 중재하는 전달자로 삶과 죽음, 신과 인간, 하늘과 땅의 불안한 경계를 표시한다. 자신의 이야기를 그림으로 남겼다고 할 수 있다. 들소를 창과 화살로 사냥하기 위해 온 힘을 소진하여 자신도 지쳐 누워 있다. 몸 전체의 구도를 보면 어딘가 이상하고 조화롭지 않다.

우선 두 다리를 보자. 두 다리 길이가 다르다. 두 팔 길이도 다르다. 사지의 길이를 다르게 표현한 이유는 이 사냥꾼이 황홀경에 몰입되어 있다는 표시다. 특히 두 다리는 길이가 다를 뿐만 아니라 뒤틀려 있다. 이 벽화를 그린 사람의 심리 상태는 지상의 일상적인 삶에서 벗어나 새로운 단계로 진입했다. 이른바 '엑스터시(ecstasy)'를 경험하고 있다. 엑스터시는 '일상의 상태에서 벗어난 상태'다. 그의 성기는 발기되어 있다. 자신이 들소와 벌인 대결에서 기진맥진하여 사경을 헤매고 있지만 오히려 새 힘을 얻어 자신의 존재감을 확인하였다.[12]

이 사고 장면은 농경시대에 등장하는 희생제의의 원형이다. 동아프리카의 칼라하리 부족들은 사냥을 위해 화살 끝에 독을 바른다. 이들은 독화살에 맞은 동물이 죽어가면, 동물들과 형성하는 연대감을 강조하기 위해, 동물들이 죽어가면서 내는 신음을 따라 내며 슬퍼하고 고통에 동참하여 그들과 하나가 된다.[13] 이 사냥꾼의 심리 상태, 아니 이 벽화를 그린 예술가의 의도는 머리에 쓴 새 가면에 숨어 있다. 놀랍게도 이 가면은 솟대의 새 모양과 동일하다.[14] 아무나 출입할 수 없는 지하동굴의 인간 그림에 왜 새 가면이 등장했는가? 가면은 자신이 현재 상태가 아니라 다른 상태로 진입하겠다는 의지의 표현이다. 가면을 라틴어로 '페르소나(persona)'라고 부르는데, 영어에서 '사람'에 해당하는 'person'은 이 단어에서 유래했다. 가면은 후대 그리스-로마 시대의 비극에 등장한다.

묵상(默想)

호모 사피엔스가 이 벽화를 그린 두 가지 이유가 가면에 숨겨져 있다.

첫째, 사냥꾼의 가면은 죽어가는 들소와 자신이 하나라는 연대감의 표시다. 들소가 죽어가는 것처럼, 자신의 사지도 찢긴 채, 죽어가는 모습을 표시하였다.

두 번째, 가면은 사냥과 같은 공동체의 중요한 행위에 대한 깊은 묵상의 표시다. 고대 그리스와 로마에서는 미래에 중요한 일을 결정할 때 점을 쳤다. 고대 로마 사제는 점을 치기 위해 특별한 제단인 '템플룸(templum)'에 올라 하늘을 응시한다. 그는 하늘에 날아가고 있는 매의 모습으로 자신이 속한 공동체의 운명 그리고 자신이 해야 할 일을 깨닫는다. 이런 행위를 '콘템플라치오(contemplatio)', 즉 '묵상'이라고 한다. '묵상'이란 '제단 위에서 하늘을 나는 매와 하나가 되어 자기 자신을 관찰하는 연습'이다.

이 벽화를 그린 자는 구석기시대 현생인류인 호모 사피엔스-사피엔스를 이끈 리더였다. 그는 사냥에 열중하는 동료들로부터 스스로를 분리하여, 지하동굴로 내려와 자신과 공동체를 위해 묵상에 잠겼다.

묵상이란 자신의 삶에서 반드시 이루어야 할 한 가지를 찾는 행위인 '추상'과 '단순함'이다. 라스코 동굴벽화는 리더의 원형을 간직하고 있다. 리더는 공동체의 미래를 위해, 스스로를 분리하여 묵상하는 자다.

그는 공동체를 위한 최선을 관찰과 기억 그리고 추상을 통해 상상하는 자다.

2

나르메르의 카리스마,
마아트(Maat)

"당신의 목숨을 바칠 수 있는
고유한 임무는 무엇입니까?"

'마아트'(Ma'at, 고대 이집트어), '고유한 임무'

'마아트'는 고대 이집트어로 "삼라만상이 마땅히 그래야 할 원칙"이란 뜻이다. 이 단어는 '인도하다'라는 의미를 지닌 동사 '마아'에서 파생한 추상명사다. 산, 강, 바다, 나무는 자신들이 그래야 하는 어떤 것이 있다. 사람도 마찬가지다. 마아트는 그 원칙을 포괄적으로 지칭하는 거대한 우주의 원칙이다. '마아트'에 해당하는 단어를 찾기 힘들지만, 이 단어를 풀어서 설명한다면 "만물이 존재해야만 하는 방식"이다. 마아트는 순간을 사는 인간의 삶에 의미와 가치를 부여하는 삶의 원칙이다. 기원전 3100년 이집트 문명을 시작한 파라오 '나르메르'는 그가 남긴 '화장판'을 통해 인류문명의 기초인 '마아트'를 설명하였다.

인간의 최선을 격려하고 발동시키는 임무(任務)

인간에게 행복은 보람이다. 자신만이 할 수 있는 고유한 일이 자신이 속한 공동체에 가치를 창출할 때 그(녀)는 인생이 살 만하다고 여긴다. 인생이라는 제한된 시간을 다 마친 인간이 편안하게 눈감을 수 있는 이유는, 자신만의 유일무이한 임무를 발견하여, 그것을 완성하기 위해 최선을 경주했기 때문이다. 임무는 인간의 일상을 지탱해줄 뿐만 아니라, 인간의 최선을 격려하고 발동시킨다.

리더는 자신이 헌신하려는 임무를 확실히 알고 그것에 몰입하는 자다. 또한 공동체를 위한 자신의 임무를 구체적으로 깨달은 사람이다. 자신의 고유 임무를 아는 리더는, 결승점을 분명히 알고 마라톤에 참가한 달리기 선수와 같다. 만일 그에게 결승점이 없다면, 그는 완주하지 못할 것이다. 고대 이집트인은 개인의 임무를 알고 최선을 다하는 것을 영생의 조건이라고 여겼다.

사후세계, 지상세계의 연속

고대 이집트인에게 죽음은 자신에게 맡겨진 임무에 대해 평가를 받는 법정이었다. 죽음은 행복한 삶을 영원히 즐기기 위한 정거장이다. '인간' 은 풍요의 여신인 일곱 명의 하쏘르 여신이 정한 삶을 위해 세상에 태어 난다. 인간의 영혼은 육체가 소멸할 때까지 거주하다가 다른 차원으로 이동한다. 만일 그가 지상에 자신의 임무를 성공적으로 완수했다면, 그 의 영혼은 '갈대의 평원'으로 알려진 천국에서 영원한 삶을 누리게 된다. '갈대의 평원'은 후대 등장한 엘리시움이나 파라다이스의 원형이다.

고대 이집트의 이미지는 피라미드와 무덤이다. 20세기 초까지만 해도 고대 이집트는 피라미드가 상징하는 억압적인 노예제도와 파라오의 무 덤인 피라미드가 상징하는 죽음을 위한 문명으로 폄하되어왔다. 이집트 인은 사후세계를 지상세계의 연속으로 여겼다. 이집트인에게 이집트는 가장 완벽한 나라다. 죽음은 끝이 아니라 전이과정이다. 죽음은 지상의 짧은 인생에서 영원한 세계로 건너가는 관문이다. 사람이 죽으면, 그 사 람의 영혼은 자신이 거주하던 육체에서 나올 준비를 한다. 고대 이집트 인의 장례에 관한 문헌에 따르면, 무덤 벽에 주문 또는 이미지를 그리거 나 시신에 부적을 부착한다. 이리하여 시신 속 영혼을 일깨워 사후세계 여행을 유도한다.

살아남은 영혼을 위해 쓰인 아니의 「사자(死者)의 서(書)」

아니는 이집트 신왕조를 연 제19 왕조시대 파라오 세티 1세 시대에 활 동했다. 당시 지중해는 대격변을 겪고 있던 시대였다. 터키에 터전을 잡 은 히타이트 제국은 영역을 확장하여, 당시 이집트의 최북단 경계인 시 리아 부근까지 내려왔다. 히타이트는 이집트 침공의 기회를 호시탐탐 노렀다. 아니는 중요한 문헌들을 기록하는 필사자(筆寫者)다. 인류는 인쇄기술이 발달하기 전, 축적된 정보를 필사자의 손으로 일일이 기록하여 보관하였다. 필사자는 인쇄술이나 컴퓨터를 발명하기 이전, 인류의 정보를 전달받고 보존하고, 다른 사람이나 세대에게 이를 전달하는 매개체였다. 이들은 중요한 문서를 필사하는 일뿐만 아니라, 나라를 운영하기 위한 모든 행정업무를 담당하였다. 필사자는 고대사회에서 글을 읽고 쓸수 있는 유일한 집단으로, 오늘날의 공무원·언론인·세무사·변호사·작가이자 출판사였다. 현생은 사후를 위해 준비하는 짧은 기간이다. 이들은 영혼이 사후에도 살아남는다고 여겼기 때문에, 그 영혼이 영생을 얻기 위해서는 정교한 관문을 통과해야 한다고 믿었다.

「사자의 서」는 이집트인이 영원한 사후세계로 들어가기 위해 겪어야하는 통과의례를 적은 문헌이다. 사자는 여러 단계를 지날 때마다 주문을 외워야 한다. 고대 이집트인은 육체가 소멸되어도 영혼은 영원하다고 믿었다. 「사자의 서」는 살아남은 영혼이 다음 단계의 삶을 잘 살아내기 위해 쓰인 안내서다. 이들이 살아 있는 동안 했던 생각, 말 그리고 행동이 모두 문자의 신이며 마술의 신인 토트 신의 '생명의 책'에 기록된다. 이들이 영원한 사후세계에서 살기 위해서는 지하세계로 하강하여 반드시 심판을 받아야 한다. 죽은 자의 영혼은 삶과 죽음의 경계에서 자신의 행위를 고백을 통해 검증받는다.

일곱 대문과 21개 성문을 통과해야 하는 의례

사자는 가장 먼저 재생과 부활의 신인 오시리스가 구분한 일곱 대문을 통과해야 한다. 각 대문에는 문지기신, 보초신 그리고 전령신 이 세 명의 신이 기다린다. 사자는 이들의 이름을 정확하게 외우고 그 대문에 알맞

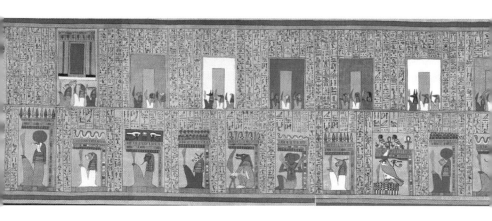

「일곱 대문과 오시리스의 21개 성탑」

아니의 『사자의 서』, 144·145·146,

기원전 1275,

런던, 영국박물관

"영혼이 영생을 얻기 위해선 여러 단계의 관문을 통과해야 한다."

은 주문을 암송해야 한다. 앞의 파피루스는 아니의 「사자의 서」다. 아니와 그의 아내 투투는 두 손을 들어 올려 신들을 경배한다. 직사각형은 신전 대문을 표시한다. 첫 번째 대문 밑에 세 신이 아니와 투투를 바라보고 앉아 있다. 첫 번째 대문의 문지기신은 토끼머리를 한 세케테라슈타루(Sekhetherashtaru), 두 번째 보초신은 뱀머리를 한 메티헤(Metiheh), 마지막 전령신은 악어머리를 한 하케루(Hakheru)다.

아니와 투투가 성공적으로 일곱 대문을 모두 통과하고 나면, 아래로 내려와 오시리스 집으로 들어가는 21개 성문을 지나가야 한다. 앞의 파피루스 아래 칸에서 아니와 투투는 다시 두 손을 가슴 위로 들어올려 성문을 지키는 신들에게 경의를 표시한다. 이들은 이곳에서 성문의 이름과 성문을 지키는 신의 이름을 다음과 같은 방식으로 암송한다.

"나는 이곳까지 왔습니다. 나는 당신을 압니다. 나는 성 문지기의 이름을 압니다."

42가지 부정고백(否定告白)

사자(死者)는 재생의 신 오시리스, 기록과 문자의 신 토트, 시체 방부처리 신 아누비스 그리고 세상이 마아트를 유지하기 위해 필요한 42가지 죄를 관장하는 신들 앞에서 고백해야 한다. 그 고백은 "나는 무엇을 했습니다"가 아니라 "나는 무엇을 하지 않았습니다"다.

「부정고백」은 재생과 부활의 신인 오시리스가 이집트 문화로 정착이 된, 기원전 13세기 신왕국시대로 들어와 중요한 장례의례의 일부로 정착되었다. 사자는 그를 심판할 42명의 이름을 정확하게 말해야 한다. 이들은 각각 인간이 생전에 저지른 구체적인 죄를 관장하는 신들이다. 신들의 이름을 기억하고, 이들이 경계하는 죄를 알고 있다는 사실은 사자가 그것에 해당하는 죄를 짓지 않았다는 증거다. 사자는 42가지 문장을 암송하면서, 그런 죄를 범하지 않았다고 고백해야 한다.[1]

다음은 첫 다섯 가지 고백이다.

1. 나는 죄를 짓지 않았습니다.
2. 나는 폭력을 동반한 강도행위를 저지르지 않았습니다.
3. 나는 훔치지 않았습니다.
4. 나는 남자나 여자를 살해하지 않았습니다.
5. 나는 음식을 훔치지 않았습니다.

사자는 자신이 생전에 어떤 업적을 완수했다고 고백하는 것이 아니라, 자신이 속한 공동체에 해가 되는 행위를 하지 않았다고 고백해야 한다. 한 개인의 행위는 그가 지닌 세계관을 표현한 것이다. 그 행위에 대한 평가 기준은 사람마다 다르다. 긍정고백은 신들도 평가하기 힘들 것이다. 그러나 부정고백은 평가기준이 뚜렷하다. 사자의 생전 행위가 그의 공동체에 해가 되었다면, 악(惡)이고, 이익이 되었다면 선(善)이다. 이집트 신들은 사자의 입을 통해 부정고백을 들음으로써 그를 본격적으로 심판한다. 신들은 그의 부정고백이 진실인지를 '사자의 심장 무게 재기'라는 특별한 의례를 통해 확인할 것이다.

휴네페르의 「사자의 서」

휴네페르(Hunefer)는 아니와 마찬가지로 기원전 13세기 고대 이집트 테베에서 활동한 서기관이다. 휴네페르는 고대 이집트의 다양한 문자들을 섭렵했다. 그는 서기관을 양성하는 기관에서 어떤 대상의 특징을 이

휴네페르의 「사자의 서」

기원전 1300,
런던, 영국박물관

휴네페르의 「사자의 서」는 아니의 파피루스 「사자의 서」와 함께 이집트인의 사후세계를 표현한 전형적이며 고전적인 예다. 휴네페르는 자신의 사후에 일어날 심판과 지하세계 여정 그리고 그 여정을 통과하기 위한 주문을 정교하게 그림과 글로 표현하였다. 이 장면은 왼쪽에서 시작하여 오른쪽으로 순차적으로 진행된다. 휴네페르는 시체 방부처리 신인 자칼 가면을 쓴 아누비스(Anubis)의 손에 이끌려 천칭 앞으로 간다. 천칭의 중간에 위치한 제단 위에 아누비스가 왼손으로 추를 만지고 있다. 그는 천칭의 오른편에 서 있는 지혜의 신이며 문자의 신인 '토트(Thoth)'를 응시한다. 토트는 따오기 가면을 쓰고 있다. 그는 생명의 책에 휴네페르가 살아 있는 동안 행했던 생각, 말 그리고 행동을 평가한다. 아누비스는 토트의 심판 내용에 따라 저울추를 조절할 것이다.

천칭의 아래 오른편엔 '암무트(Ammut)'라는 괴물이 토트의 판결을 애타게 기다린다. 암무트는 악어, 사자 그리고 하마의 하이브리드다. 괴물은 삶과 죽음의 경계를 지키는 동물로, 복합체 모습을 하고 있다. 천칭의 왼편엔 휴네페르의 심장이 올려져 있고 오른편엔 타조 깃털이 올려져 있다. 이집트인은 '심장'이 개인의 감정·지성·개성을 상징하며, 그(녀)가 일생 동안 저지른 모든 행위는 심장에 저장되어 있다고 믿었다. 타조 깃털은 우주의 질서인 '마아트(Maat)'를 상징한다. '마아트'는 중용과 같은 개념으로 개인이 일생 동안 반드시 수행해야 할 그 사람의 고유 임무다.

신은 인간에게 한 가지를 묻는다.

"당신은 당신이 일생 동안 완수해야 할 유일한 임무를 알았습니까? 그것을 알았다면, 그것을 완수하기 위해 최선을 다했습니까?"

만일 심장과 '마아트'가 저울추의 평형을 유지하지 못한다면, 괴물 암무트가 그를 삼켜버릴 것이다. 그러면 그는 '자신의 이름으로부터 버려진 자'가 된다. 만일 사자의 심장과 마아트가 평형을 유지하면, 송골매신인 호루스(Horus)가 그를 재생과 부활의 신인 오시리스(Osiris) 앞으로 데리고 간다. 신들은 그에게 '갈대의 평원'이라는 지상과 똑같은 장소에서 영원히 행복하게 살도록 주선할 것이다. 그는 자신의 '목소리에 진실한 자'가 된다.[2] 오시리스 신 뒤에는 이시스 여신과 넵티스 여신이 오시리스를 호위하고 있다. 휴네페르는 오시리스의 도움으로 천국에서 영원히 행복을 누릴 것이다.

미지로 표시하는 이집트의 가장 오래된 전통문자인 '성각문자'와 사제들이 종교문서에 주로 사용했던 '사제문자'를 배웠다. 서기관은 특별한 지식과 전통을 중요하게 여기기 때문에, 자신의 아들들을 서기관으로 양성하였다. 서기관은 파라오 궁궐의 직원으로 특별대우를 받았다. 이들은 군대를 면제받았고 세금도 내지 않았다. 국가가 진행하는 피라미드 건설과 같은 강제노역에도 동원되지 않았다. 휴네페르는 신에게 드리는 헌물을 관리하는 서기관이자, 파라오의 양 떼를 관리하는 궁궐 직원이었다.

오시리스가 영원히 거주하는 '갈대의 평원'

사자는 지상에서 누리던 행복을 사후에서도 그대로 누린다. 그 장소는 오시리스가 영원히 거주하는 '세헤트 이아루(sḫt-jꜣrw)', 즉 '갈대의 평원'이다. 세네젬(Sennedjem)은 나일강 서쪽에 위치한 '셋 마아트(오늘날 데일 엘-메디나)'에 거주하던 장인이다. 그는 아내 이네페르티와 함께 묻혔다. 19세기 말 고고학자들은 그의 무덤에서 그가 사용하던 연장과 침대를 발굴하였다. 무덤벽화에는 '갈대의 평원'이 그려져 있다. 이 부부는 44가지 부정고백과 심장 저울 재기 심판을 통과해 영원한 삶을 약속받았다. 이들은 지상에서 누리던 풍요를 사후에 누릴 것이다. 맨 위 칸에는 무릎을 꿇은 부부가 두 손을 들어 신들에게 경배하고 있다. 부부는 두 번째 칸에 묘사된 '갈대의 평원'에서 작업을 하고, 세 번째 칸에서 경작을 한다. 맨 밑 두 칸은 천국을 상징하는 풍성한 열매가 달린 나무들이 즐비하다.

마아트, 이집트 문명의 근간[3]

휴네페르의 「사자의 서」에 등장하는 타조 깃털 마아트는 고대 이집트 문명의 핵심 키워드다. 마아트를 이해하기 위해서는 고대 이집트인의 시

「이아루 평원의 세네젬과 이네페르티」

벽화, 기원전 1295~기원전 1213,

54cm×84.5cm,

뉴욕, 메트로폴리탄 미술관

간관을 살펴보아야 한다. 이들은 시간을 선형적이면서도 순환적이라고 생각했다. 이들은 이 첫 번째 '선형적 시간관'을 '데트(det)'라고 불렀다. 우주가 창조된 그 시간부터 우주가 다시 혼돈으로 파괴될 때까지, 우주 안에 존재하는 모든 것은 '영원히 동일하다'라는 신념을 표현한 단어다. 하늘은 땅 위에 있고, 나일강은 남쪽에서 북쪽으로 흐르며, 태양은 동쪽에서 뜨고 서쪽으로 진다. 사람을 포함한 모든 생물은 태어나서 자라고, 죽는다. 우주 안에 존재하는 만물은 영원한 동일성을 따를 뿐이다.

이들은 두 번째 시간관을 '네하흐(nehah)'라고 불렀다. '네하흐'는 '영원히 순환하다'라는 의미로 태양은 매일, 매달, 매 계절 똑같은 궤도를 따라 순환하고, 동식물도 삶과 죽음의 순환을 반복한다. 이집트인의 시간관은 연극과 같다. 연극대본은 '영원히 동일한' '데트'이며, 연극배우나 그 밖의 장치에 따라 달라지는 그 순간의 공연이 '네하흐'다.[4] 시간은 이 순간에 일어나고 동시에 지속되고 있다. 시간은 완료되지 않는 상태이기도 하고 완료된 상태이기도 하다.[5]

마아트는 우주 안에 존재하는 고정된 영원한 시간인 '데트'가 매 순간에 발현되는 원칙이자 틀이다. 마아트는 우주창조 신화에서 우주의 창조를 가능하게 하는 원칙이다. 그런 의미에서 '질서'라고 번역하기도 한다. 마아트가 등장하기 전, 우주는 혼돈상태에 있었다. 마아트는 질서·균형을 상징하는 여신의 이름이다. 마아트는 또한 개인이 도달해야 할 도덕적이며 윤리적인 최선을 의미한다. 모든 이집트인은 자신의 마아트를 인식하고 일상생활에서 가족·공동체·국가·자연 그리고 신에게 마아트를 실천해야 한다. 마아트는 태양을 아침마다 뜨게 하고, 밤에는 별을 내고 나일강이 정기적으로 범람하게 만들고 인간이 생각하도록 만드는 현실의 단단한 기반이다. 마아트는 자신에게 집중하는 삼라만상 그 자체다.

바위나 꽃은 인간이 상상하는 도덕이나 윤리를 초월하는 자연 그 자체, 바로 마아트다. '마아트'는 인간을 인간답게 하는 바로 그것이다.

고대 이집트어로 '마아트'는 '인도하다'라는 의미를 지닌 동사 '마아'에서 파생한 추상명사다. 서양철학에 등장하는 자연법과 같은 개념으로 우주의 질서다. '마아트'에 해당하는 단어를 찾기 힘들지만, 이 단어를 풀어서 설명한다면 "만물이 존재해야만 하는 방식"이다. 인간존재의 핵심은 자신이 가진 그 어떤 것을 발견하고 발현하는 일이다. 마아트는 '삼라만상의 큰 원칙'이다.

'타조 깃털'

진리와 정의를 상징하는 그림문자가 하필이면 '타조'라는 동물과 연관되었는가? 우리는 '마아트'라는 이집트 성각문자가 등장한 정확한 이유를 알 수 없지만 다음과 같은 두 가지 추론은 가능하다.

첫 번째 추론은 긍정적인 면이다. 타조 깃털은 중심축으로 양쪽이 정확하게 동일해, 약간의 바람에도 깃털이 움직인다. 타조 깃털은 땅의 신인 겝(Geb)과 하늘의 신인 누트(Nut)의 아버지이며 대기의 신인 슈(Shu)의 상징으로 '슈트(shut)'라고도 읽는다. '겝'은 종종 깃털로 장식한다. 공기가 땅을 덮고 있기 때문이다. 타조 깃털로 표시한 '마아트'는 만물의 섬세한 중심으로, 어느 한쪽으로 치우치지 않는 중용이다. 마아트는 또한 한 개인이 인생을 살면서 발휘해야 할 영원하면서도 독창적인 개성이다.

두 번째 추론은 부정적인 분석에서 출발한다. 그것은 타조의 행동방식과 연결되어 있다. 타조는 위험한 일이 닥치면 머리를 모래에 파묻는다. 이집트인은 신적인 힘을 획득하기 위해서, 그 신을 상징하는 동물의 모습을 착용함으로 그 힘을 얻고 극복한다고 믿었다. 전문적인 사냥꾼은 자신들이 사냥한 호랑이의 이빨이나 독수리의 발톱을 목걸이로 착용한다. 신들은 인간들이 무서워하는 동물의 형상을 착용하여, 그 동물들이 지닌 힘을 자신에게 부여한다. 타조 깃털은 우리에게 타조가 지닌 세 가지 거짓을 극복하라는 경고다. 인간이 지닌 욕심, 자신의 잘못을 부인하는 뻔뻔함 그리고 현실을 직면하지 않으려는 비겁함이 극복 대상이다. 마아트 여신의 머리를 장식한 타조 깃털은 현실을 의연하고 용맹스럽게 살라는 촉구다. 마아트의 실천은 인간이 하지 말아야 하는 행위를 알고 실천에 옮기는 일에서 시작한다. 이집트 문명은 바로 거짓과 불의한 일을 하지 않는 '마아트'에서 시작하였다.

나르메르 화장판

이집트인은 마아트 없이는 우주도, 자연도, 인간도 존재할 수 없다고 생각했다. 마아트는 이집트 문명과 사상의 주춧돌이다. 고대 이집트어의 등장은 드라마틱하다. '나르메르'라고 불리는 왕이 상-이집트(남부 이집트)와 하-이집트(북부 이집트)를 통일한 과정을 눈과 얼굴 화장을 위한 화장판에 새겨놓았다. '나르메르 화장판'[6]은 인류 최초의 문자와 인류 역사의 시작을 기록한다. 그 중심엔 상·하-이집트를 통일한 리더, 나르메르(Narmer, 기원전 3100~?)가 있다.

이집트 문명의 중심은 통치자인 파라오다. 파라오와 그의 왕권은 고대 이집트 3,000년 역사의 중심축이다. 이집트 문명은 초기 통치자들이 구축한 이집트 왕권을 기반으로 전개되었다.[7] 나르메르는 이집트 문명을 건설한 초기 왕들 가운데 한 명이다. 그는 히에라콘폴리스에 위치한 호루스 신전에 양면이 박육조(薄肉彫)로 화려하게 새겨진 63.5센티미터 길이의 화장판을 바쳤다. 나르메르 화장판은 호루스 신전에서 파라오의 화장을 위해 실제 사용되었거나 전시되었다가, 후대에 의례를 통해 다른 신전 용품들과 함께 근처에 매장되었다. 그 후 거의 5,000년이 지나, 고고학자 J. 퀴벨(1867~1935)이 이 화장판을 발굴하였고 지금은 카이로 이집트 박물관에 영구 소장 중이다.[8] 이집트 당국은 이 화장판을 투탕카멘의 보물들과는 달리, 해외 전시를 허락하지 않는다.

이집트인은 자신들의 눈을 크게 보이게 하면서 동시에 태양으로부터 눈을 보호하기 위해 휘안석(輝安石)에서 축출한 검은색 '콜(kohl)'을 사용하여 눈 주위를 발랐다.[9] 아이섀도의 기원이다. 그리고 초록색이 나는 '공작석(孔雀石·malachite)' 가루로 얼굴 화장을 하였다. 고대 이집트인의 화장에 대한 열망은 「사자의 서」에 잘 드러나 있다.

"왕들의 왕, 주인들의 주인, 통치자들의 통치자, 두 땅("상·하-이집트")을 누트 여신("하늘 여신")의 자궁에서도 소유하는 당신에게 찬양을 돌린다. 그는 조용한 땅의 평원을 통치하신다. 심지어 자기 육체의 금색을, 머리의 파란색을, 양팔의 청록색을 통치하신다."[10]

거친 태양 빛과 끝없이 펼쳐지는 백색의 사막인 이집트에서 밝고 활력이 넘치는 색을 몸에 지닌다는 것은 특별하다. 색깔은 그것을 소유하는 사람이나 물건에 생명과 개성을 더해준다. 고대 이집트어 단어 '이웬'은 '색깔'이란 의미다. 그러나 이 단어는 '외적인 모습'뿐만 아니라, 그것을 소유한 자의 '본성' '존재' 혹은 '개성'을 의미한다. 한마디로 어떤 사람만의 '고유한 색깔'이다.[11] 고대 이집트인은 그 사람만이 소유한 색으로 그 사람을 구별하였다.

파라오는 화장으로 자신의 존재를 부각하고 다른 이들에게 자신의 존재를 각인시켰다. 고대 이집트인에게 '화장판'은 파라오의 존재를 창조해주는 거룩한 물건이다.[12] 화장판은 고대 이집트의 선왕조시대(?~기원전 3100)에 얼굴과 몸 화장을 위해 화장원료를 곱게 갈기 위한 유물이다. 화장판은 선왕조시대에 제사를 위한 장식으로 사용되다 후대에는 파라오와 귀족층의 실제 화장판으로 변했다. 장식을 위한 화장판은 화장판이 발견된 히에라콘폴리스에서 멀지 않은 와디-함마마트(Wadi-Hammamat)에서 채굴된 실트암(siltstone)으로 제작되었다.[13]

문명의 시작

5,000년 전 인류가 처음으로 문명을 시작하는 시점에 등장한 나르메르 화장판 해석을 시도하는 것은 무모하지만 의미가 있다. 이 화장판은 인류 역사 탄생의 순간을 증언하고 있기 때문이다. 이 초기 화장판에 등장하는 문자와 그림은 이집트 사회의 원칙을 표현한다. 질서와 혼돈, 선과 악, 왕과 적군, 인간과 동물, 도시와 사막으로 선명하게 구분되는 이원론을 표시한다. 리더는 질서와 선의 상징으로 혼돈과 악을 물리치는 선봉장이다. 리더의 이런 군사적인 면모는 후대 등장하는 리더의 중요한 특징이 되었다. 이집트에서 아직 문자가 등장하기 전인 '선왕조시대'(?~기원전 3100)에서 '초기왕조시대'(기원전 3100~기원전 2686)까지는 '국가'가 형성되는 시기였다. 왕조, 왕권, 왕이라는 개념 그리고 왕의 도상(圖像)은 오랜 기간을 거쳐 서서히 완성되었다.[14] 나르메르 화장판이 발견된 히에라콘폴리스 신전은 초기왕조시대 훨씬 이전부터 존재해왔었다.

이집트 문명의 탄생, 혹은 인류문명의 탄생의 과정을 '나르메르 화장판'보다 확실하게 시각적으로 보여주는 유물은 없을 것이다. 나르메르의 통치는 왕권이 등장한 순간을 포착하여 화장판에 새겨놓았다. 이 화장판은 이집트가 탄생한 선왕조시대의 삶과 이집트가 펼칠 미래 왕조문명의 특징 모두를 선명하게 담았다. 이 특징들을 분석하는 작업은 '리더'라는 개념의 등장과 이집트 역사의 시작이 어떻게 맞물려 있는지를 설명한다.[15]

성각문자의 탄생과 이름

파라오는 이집트 문명의 정점일 뿐만 아니라 신들의 세계와 인간의 세계를 이어주는 연결고리다. 중간적인 존재로서 파라오는 인간의 몸을 지니고 있지만 신적인 속성을 지니는 경계적인 존재다. 파라오의 이름은 이집트 통치자의 특성을 선명하게 표현한다. 고대 이집트어로 '이름'은 '렌(ren)'이다. 고대 이집트어는 그림을 통해 단어의 의미와 발음을 말한다. 첫 번째 자음 r은 '벌린 입'을 형상화한 문자다. 두 번째 자음 n은 바다 물결을 형상화한 문자로 '물'을 의미한다. 물결의 움직임을 표시하기 위해 지그재그를 세 번 반복한 문자다. n은 이집트 신화에 등장하는 혼돈의 신인 '누(nw)'와 깊이 연결되어 있다. 만물은 '물결'이 상징하는 '혼돈'을 통해 만들어진 '질서'의 결과다.

이집트인에게 '이름'은 신이 우주를 창조할 때, 혼돈의 물에서 질서의 육지가 형성할 때 등장하는 우주의 외침이다. '렌'이란 성각문자에서도 알 수 있듯이, 우주가 창조되기 전 혼돈의 물로 가득 차 있었을 때, 신이 입을 열어 자신의 의지를 말로 표현한 '그것'이다. 그것이 바로 '이름'이다. 이집트 고왕조시대 제5 왕조(기원전 2494~기원전 2345)부터 파라오는 다섯 개의 공식적인 이름을 가졌다.[16] 이 다섯 개 이름 중 첫 번째 이름인 이른바 '호루스 이름'은 기원전 3100년부터 시작된 가장 오래되고 원초적인 명칭이다. '호루스 이름'은 다음 세 부분으로 되어 있다.

맨 위에는 '호루스' 신을 상징하는 송골매가 직사각형 위에 앉아 있다.

나르메르 화장판 앞면

실트암, 64cm×42cm,
카이로, 이집트 박물관

두 번째 부분은 호루스가 앉아 있는 정형화된 궁궐 모양이다. 이것을 고대 이집트어로 '세렉(serekh)'이라고 부른다. '세렉'이란 단어는 '알다'라는 동사 rh의 사역형으로 '알게 만들다'라는 동사 srh에서 파생했다. 세렉은 요철 형태로 지어진 진흙으로 건설한 이집트 궁궐의 홈이 파인 정면 모양이다. 파라오의 궁궐 세렉은 "모든 것을 드러나게 만들고 알려주는 어떤 것"이란 의미다. 그리고 세 번째 부분은 세렉 위에 새겨진 파라오의 이름이다.

나르메르 화장판 '앞면' 해설

나르메르는 누구인가? 학자들은 나르메르를 고대 이집트의 첫 번째 파라오인 '메네스(Menes)'와 동일인물이라고 주장한다. '나르메르'는 호루스 이름이고 '메네스'는 본명이다. 그런데 이 화장판에 대해 모든 학자들이 모두 수용하는 해석은 없다. 특히 이 화장판이 이제 막 등장한 이집트 통치자가 실제로 감행한 행위인지, 혹은 단순히 파라오의 등장을 위한 선전인지, 아니면 왕의 열망을 담은 것인지 확실하지 않다.

나르메르 화장판의 앞면은 세로로 세 장면으로 구분되어 있고, 뒷면은 네 장면으로 구분되었다. 앞면은 상-이집트(남부)의 왕인 나르메르가 하-이집트(북부 델타 지역)를 정복하는 과정을 묘사했고, 뒷면은 나르메르가 이집트 전체를 통일한 후, 그것을 기념하는 내용이다.

먼저 화장판 앞면의 맨 위에 파라오가 행사해야 할 권리와 의무를 표현하였다. 나르메르 화장판에서는 호루스가 생략되었거나 양편에 있는 '바트'라는 암소여신으로 대체되었다.

이 궁궐 안에 두 개의 그림문자가 등장한다. 위에는 '메기', 아래쪽은 건축할 때 사용하는 '정'이 그려져 있다. 왜 궁궐 안에 '메기'와 '정'을 표시했을까. 이 두 단어가 모여 무슨 의미를 창출하는가. 고대 이집트어로 '메기'는 '나아르(na'ar)'로 발음하였고 '정'은 '압'(ab) 혹은 '메르(mer)'라는 음가를 지녔다.[17] 나르메르의 이름은 종종 '싸우는 메기'로 해석된다. '메기'는 공격적이며 다른 물고기를 지배하는 특성이 있다. 호루스를 대치한 두 황소 모양은 암소여신 '바트'를 묘사했다. 바트 여신의 뿔은 남성의 상징이 아니라 신성을 표시한다. '바트' 여신은 후대에 다른 암소여신인 하쏘르 여신으로 대치되었다.

'나르메르'라는 발음과 이름은 인류 역사에서 무슨 의미가 있는가? 인간이 오늘날과 같은 구강구조를 가지고 말하기 시작한 시점은 적어도 30만 년 전이다. 현생인류의 조상인 호모 사피엔스의 유골, 특히 치아와 목구조를 살펴보면, 이들이 다른 동물과는 달리 다양한 말을 구사하는 동물로 진화되었다는 사실을 확인할 수 있다. 그러나 현생인류가 문자를 발견하여 문명을 시작한 시기는 불과 5,100년 전이다. 나르메르 화장판은 바로 그 순간을 간직하고 있다.

기원을 수백 년 전까지 추정할 수 있는 메소포타미아 쐐기문자나 한자와는 달리 이집트 문자체계는 기원전 3100년에 갑자기 등장하였다. 학자들은 그 이유를 이전의 문자체계가 목재 등과 같이 영속적이지 않은 매체에 기록되었기 때문에 소실되었을 것이라고 추정한다. 기원전 3100년, 나르메르를 포함한 일부 지식인들이 '레부스(Rebus)' 방식이라는 과감한 방식을 통해 문자를 발명하였다. '레부스' 방식이란 자신이 표시하려는 대상과 유사한 발음을 지닌 그림을 그려, 그 음가만 빌려 발음을 표시하는 문자제조 형식이다. '나르메르'라는 이름을 물고기 '메기'를 의미하는 그림 '나르'와 '정'을 의미하는 그림 '메르'를 그려, '나르메르' 발음을 표시하였다. 인류는 한 사회 안에서 그 구성원들과 소통할 수 있는 상징체계인 문자를 통해, 문명을 구축하였다.

나르메르 화장판의 앞면 두 번째 칸에서 나르메르는 전쟁포로의 머리를 정으로 내리치고 있다. 전쟁포로는 하-이집트(북부) 리더인 '와아쉬'(w's)다. 무릎을 꿇은 채 고개를 돌려 죽음을 받고 있는 '와아쉬'의 이름이 성각문자로 그의 머리 오른편에 새겨져 있다. '와아쉬'는 이집트 북부 델타의 '물이 많은 지역(š)의 유일한 자(w')란 의미다.

그 부조물 위 송골매의 신인 '호루스'가 하-이집트에서 자라는 파피루스 위에 앉아 와아쉬의 코를 줄로 묶어 나르메르에게 건네주고 있다. 파피루스는 카이로 근처 델타 지역에서 나는 식물로 하-이집트 전체를 상징한다. 이 화장판을 제작한 사람은 나르메르가 하-이집트를 정벌하는데, 호루스 신이 도와주었다는 사실을 묘사하였다.

나르메르는 맨발이다. 그는 자신이 정벌한 땅을 발로 밟는 행위를 단순한 군사 행위를 넘어선 거룩한 행위로 여겼다. 그는 지상의 신전에 있기도 하지만, 동시에 천상의 존재다. 나르메르 뒤로 그의 샌들을 들고 있는 사제가 등장한다. 사제의 오른손엔 의례에 사용할 정화수를 담고 있는 조그만 항아리가 들려 있다. 고대 근동에서 신발을 벗는다는 의미는 자신이 서 있는 장소가 세속적인 공간이 아니라 거룩한 공간이라는 표시다. 『성서』「출애굽기」에도 신이 모세에게 '샌들을 벗으라'고 명령한다. 그 이유는 "네가 서 있는 땅이 거룩하기 때문이다"라고 기록돼 있다. 나르메르는 자신이 일으킨 이 정벌전쟁이 세속적 행위가 아니라 거룩한 행위라는 것을 상징하기 위해 샌들을 벗었다.

화장판의 맨 아래 칸에 살해당한 두 명이 있다. 두 명은 남자이며 이집트인이 아니다. 왼쪽 남자는 성기와 음낭이 잘렸고, 오른쪽 남자는 이집트 관습에 맞게 할례 시술을 받았다.

이들의 머리는 바로 위 칸에서 나르메르에게 살해당하는 포로처럼 반대쪽으로 젖혀져 있다. 나르메르와 총리대신의 시선과는 대조적이다. 나르메르의 정면 시선은 '질서'를 상징하고, 후면 시선은 '혼돈'을 상징한다. 고대 이집트어로 '질서'를 '마아트(ma'at)'라고 부른다. 마아트와는 반대로 '혼돈'을 '이스페트(izfet)'라고 부른다. 이스페트란 자신이 해야 할 일을 알지 못해 길을 잃은 상태로 '거짓' '진부함' '오류'라는 뜻도 있다.

나르메르 화장판 '뒷면' 해설

나르메르 화장판 뒷면은 앞면과는 달리 네 칸으로 나뉘어 있다. 맨 위 칸은 앞면 위 칸과 동일하게 두 황소 여신 바트 사이에 궁궐을 상징하는 세렉 그리고 그 안에 자신의 이름 '나르메르'를 성각문자로 새겨놓았다.

두 번째 칸은 좀 복잡하다. 우선 나르메르의 왕관에는 앞면 왕관과는 달리 파피루스처럼 보이는 장식이 부착되어 있다. 나르메르는 파피루스로 상징하는 하-이집트를 정복하고(앞면에 묘사) 통일이집트의 왕으로 등극하였다. 그는 뒤쪽에 위치한 직사각형으로 표시된 신전으로부터 나와 행진하고 있다. 그는 구슬이 달린 직사각형 주머니와 그물망처럼 보이는 주머니를 허리춤에 달았다. 그 그물망엔 부적처럼 보이는 것이 달려 있다.[18] 나르메르는 오른손에 '네카카(nekhakha)'라고 불리는 도리깨를 들고 있다. 도리깨는 목동이 양 떼를 몰 때 사용하거나, 타작마당에서 곡식의 알갱이를 추수할 때 사용한다. 이집트 예술에서 파라오가 든 도리깨는 지배와 풍요의 상징이다.[19] 파라오가 왼손에 들고 있는 메이스는 권력의 상징이다. 파라오의 벨트에는 힘의 상징인 황소의 꼬리가 매달려 있다. 이중왕관을 쓴 나르메르의 이름이 세렉 없이 성각문자로 새겨져 있다. 나르메르 왼쪽으로 사제가 샌들과 정화수를 들고 있다. 나르메

나르메르 화장판 뒷면

인류 역사 탄생의 순간을 증언하고 있는 화장판에
이집트 최초의 문자가 새겨져 있다.

르 앞에 새로운 인물이 등장하는데 아마도 총리대신인 것 같다. 파라오 뒤쪽에는 로제트 문양이 새겨져 있다. 로제트 문양은 메소포타미아 우루크(Uruk)에서 고대 이집트로 수용된 상징으로, 권력을 의미한다.[20] 나르메르 오른쪽에 황소꼬리 장식이 달린 그물망 옷을 입은 고관이 걸어가고 있다. 그의 몸에 하-이집트를 상징하는 파피루스가 부착되어 있다. 그의 머리 쪽에 새겨져 있는 성각문자를 읽으면 '체트'(ṯt)다. 체트는 '총리'라는 의미를 지닌 '차티'의 초기철자다.

체트 앞에는 네 명의 기수가 자신이 속한 통치 구역을 상징하는 깃발을 들고 행진한다. 깃발 위에는 각 지역을 상징하는 동물 모양의 토템이 달려 있다. 이 깃발 앞에는 잘린 목이 다리 사이에 끼워져 있고 팔꿈치가 뒤로 묶여 있는 적들이 두 줄로 진열되어 있다. 이들의 성기도 모두 잘려 있다. 이 시체들 위에는 거룩한 배가 있다. 이 배는 '호루스 성문'을 향하고 있다. 배의 이름은 성각문자로 배 위에 새겨져 있다.

이 배를 둘러싼 그림들은 상징이기도 하다. 태양신 라의 아침 범선이다. 이 범선 앞에 앉아 있는 참새는 일출을 상징한다. 호루스는 범선을 보호하고 있다. 배 앞에 있는 성문을 태양을 실은 범선이 통과해야 새벽이 시작된다. 송골매로 등장하는 태양신은 혼돈을 상징하는 적들의 시신을 쪼아 먹을 것이다. 파라오는 지상에서 호루스의 화신이며, 그물로 자신의 적들을 잡을 것이다.[21]

나르메르가 쓴 이중왕관 중 파피루스 모양의 왕관을 '붉은 왕관'이라고 부른다. 붉은 왕관은 피의 상징이며, 적을 살해하고 정복하는 군사적인 행위를 의미한다. 이집트인은 새벽녘 하늘이 붉은 이유를 태양신 '라'가 밤에 적을 물리쳤기 때문이라 여긴다.

그다음 칸은 커다란 뱀 두 마리가 등장한다. 이들은 서로 목이 교차하여 동그란 공간을 만들었다. 이 원은 눈 화장을 위해 회안석이나 공작석을 분말로 가는 공간이다. 파라오의 화장을 위한 분말가루는 이 두 괴물이 서로 목을 휘어감아 만들어낸 원형에 담겨 있다. 그는 혼돈을 상징하는 뱀들을 제압하여 질서를 회복할 것이다.

괴물이 목을 서로 엮는 도상도 고대 근동의 오래된 상징이다. 이 상징도 우루크에서 건너왔다. 두 명의 신하가 서로 머리를 교차하고 두 마리 용의 머리를 제어하는 모습이다. 나르메르가 상·하-이집트를 통일한 행위는 우주의 질서인 마아트를 회복한 정당한 행위라는 것을 말한다. 마지막 칸엔 나르메르가 강력한 황소로 등장하여 머리를 숙여 요새의 문을 부순다. 고대 이집트어로 '강력한 황소'란 의미의 '카 네하트'는 파라오의 별칭이다. 그 중간에 황소는 죽어가는 적의 팔을 누르고 있다.

나르메르 화장판 그림이 실제로 일어난 사건을 기록했는지, 왕권의 등장을 상징적으로 표현한 은유인지, 혹은 호루스 신전의 성물이었는지 단정지을 수 없다. 그러나 이 부조들은 리더라는 개념의 등장과 그 정의를 시도한 첫 예술품이다. 나르메르는 자신의 왕관과 왕복을 통해 자신이 태양신 라의 '마아트'를 지키는 자일 뿐만 아니라, 자신 스스로를 태양신 '라'로 여겼다. 마아트는 우주의 원칙이자 질서일 뿐만 아니라 개인이 성취해야 하는 최선의 덕목이다.

리더는 질서를 회복하는 자다. 그는 자신의 명성과 권력에 집착하는 자가 아니다. 그의 행위는 자신이 속한 시대와 공동체를 위해 반드시 완수해야 할 거룩한 임무다. 신은 리더에게 물을 것이다.

"너의 마아트는 무엇이냐?"

만일 그가 자신의 마아트를 알았다면, 다음과 같이 다시 물을 것이다.

"너는 그것을 완수하기 위해 최선을 다했는가?"

3
에안나툼의 카리스마, 메(Me)

———

"당신은 자신을 감동적으로 표현할 수 있는
이야기를 가지고 있습니까?"

'메'(, Me, 수메르어), '원칙'

인류 최초의 문명을 구가한 수메르 문명의 비밀을 푸는 열쇠가 있다. 바로 '메(me)'다. '메'는 그림문자에서 땅을 의미하는 가로 평행선과 하늘의 원칙을 의미하는 세로 직선이 결합하여 만들어졌다. 지상의 모든 존재는 저마다 자신의 고유 임무가 있고, 수메르인은 이것을 '메'라고 불렀다. 가로선과 그 위 세로선이 결합하여 만들어진 그림문자 '메'가 기원전 2600년경 90도 오른쪽으로 돌려져 지금의 쐐기문자 가 되었다. '메'는 문명을 구축하는 국가조직·종교의례·기술·도덕, 인간 개인의 품성과 개성을 총괄하는 거대한 원칙이다.

역사는 수메르에서 시작됐다

문자가 없는 세상을 잠시 상상해보자. 혹은 시계가 없는 하루를 상상해보자. 오늘날 우리가 당연하게 여기는 문자나 시간의 구분은 지금부터 5,000년 전 한 민족이 만들었다.『구약성서』의 첫 번째 책인「창세기」제1장에 신이 밤과 낮을 구분하여 하루라고 불렀다는 기록이 등장한다. 그러나 하루를 다시 구분하여 24시간으로, 1시간을 60분으로 정교하게 세분한 자들은 수메르인이다. 신이 시간이란 개념을 만들었다면, 수메르인이 시간의 내용을 완성하였다.

기원전 5000년 수메르는 오늘날 이라크 남부와 쿠웨이트 지역에 형성되기 시작했다. 이곳에 우바이드인('알-우바이드'라는 지역에 거주하던 사람들)이 기원전 4500년경에 정착하면서 도구와 토기 유물을 만들었다. 이들은 티그리스강과 유프라테스강 사이의 평원에 자리 잡아 농작물을 재배하면서 정착하였다. 이들은 농업뿐만 아니라 가내 수공업도 발전시켰다.

'메소포타미아'라는 용어는 그리스어로 '두 강 사이의 (땅)'이란 의미를 지닌 그리스어에서 유래했다.

기원전 3100년부터 몇몇 소수 혁신가는 점점 복잡해지는 상업활동을 원활하게 진행하기 위해 그림문자를 만들었다. 수메르인은 문자와 시간 단위뿐만 아니라, 문명의 형성에 필수적인 거의 모든 것을 발명하였다. 수메르 학자 사무엘 노아 크레이머는 『역사는 수메르에서 시작되었다』 라는 책에서 수메르인이 발명한 39가지를 열거하였다.[1] 수메르인은 시간·숫자·360도·기하학·바퀴·구리·청동기·배·달력·톱·망치·낫·호미·하르·장난감·문자·문자도구·동물사육·수로·치아치료·건축·도시 개발·전술·전략·포위·수로·하프·전차 그리고 무엇보다도 '맥주'를 발명하였다. 이들은 가시적인 발명 이외에 추상적인 개념인 왕권·도덕·법률·양심 등과 같은 개념을 떠올려 정의하고, 수메르 사회의 기반으로 삼았다.

고고학자들과 문헌학자들이 수메르 도시와 수메르 쐐기문자를 판독하기 시작한 시기는 19세기 중엽이다. 이들은 산업혁명으로 부를 축적하고 막강한 군사력으로 해외 식민지를 개척하였다. 이들은 자신들의 문화와 전혀 다른 문화를 중동·아프리카·아시아 그리고 그 밖의 오지에서 경험하였다. 이들은 자신들이 점령한 지역을 효과적으로 치리하기 위해, 식민지들의 문화와 문명을 연구하기 시작하였다. 오리엔트 문명이 발견되기 전에, 사람들은 페니키아인이 문자를 만들었고, 중국인이 시간을, 고대 그리스인이 학교를, 솔로몬이 첫 연애편지를 만들었다고 믿었다. 하지만 수메르인이 이 모든 것을 발명했으며, 그 증거를 기원전 3200년부터 쐐기문자로 토판문서에 분명하게 남겨놓았다.

수메르인과 수메르어

'수메르'라는 용어는 후에 등장한 바빌로니아인이 붙인 명칭이다. 수메르인은 스스로를 '우르삭긱가(ùg.sag.gíg.ga, 𒊕 𒈪 𒅥 𒂵)'라고 불렀다. 이 수메르어 표현의 의미는 '머리가(삭), 검은(긱) 사람들(우르)'이다. 이들은 자신들의 나라를 '키엔기(ki.en.gi, 𒆠 𒂗𒄀)'라고 불렀다. 이 이름을 풀어 해석하면 '진실한(기) 주인(엔)의 땅(키)'이다.

수메르어는 '고립어(孤立語)'다. 고립어란 동서고금에 존재했던 어떤 언어와도 유전발생학적으로 연관이 없는 언어를 말한다. 예를 들어 영어는 게르만어군에 속해 있으며, 게르만어군은 더 넓게는 인도-유럽어의 일원이다. 인도-유럽어에는 히타이트어·산스크리트어·라틴어·그리스어·러시아어·이란어 등이 속해 있다. 또 다른 예로 히브리어는 셈족어의 일원으로 아라비아어·에티오피아어·페니키아어·아카드어와 유전발생학적으로 연관되어 있다. 수메르인은 기원전 4000년대에 등장했다가, 기원전 2000년경 등장한 셈족인의 문명인 바빌로니아에 흡수되었다. 오늘날 프랑스 남부에 있는 바스크어와 캄차카반도의 언어들도 고립어다.[2]

이야기

인류 최초의 문명을 개척한 수메르인[3]은 자신들의 이야기를 문자로 남겼다. 문자는 이야기를 담는 가시적인 표현수단이다. 이야기가 무엇인가를 묻는 행위는 문화의 본질을 찾아가는 행위다. 미국의 사학자이자 문화비평가인 헤이든 화이트(1928~2018)는 『메타 역사: 19세기 유럽의 역사적 상상력』이란 책에서 우리에게 남겨진 역사문헌은 그것을 만든 역사가 혹은 그런 역사를 기록하게 만든 리더의 의도가 숨겨져 있다고 주장한다.[4] 그 의도는 과거의 특정한 장소에 국한되지 않으며, 오늘 우리에게도 비밀스런 화두를 던진다. 프랑스 평론가 롤랑 바르트(1915~1980)는 "이야기는 인간의 삶과 마찬가지로 거기에 존재하며, 초국가적이며 초역사적이고 또한 초문화적이다"라고 주장하였다.[5] 이야기는 '메타코드(metacode)'로 시·공간을 초월하여 중요한 의미를 전달한다. 문명은 이야기와 이야기를 시각적인 형태로 남긴 예술작품이나 문자를 통해 후대와 소통한다.

개인 소유물임을 나타내는 인장의 등장

인류는 도시와 문자를 만들어 야만에서 문명으로 진입하였다. 인간은 이제 도시 안에서 자신만의 삶을 구가하면서, 자신의 정체성을 드러낼 수 있는 물건을 소유하기 시작하였다. 인장(印章)은 개인이 자신의 물건에 주인임을 표시하는 문양과 문자를 포함한 물건이다. 오늘날의 도장과 유사하다. 수메르인은 자신의 정체성을 드러내는 상징뿐만 아니라 이름도 새겨 넣었다.

이 인장(78쪽)은 기원전 2300년경 '시파르'라는 지역에 살던 '앗다(Adda)'라는 서기관의 인장이다. 인장은 대개 외국에서 가져온 진귀한 돌을 원통으로 만들어, 그 표면에 자신이 원하는 문양을 새겨 넣는다. 인장의 주인은 진흙으로 만든 「계약문서」에 인장을 굴려 그 안에 음각으로 새긴 문양과 글자를 양각으로 드러나게 만든다.

이 인장에는 수메르 만신전의 중요한 신들이 모두 등장한다. 맨 오른쪽에 얼굴이 둘인 신의 이름은 '이시무드(ISIMUD)'다. 이시무드는 수메르 만신전의 전령으로 사방을 두루 살펴, 일어나는 일을 지혜의 신인 '엔키(ENKI)'에게 보고한다. 그는 사방을 항상 살펴야 하기 때문에 얼굴이 둘이다. 주름치마를 입은 이시무드는 오른손을 자신의 주인인 '엔키' 신

「앗다 인장」

기원전 2300,
녹암(綠岩), 시파르(Sippar)에서 발견,
3.9cm×2.55cm×1.5cm,
런던, 영국박물관

에게 뻗는다.

엔키는 유프라테스강과 티그리스강을 관장하는 신이다. 이 두 강은 수메르의 젖줄이다. 물고기들이 이 강에서 헤엄친다. 산 정상에 올려놓은 그의 오른발 아래, 양이 웅크려 앉아 있다. 엔키는 인간이 바치는 희생제물인 양을 받는 신이기도 하다. 그는 오른손으로 우주의 운명이 새겨져 있는 '운명의 서판'을 훔친 독수리인 '안쭈(Anzu)'를 붙잡는다. 엔키는 우주를 작동하게 하는 이 서판을 소유하고 있다. 산 중간에는 톱니모양의 날을 지닌 칼을 들고 아침마다 산을 뚫고 나오는 태양신인 '우투(UTU)'가 있다.

왼쪽 정상에는 유일한 여성신인 '인안나(INANNA)'가 당당하게 서 있다. 그녀는 광채가 나는 날개를 활짝 폈다. 인안나는 야심만만한 '하늘의 여신'이며 샛별여신으로, 호시탐탐 땅과 지하세계 모두를 정복하려고 한다. 그녀는 전쟁의 여신이며 풍요의 여신이다. 그녀는 왼손에 전쟁을 상징하는 무기를 들고 있다. 그녀의 왼쪽에는 풍요를 상징하는 대추야자나무가 산에 심겨 있다. 인안나 여신의 왼편엔 천둥번개신인 '닌기르수(NINGIRSU)'가 정면을 응시하고 있다. 그는 왼손에 번개처럼 빠른 화살과 활을 들고 있으며, 그의 왼쪽에는 사자가 포효하고 있다. 이 인장을 만든 이는 자신의 이름을 사자 위에 수메르어로 새겼다. 'AD-DA DUB-SAR' 이 수메르어 문장의 뜻은 '앗다, 서기관'이란 의미다.

이 인장에 등장한 신들의 공통점은 무엇인가? 이들은 모두 '야생 황소 뿔'을 여러 개 겹친 왕관을 쓰고 있다. 고대 메소포타미아에서 가장 강력한 동물은 야생 황소다. 야생 황소의 뿔은 1.5미터 이상으로 자라나 다른 모든 동물을 제압한다. 수메르인은 사냥을 하다, 이런 황소의 뿔과 마주친 후, 자신이 도저히 이길 수 없는 압도적인 신성(神性)을 느꼈을 것이다. 수메르인은 '뿔'을 그림으로 그리고, 이 글자를 수메르어로 '메(⟐)'라고 불렀다. 신은 '메'들을 모아 머리를 장식했다. 자신이 신이란 표시다. 이 표식은 후에 신의 대리자인 왕의 왕관이 되었다. '메'는 우주의 원칙이며 인간이 각자 자신들이 살아 있는 동안 최선을 다해야 할 임무다.

'에안나툼, 라가쉬의 통치자'

에안나툼(Eannatum)은 기원전 2455~기원전 2425년, 30년간 통치한 수메르 도시 라가쉬(Lagash)의 왕이었다. 그는 라가쉬의 제1 왕조의 창건자 우르-난쉐의 손자로 태어났다. 그는 꿈을 통해 신의 계시를 받는다. 에안나툼은 자신이 통치하는 라가쉬와 에나칼레(Enakalle)가 통치하는 경쟁도시 움마(Umma) 사이에 위치한 '구-에덴(Gueden)'을 차지하기 위해 '구-에딘나' 전쟁에 참전한다. 그는 인류 역사상 처음으로 주변 도시국가들을 정복하여 제국을 형성한 왕이다.

그가 한 비문에서 자신의 이름을 아모리족 이름인 '룸마'로도 소개하는 것으로 미루어, 그는 수메르인이 아니라 셈족인이란 사실을 추정할 수 있다. 또한 에안나툼은 수메르어로 É.AN.NA-túm(⟐⟐⟐⟐⟐)이며 '하늘의 집'이란 의미다. 자신의 이름을 '하늘의 집'이라는 다소 어울리지 않는 이름으로 지은 것으로 볼 때, 그는 이곳에 들어와 정착하기 시작한 셈족 인종 '아모리인'이라 할 수 있다. 에안나툼은 라가쉬라는 도시의 왕이면서 당시 알려진 수메르 도시국가들을 모두 정복한 왕이다. 그는 국경분쟁이 있었던 움마·엘람·우르·니푸르·악샤크·라르사 그리고 우루크를 정복하였다. 그는 움마의 곡창지대인 '구-에덴'을 정복하여 해마다 곡식으로 조공을 받았다.

이 장식판은 에안나툼의 옆모습을 반 부조물로 조각했고, 그의 이름을

「에안나툼 돌 장식판」

기원전 2420, 수메르 기르수(오늘날 이라크 텔로)에서 발굴
런던, 영국박물관

"인류 최초 제국의 창시자인 에안나툼의 모습은
군사통치자라기보다는 사제의 모습이다."

얼굴 앞에 두 행에 걸쳐 수메르어 쐐기문자로 새겼다. 글자는 전체적으로 90도 오른쪽으로 돌려져 있다. 장식판의 수메르 음역과 번역은 다음과 같다.

"1. é-an-na-túm

2. ensi$_2$(pa.te.si)

3. Lagaš(šir.bur.la)^{ki}

"에안나툼,

라가쉬의

통치자."

그의 모습은 군사 통치자라기보다는 사제의 모습이다. 그는 삭발머리, 일자 눈썹, 큰 코와 귀를 가졌다. 전형적인 수메르 치마만 착용한 채, 두 손을 모아 신에게 경배하는 모습이다. 큰 귀는 수메르 사회에서도 지혜를 상징했다. 그의 정식 명칭은 '엔시'다. '엔시'는 '개간 가능한 땅의 주인'이란 의미다. '엔시'는 도시국가의 통치자를 의미하는 명칭이다. 엔시는 군사적-세속적인 통치자일 뿐만 아니라, 동시에 종교적인 지도자다. 수메르 초기 왕조시대(기원전 2800~기원전 2350)에는 통치자를 의미하는 용어로 '엔(en)' '엔시(ensi)' '루갈(lugal)' 등 세 가지가 있었다.

그 가운데 '엔'은 통치자를 의미하는 가장 포괄적인 용어다. '엔(🏛)'은 원래 '의자'를 형상화한 문자로, 보통사람과는 다른 '의자'에 좌정한 자였다. 의자는 후에 왕좌와 특별한 종교의례를 지내는 제단이 되었다.

'루갈(🏛)'은 '큰 사람'이란 의미로 군사적인 영웅을 가리키는 용어다. '엔시'는 '엔'과 '루갈'과는 달리 라가쉬와 움마의 통치자를 나타내는 용어였다. 엔시는 인류가 만들어낸, 최초의 '리더'의 명칭이다. 엔시는 이웃도시와 벌이는 전쟁에서 선봉장으로 나섰으며, 동시에 시민들의 일상과 염원을 경청하고 해결해준 사제다.

에안나툼에 관한 두 가지 유물

에안나툼은 지속적인 영토 확장 전쟁으로 거대한 제국을 건설하였다. 라가쉬는 유프라테스강과 티그리스강이 만나는 지점의 북서쪽에 위치한다. 라가쉬는 두 강이 만나는 샤트 알-가랍(Shatt al-Gharraf)을 통해 유입되는 물로 농업에 필요한 물을 풍부하게 공급받았다. 라가쉬는 구-에덴이라는 평원에서 자라나는 풍부한 곡식으로 점점 부유해졌다. 당시 수메르에서는 여러 도시가 경쟁하고 있었다. 움마는 라가쉬로 들어가는 수량을 조절할 수 있는 상류에 있었다.

에안나툼의 「독수리 전승비」는 인류 최초의 영토분쟁을 기록한 석비다. 기원전 25세기에 일어난 사건이라 역사적으로 이 사건을 확증한 다른 증거는 없다. 그는 자신이 경험했던 영토분쟁 이야기를 단순하게 한 번 일어났다 없어지는 이야기로 흘려보내지 않았다. 그는 자신의 이야기를 자신이 생존했던 당시 모든 수메르인이 알고 있는 전설을 이용하여 강력한 내러티브로 만들었다. 그 시대의 신화는 동시대 사람들을 하나로 묶어주는 보이지 않는 감동적인 끈이다.

에안나툼의 이야기 1: 「에안나툼의 봉헌비문」[61]

「에안나툼의 봉헌비문」이란, 에안나툼이 기르수라는 도시에 있는 신전에서 닌기르수 신에게 바친 봉헌비문을 말한다. 수메르인은 진흙을 자

「에안나툼의 봉헌비문」

이라크 기르수(현재 텔로)에서 발견,
파리, 루브르 박물관

신이 표현하려는 내용을 담을 적당한 크기로 다듬는다. 그런 후, 자신이 기록한 내용을 상상한 후, 수메르 문자의 개수를 정확하게 센다. 이 「비문」을 제작한 서기관은 직사각형 토판에 세로로 세 줄을 그어 구분하였다. 이 「비문」은 다음에 소개할 에안나툼의 다른 「비문」들과 마찬가지로 자신의 신적인 기원을 먼저 언급한다. 그는 분명 인간의 아들이지만, 자신은 신으로부터 특별한 임무를 부여받은 리더라고 설명한다. 그는 라가쉬의 가장 유명한 장군인 아쿠르갈이다. 그는 이 「비문」에서 자신의 육신의 아버지인 아쿠르갈 소개보다 신적인 기원을 기록한다. 이 「비문」에 대한 수메르어 자역과 번역이다.

제I단 제1행~제II단 제1행의 수메르 자역과 번역

제I단

1. é-an-na-túm 2. ensi₂(PA.TE.SI) 3. lagaš(šir.bur.la)^{ki} 4. á šúm-ma 5. ^{d}en-líl-ke4 6. ga-zi gu7-a 7. ^{d}nin-ḫur-sag-ke4 8. mu pà-da 9. ^{d}nin-gír-su-ke4 10. [šà] pà-[da]

제II단

1. ^{d}nanše-ke4

"에안나툼은, 라가쉬의 통치자다. 엔릴 신이 권력을 주었고 닌후르삭 여신이 젖을 주었으며, 닌기르수 신이 선택하였고 난쉐 신이 선택하였다.

(해설)

에안나툼은 자신을 '엔시'라고 소개한다. 엔시는 종교적이면서 군사적인 통치자를 아우르는 용어다. 그에게 권력을 부여한 자는 만신전의 최고신이며 대기의 신인 엔릴이다. 그를 부양한 자는 자그로스산맥과 평원의 동·식물을 키우는 닌후르삭 여신이다. 에안나툼은 그 여신의 젖으로 부양되어 신적인 존재로 성장한다. 이 주제는 기원전 5세기부터 등장한 이시스 여신이 호루스에게 젖을 주는 이미지의 원형이다. 이 예술적인 주제는 그리스도교 성화와 조각의 피에타로 발전하였다. 기르수 도시의 주신인 닌기르수와 물고기를 관장하는 난쉐 신도 에안나툼이 탄생하는 데 일조하였다. 에안나툼이 자신을 구별된 존재, 신적인 기원을 지닌 존재로 설명하고 있다.

제II단 제2행~제III단 제9행의 수메르 자역과 번역

제II단

2. dumu a-kur-gal 3. ensi2(PA.TE.SI) 4. lagaš^{ki} 5. kur elam^{ki} 6. gín.šè bé-sè 7. urim5^{ki} 8. gín.šè bè-sè 9. umma^{ki} 10. gín.šè bè-sè 11. urim5^{ki} 12. gín.šè bè-sè 13. u4-ba 14. ^{d}nin-gír-su-ra

제III단

1. kisal dagal-la-na 2. pú sig4-bahar2-ra 3. mu-na-ni-dù 4. dingir-ra-ni 5. ^{d}šul-|MUŠxPA| 6. u4-ba 7. ^{d}nin-gír-su-ke4 8. è-an-na-túm 9. ki mu-na-ág

"그는 아쿠르갈의 아들이며, 라가쉬의 통치자다. 그는 엘람을 전멸시켰고, 움마를 전멸시켰고, 우르를 전멸시켰다. 그때 그는 닌기르수 신을 위해 넓은 뜰에 구운 벽돌로 만든 우물을 만들었다. 그의 개인적인 신은 슐무쉬파다. 그때 닌기르수 신은 에안나툼을 사랑하였다.

(해설)

에안나툼은 자신의 신적인 기원을 설명한 후에 아버지를 언급한다. 그는 라가쉬의 장군인 아버지 아쿠르갈의 아들이다. 아쿠르갈 역시 라가쉬의 통치자였다. 그는 자신이 통치하는 라가쉬와 경쟁하는 세 도시국가, 즉 자그로스산맥의 엘람·움마·우르를 정복했다. 그는 정복전쟁이 승리한 원인을 닌기르수 신에게서 찾는다. 그는 닌기르수 신을 위해 구운 벽돌로 우물을 건축하였다. 그가 섬기는 개인신은 슐무쉬파이지만, 기르수의 주신인 닌기르수 신을 위해 정성을 바친다. 이 「비문」은 닌기르수 신이 에안나툼을 사랑하여 정복전쟁에서 승리하게 만들었다고 말한다. 수메르어로 '사랑하다'는 의미를 지닌 '키…악(ki…ág)'의 원래 의미는 '땅을 측정하여 선물하다'라는 뜻이다.

에안나툼의 이야기 2: 「에안나툼 독수리 전승비」

프랑스 루브르 박물관에 에안나툼에 관한 특별한 부조물이 전시돼 있다. 우리는 이 부조물과 비문을 통해 무엇을 알 수 있을까? 에안나툼은 이 부조물에 묘사된 그림과 문자를 통해 무엇을 표현하고 싶어했는가? '있는 그대로의 그림이나 기호'와 '그림이나 기호가 의도한 실제 의미'는 다르다.

스위스 언어학자 소쉬르는 『일반언어학 강의』라는 책에서 기호학이라는 학문을 만들었다. 그는 인간의 표현 수단인 '말(parole)'은 그 말이 의도한 '언어(langue)'와 구별되어야 하며, 심지어 아무 상관이 없다고 주장한다.[7] 이 유물의 그림은 역사적인 사건을 다룬 이야기이며, 그 이야기는 유물을 보는 사람과 소통할 수 있는 내러티브로 전환되어야 한다. 그러므로 이 유물은 수메르 시대 라가쉬를 둘러싼 영토분쟁과 연계해 해석을

「독수리 전승비」 전면

기원전 2450, 기르수에서 발굴,
석회암, 180cm×130cm×11cm,
파리, 루브르 박물관

시도해야 한다. 동시대 다른 문헌이나 이미지와 비교하면 그 숨겨진 의미가 드러날 것이다. 에안나툼의 「독수리 승전비」에 등장하는 중요한 부분을 수메르 원본 번역을 통해 소개할 것이다.

수메르인은 문명과 문화를 구축하면서, 자신들의 이야기를 다양한 시각적 유물을 통해 우리에게 남겼다. 「독수리 전승비」는 '이야기'의 시작을 정교한 부조물과 쐐기문자로 남긴 대표적인 유물이다. 인류 문명의 초기인 기원전 2460년경에 등장한 것으로 추정되는 「독수리 전승비」[8]는 원래 위쪽이 둥근 직사각형 흰색 사암이었으나 현재는 일곱 개 조각으로 나뉜 부조물이다. 이 조각들은 1880년대 이라크 텔로(Tello: 고대 도시명은 기르수)에 위치한 닌기르수 신을 위한 신전에서 여섯 개 조각으로 발굴되었다. 1898년 영국박물관 측이 마지막 일곱 번째 조각을 발견했는데 여섯 개 조각이 소장돼 있던 루브르 박물관으로 마지막 조각도 옮겨졌다.[9] 이 전승비는 높이 1.8미터, 너비 1.3미터, 두께 11센티미터다.

이 부조물이 우리에게 전달하려는 이야기는 무엇인가? 고대 근동의 예술에서 '전투 장면'은 '이야기 예술(story art)'의 범주에 속한다. 고대 이집트에서 문명과 왕권의 시작을 알리는 「나르메르 화장판」은 '이야기 예술'의 효시다. 나르메르는 이집트 문명을 창건하면서 자신의 통치이념을 화장판 양면에 새겨놓았다. 「독수리 전승비」에 등장하는 왕은 라가쉬의 통치자 '에안나툼'이다.

곡창지대를 둘러싼 영토분쟁

에안나툼은 라가쉬에 오래전부터 내려오는 닌기르수 신과 그의 어머니 닌후르삭 여신의 이야기를 포착하였다. 특히 괴조 안쭈와 연관된 이야기에서 자신의 고유한 임무를 일체화하여 자신만의 이야기를 라가쉬 시민 모두가 공감하는 내러티브로 만들었다. 그는 자신이 감행한 영토분쟁 이야기를 군사 행위가 아니라 우주의 질서를 회복하는, 우주의 '메'를 확립하여 평안을 가져오는 전쟁으로 해석한 것이다.

이 석비는 독수리가 적군의 시체를 쪼아 먹는 모습이 등장하기 때문에 「에안나툼 독수리 전승비」라고 불린다. 양면에 빼곡히 수메르어로 기록된 석비는 아마도 실제로 일어난 역사적인 사실을 기록한 최초 역사 기록일 것이다. 이전의 수메르 문헌이나 이집트 문헌들이 역사적인 사실보다는 신화적인 내용과 이미지에 집중했다면, 이 전승비는 실제로 일어난 역사를 자신의 주관을 가지고 실제로 일어난 사건을 서술했다. 역사는 「에안나툼 독수리 전승비」에서 시작했다 해도 과언이 아니다. 생생한 부조물들과 그 사이사이에 새겨진 「수메르어 비문」은, 수메르의 경쟁도시 라가쉬와 움마의 전쟁, 그 전쟁을 승리로 이끈 라가쉬의 왕 에안나툼의 승리를 기록한다.

「독수리 전승비」 전면: 라가쉬-움마전쟁의 '신화적 기원'

라가쉬는 샤트 알-가랍 수로에서 유입되는 물을 이웃 도시국가 움마와 공유해야 했기에 지난 100년간 물을 위한 분쟁이 끊이지 않았다. 물은 라가쉬를 비롯한 수메르 도시 생존의 제1 조건이었다. 물 공급 차단은 흉년으로 이어져 도시 생존에 치명적이다. 현재 루브르 박물관에 영구전시 중인 「독수리 전승비」는 위가 둥그런 직사각형 석회암 석판에 새겨졌다. 라가쉬의 위성도시인 기르수에서 1880년대 발굴되었다.[10] 기르수의 주신은 닌기르수 신이다. 이 「전승비」는 규모에 있어서 기원전 18세기 바빌론 한복판에 세워졌다는 높이 225센티미터, 너비 65센티미터의 「함무라비 석비」와 크기가 비슷하다. 에안나툼은 이 전승비를 기르수 도시 한복판에 세웠다.

에안나툼은 자신의 영웅적인 정복전쟁을 과시하기 위해 닌기르수 신과 자신의 위용을 뽐내는 부조물을 먼저 새겼다. 부조물을 설명하는 수메르 문헌은 부조가 없는 공간에 빼곡하게 새겨져 있다. 「독수리 전승비」는 이집트의 「나르메르 화장판」처럼 전통적인 표현방식을 따랐다. 후면은 실제로 일어난 역사적인 사건을 다루고, 전면은 그 역사적인 사건이 의미하는 신화적이며 종교적인 이데올로기를 표현한다. 전면(88쪽 그림)이 신화적인 기술이라면, 후면(104쪽 그림)은 그 신화가 역사 안에서 어떻게 전개되었는지 표현한다. 신화적인 틀과 역사적인 전개는 서로 보완적이며 4,500년이 지난 오늘날에도 그 의미를 풍부하게 전달한다.

「에안나툼 봉헌비문」에서도 에안나툼의 신화적인 기원을 먼저 소개했듯이, 라가쉬와 움마의 갈등과 전쟁은 신들이 운명의 서판에 이미 결정한 사건이라는 것을 표시하기 위해 신화적인 내용을 기록하였다. 이 「전승비」의 부조물들과 그 사이사이에 적은 쐐기문자는 한 편의 영화다. 에안나툼은 자신이 왜 움마와 전쟁을 벌였는지, 그 당위성과 결과를 가장 위대한 예술작품으로 승화하여 선포한다.

「독수리 전승비」는 에안나툼 자신의 신적인 기원에 대해 설명한다. 이 석비의 처음 부분은 손실되어 그 내용을 온전히 정확하게 알 수 없지만, 경쟁도시인 움마와의 분쟁이 발단이다. 신들은 에안나툼을 선택하여 그를 라가쉬라는 한 도시의 통치자가 아니라, 수메르 전체 도시의 정복자로 점지하고 그를 신의 아들로 수용하였다. 그가 신의 아들이 되는 과정을 자세하게 설명하였다. 지금은 사라진 수메르 쐐기문헌의 제I단에서 제V단의 수메르 원문과 그 번역은 다음과 같다.[11]

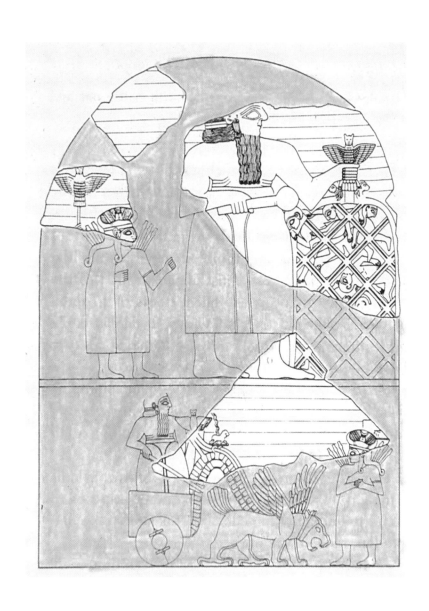

「독수리 전승비」 전면 부조물 그림

기원전 2450, 기르수에서 발굴,
파리, 루브르 박물관

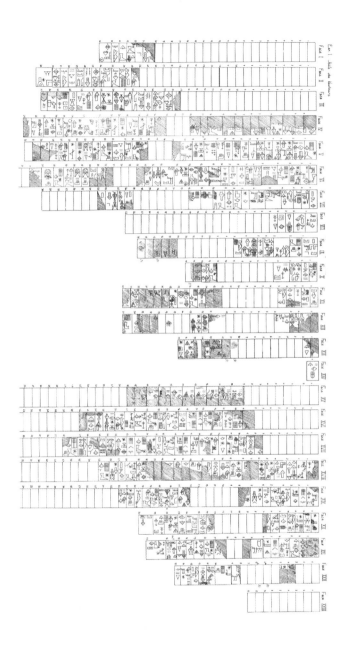

「독수리 전승비」 전면 수메르 쐐기문자 원문

부조물들 사이에 기록된 수메르 쐐기문자를 옮겨 적은 필사본이다.

제I단 제20행~제V단 제17행 수메르 자역과 번역

제I단

···. 20. [···]-ré šuku-bi 21. e-lá 22. še gub-ba-bi 23. ba-de6 24. lugal 25. lagaš(ŠIR.BUR.LA)^{ki}···

"···그(움마의 왕)는 식량배급량을 줄였다. 그는 빌려준 곡식을 빼앗아갔다. 라가쉬의 왕은···"

제II단

···. 22. [···] 23. [···]-HI-a-ka 24. lú umma^{ki}-ke4 25. šu du7-rá 26. e-ma-da-du11 27. lagaš(ŠIR.BUR.LA)^{ki} 28. gaba-bé 29. šu e-ma-ús 30. a-kur-gal 31. lugal 32. lagaš(ŠIR.BUR.LA)^{ki} 33. ^{d}umu ur-^{d}nanše

"(···움마의 지도자가 (라가쉬)를 공격하였다.) 그는 라가쉬 안으로, 국경까지 진격하였다. 우르-난쉐의 아들인 라가쉬의 왕인 아쿠르갈이···"

제III단

···. 18. lagaš^{ki} 19. bar níg ní-ba-ka-ka 20. gaba-bé 21. šu e-ga-ma-ús 22. pirig-ZAG? 23. gír-nun šà-ga-ke4 24. ^{d}nin-gír-sú-ke4 25. gù-na 26. KA líl-a mu-ni-tak4 27. umma^{ki} 28. ú-^{d}urunx(|KU.KU|)-na-mu 29. níg ní-gà 30. [a]-šà]a ša5

"라가쉬··· 왕자다운 마음을 지닌 사자인 닌기르수 신이 바람 안에서 자신의 목소리로 주장하였다. "움마, 나의 정착 목초지, 나의 소유물)."

제IV단

1. gú-edin-na-ka 2. lagaš(ŠIR.BUR.LA)^{ki} 3. […] bi x-x-le 4. en?
^{d}nin-gír-sú 5. [ur]-sag [^{d}en]-líl-lá 6. […]-ga 7. […] 8. [na]-e 9.
[^{d}]nin-[gír]-sú-ke4 10. [a] é-[an]-na-túm-[ma] 11. [šà]-ga 12.
[šu] ba-ni-du11 13. […] 14. […] 15. […] 16. […] x 17. mu-da-
húl 18. ^{d}inanna-ke4 19. da mu-ni-dab5 20. é-an-na 21. ^{d}inanna
22. eb-gal-ka-ka a-túm 23. mu mu-ni-sa4 24. ^{d}nin-hur-sag-ra
25. du10 zi-da-na 26. mu-ni-tuš 27. dnin-hur-sag-ke4 28. ubur
zi-da-ni 29. mu-[na-lá]

"구-에덴이란 평원에서 라가쉬는… 주님인 닌기르수 신과 영웅인 엔
릴이… 선포하였다. 닌기르수 신은 에안나툼의 씨를 자궁에 심었다. 그
는 기뻐하였다. 인안나 여신이 그 옆에 자리를 잡았다. 그녀는 그의 이
름을 '위대한 자궁인 인안나의 에안나 신전에 적당한 이'라고 불렀다.
닌후르삭 여신이 그녀의 오른쪽에 자리를 잡았다. 닌후르삭 여신이 자
신의 왼쪽 가슴을 그에게 내밀었다."

제V단

1. é-an-na-túm 2. a šà-ga šu du11-ga 3. ^{d}nin-gír-su-ka-da
^{d}nin 4. ^{d}nin-gír-su 5. mu-da-húl 6. ^{d}nin-gír-sú-ke4 7. šu-bad-
ni 8. mu-ni-ra 9. kùš 5-am6 10. kùš-a-ni 11. mu-ni-ra 12. kùš
5 šu-bad 1 13. ^{d}nin-gír-sú-ke4 14. nam-gal-húl-da 15. [nam]-

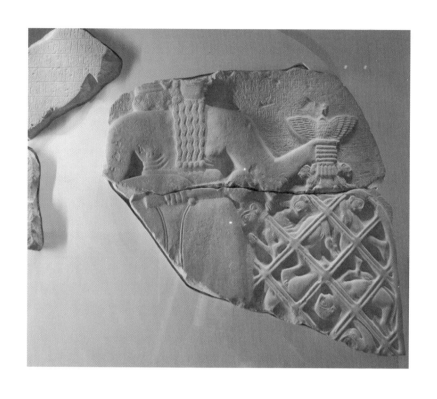

「움마 군인들의 시체가 담긴 그물을 드는 닌기르수 신」

오른손에 든 곤봉으로 적군의 왕의 머리를 내리치고 있다.

lugal 16. [lagaš(ŠIR.BUR.LA)^{ki}] 17. [mu-na-šúm]

"닌기르수 신을 통해 에안나툼의 정자가 닌후르삭 여신의 자궁에 심어졌다. 닌기르수 신은 에안나툼에 기뻐했다. 닌기르수 신은 자신의 뺨을 그 위에 놓았다. 다섯 큐빗과 한 뼘이다. 닌기르수 신은 기쁜 마음으로 라가쉬의 왕권을 에안나툼에게 주었다."

제Ⅰ단과 제Ⅱ단은 에안나툼의 아버지 아쿠르갈 왕 때부터 시작된 분쟁을 언급한다. 유프라테스강 상류에 위치한 움마는 강 하류에 위치한 라가쉬와 중간에 위치한 곡창지대 구-에덴 때문에 분쟁하였다. 제Ⅲ~제Ⅴ단의 내용은 수메르 신들이 에안나툼을 탄생시키는 과정을 자세하게 묘사한다. 닌기르수 신과 엔릴 신이, 에안나툼이 태어나기도 전에 그의 씨를 하늘의 여신인 인안나의 자궁에 심었다. 에안나툼이 태어나자, 폭풍과 평원의 여신인 닌후르삭이 자신의 왼쪽 가슴을 내밀어 젖을 주었다. 닌기르수 신은 태어난 에안나툼의 키를 잰 후, 그에게 라가쉬의 왕권을 주었다. 풍요와 들판의 신인 닌기르수 신이 아끼는 들판이 있었다. 라가쉬와 움마 사이의 '구-에덴'이라는 평원이다.

「독수리 전승비」의 전면은 두 칸으로 구성되었다. 위 칸이 아래 칸보다 두 배 정도 크다. 첫 칸의 중심에 한 남성 신이 오른손에는 전쟁용 망치를 들고, 왼손으로는 그물을 잡아 올리고 있다. 사자머리와 독수리 날개, 발톱으로 두 마리 사자를 움켜쥔 모양이 그물의 입구를 묶었다. 그 남성 신은 이 괴물의 중간을 단단히 잡았다. 그 남성 신 뒤로 망토와 신기한 가발을 착용한 여신이 두 손을 가슴에 치켜올려 앞선 남성 신을 따라가고 있다.

괴조 안쭈와 닌후르삭 여신의 머리

괴조 안쭈는 우주의 운명이 기록된 '운명의 서판'을
엔키 신으로부터 훔쳐 달아났다.

여성 신의 크기는 남성 신의 3분의 1이다. 두 번째 칸은 첫 번째 칸에서 묘사된 주제를 다른 배열을 통해 표현한다. 그물을 집어 올리던 남성 신이 날개 달린 사자가 끄는 전차를 운전한다. 이 신의 왼손 쪽 위 칸에서 보았던 괴물과 조그마한 말이 그려져 있다. 그 앞에는 첫 칸 왼편에 있었던 여신이 남신을 향해 두 손을 모아 환영하고 있다.

닌기르수

첫 칸에서 그물을 움켜쥐고 있는 인물과 둘째 칸에서 전차를 모는 신이 에안나툼을 선택하였다. 기르수 신의 주신인 닌기르수 신이다. 수메르어로 '닌(▷目)'이란 용어는 통치자를 의미하는 가장 오래된 용어다. 여성의 성기를 형상화한 '무누스(MUNUS, ▷)와 통치자들이 입는 특별한 옷을 의미하는 '툭(TÚG, 目)'의 합성어로 '특별한 옷을 차려입은 여성'이란 의미다. 학자들은 '닌'을 통해 부계사회 이전의 모계사회의 존재를 알려주는 그림문자라고 설명하기도 한다. '닌'은 성을 초월한 통치자를 지칭하는 단어다. 남성 통치자를 지칭하는 일반적인 수메르 단어인 '엔(EN, 耳)'이 등장하면서 '닌'은 점차로 여성 신이나 통치자의 이름에 국한되어 사용되었다.

닌기르수 신은 농업·치료·전쟁의 신이다. 닌기르수 신의 원래 이름은 닌우르타다. 이 두 신명은 수메르 초기부터 분리할 수 없을 정도로 하나로 엮여 있다.[12] 닌기르수 신의 특징은 '루갈-에(lugal-e)'라는 신화를 통해 재구성할 수 있다. 이 신화에 따르면 닌기르수 신은 산맥의 신이며 혼돈의 신인 아-삭(á-sàg)과 전쟁을 벌였다. 아삭이 산사태로 도시를 파괴하고 티그리스강을 바위로 메워 원활하게 흘러가지 못하도록 방해하였기 때문이다. 닌기르수 신은 아삭을 제압하고 아삭의 바위들을 이용하여 유프라테스강과 티그리스강의 물이 자연스럽게 흐르도록 수로를 건설하였다. 에안나툼에게 닌기르수 신은 자신이 통치하는 기르수의 주신일 뿐만 아니라, 신화적으로 티그리스강의 수로에 관련된 신으로 자신의 공적을 기록하기에 최적의 신이었다.

괴조 '안쭈(Anzu)'

에안나툼은 움마 정복전쟁을 우주의 질서를 혼돈으로 몰아넣은 사건으로 여겼다. 그는 메소포타미아 신화에 등장하는 괴조 '안쭈'를 등장시켰다. 사자 머리를 하고 독수리 날개를 한 괴물이다. 안쭈는 '임두구드(Imdugud)'라고 불리기도 한다. 이 괴물은 불과 물을 입으로 뿌린다. 안쭈는 '하늘의 독수리'라는 뜻이다. 고바빌론 시대에 기록된 「안쭈 신화」에서는 닌기르수와 안쭈를 동일시한다. 안쭈는 사자 모습을 한 독수리로 천둥번개의 신이다. 안쭈는 우주의 운명이 결정되어 적혀 있는 엔키 소유의 '운명의 서판'을 훔쳐 달아났다. 메소포타미아인은 우주가 이 서판에 기록된 대로 운행된다고 믿었다.

안쭈는 그리스 신화에 등장하는 고르곤과 유사하다. 페르세우스가 영웅으로 등극하기 위해서는 고르곤의 머리를 잘라야 했다. 고르곤과 같은 안쭈를 왼손에 움켜쥔 닌기르수 신은 우주의 평화를 회복하는 정복자이자 승리자다. 이 인물은 닌기르수 신이면서 동시에 그 신의 화신인 에안나툼이다. 그는 오른손으로 왕권과 권력의 상징인 머리가 둥근 망치를 들고, 그물 밖으로 머리를 내밀어 빠져 나오려고 시도하는 움마의 왕인 에나칼레의 머리를 내리치고 있다.[13]

닌기르수 신은 움마 군인들을 일망타진하여 그물 안에 단단히 잡아놓았다. 고대 근동에서 그물은 혼돈을 잡는 무기다. 바빌로니아 창조신화인 「에누마엘리쉬」에서 마르둑 신은 혼돈의 여신인 티아맛을 잡기 위해 '그물'을 만든다. 그는 전멸된 티아맛과 그 졸개 신들을 그물 안에 집어 넣는다.[14]

닌후르삭

닌기르수 신 뒤로 닌후르삭 여신이 서 있다. 그녀의 왼쪽 위로 안쭈가 있다. 닌후르삭은 '높은 산을 관장하는 여주인'이란 의미로 산의 여신이다. 그녀는 풍요의 여신이다. 에안나툼을 포함한 수메르 신들은 '닌후르삭의 젖을 먹고 자랐다'. 그는 오메가 모양의 머리장식을 땋아올리고 머리를 길게 등 뒤로 늘어뜨렸다. 그녀의 양 어깨에서는 막대기 같은 모형이 세 개씩 하늘로 솟구치고 있다. 이 모형은 메소포타미아에서 신의 속성을 나타낸다. 수메르어로 '메(ME)'라고 부른다. '메'는 고대 문헌에서 발견되는 철학적 개념처럼 한마디로 번역하기 힘들다. '메'는 우주 삼라만상이 각자 지녀야 할 본모습이다. '메'는 흔히 '신을 신답게 만드는 어떤 것, 즉 신성성'이란 의미에서 출발하여, 모든 존재가 마땅히 습득해서 완성해야 할 '자기다움, 도덕, 에토스'를 가리키는 것으로 확대 해석된다. 메는 한자의 도(道)와 같은 개념이라고 볼 수 있다. 또한 이집트어 마아트(Maat), 산스크리트어 르타(Ṛta), 히브리어 샬롬(shalom), 아라비아어 살람(salam)과도 같은 뜻이다.

'메'는 후대 부조물에서 신들이 머리에 쓰는 '뿔'로 정형화됐다. 신들의 위대함을 나타내는 원초적인 힘을 뜻한다. 이 뿔이 인간에게 적용되면 왕관으로 둔갑한다. 인간이 지상에서 신으로 활동하기 위해 머리에 쓰는 장식이다. 자신의 망토 위에 메를 지닌 여인은 닌기르수 신의 어머니이자 여신인 '닌후르삭'이다. 닌후르삭은 자신의 아들 닌기르수가 안쭈 괴조를 어떻게 잡아야 하는지 전략적으로 충고해준다. 이 전승비에서 닌후르삭이 닌기르수 신 옆에 등장하는 것은 오래된 신화의 내용을 재현한 것이다.

신화적인 내용을 담은 쐐기문자 대부분은 소실되었다. 아마도 닌기르수 신의 아내인 난쉐 신이 아래에 새겨져 있었을 것이다. 난쉐 신도 사자머리 독수리와 연관되어 있다. 「독수리 전승비」 전면의 아래 칸에 전차가 등장한다. 에안나툼은 사자와 독수리를 합한 하이브리드 괴물이 이끄는 전차 위에 올라서서 달리고 있다. 괴물의 앞발은 사자, 뒷발은 독수리로 각각 하늘과 땅에서 가장 강력한 동물들이 전차를 몰고 있다. 이 광경을 닌후르삭이 두 손을 모아 지켜보고 있다. 왼쪽 칸 그물 위에 그 내용이 적혀 있다. 에안나툼의 전쟁 과정을 기록한 것이다. 이 부조물 초안이 기획될 때 문자 부분은 고려 대상이 아니었을 것이다. 부조물을 표현하고 설명하기 위한 보조 수단으로 문자를 적어 넣은 것 같다.

에안나툼은 수메르의 오래된 신화를 통해 무엇을 말하고 있는가? 그는 스스로를 자신이 치리하는 라가쉬 시민들에게 닌기르수 신으로 소개한다. 그는 오래전부터 구전되어오던 안쭈 괴조와 닌기르수 신의 갈등 이야기를 움마 시와 벌인 영토 분쟁에 접목했다. 그는 닌기르수 신의 어머니 닌후르삭의 충고, 안쭈 괴조로부터 '운명의 서판'을 되찾는 이야기를 자신의 삶과 연결하여 라가쉬 도시민이 이해하고 공감하는 이야기로 창조하였다. 그는 이웃도시 움마와 벌인 영토분쟁을 단순한 영토 확장이나 이기심의 발로가 아니라 우주의 질서를 회복하는 과정, 즉 '메'를 회복하는 과정으로 해석했다. 그는 '메'의 회복자이며 '메'의 화신이다.

전투에 임한 에안나툼은 '엔릴의 위대한 그물을 던지는 자'로 자신을 소개한다(XVI. 제6~8행). 그는 움마와 벌인 전쟁 장면을 다음과 같이 묘사한다.

제XVI단

27. [u4-da mu-bala-e] 28. [sa šu4 gal] 29. [ᵈen-líl] 30. [lugal an-ki-ka] 31. [nam e-ta-ku5-rá] 32. [umma^{ki}-a] 33. [an-ta ḫé-šu4]

"내가 (티그리스강을) 건넜을 때, 나는 전멸시키기로 맹세한 움마 위에 하늘과 땅의 왕이신 엔릴의 위대한 그물을 하늘 위에서 떨어지게 만들었다!"

「독수리 전승비」의 전면이 신화적인 내용이라면, 후면은 역사적인 실제 전투 장면을 묘사한다.

「독수리 전승비」 후면: 역사

역사를 다룬 후면은 에안나툼이 군대의 선봉에서 행진하는 모습이다. 에안나툼은 카우나케스라는 허리에서 왼쪽 어깨를 감는 옷을 걸치고 통치자를 상징하는 헬멧을 착용하였다. 군인들은 헬멧을 쓰고 긴 창을 들며 밀집대형으로 전진하고 있다. 군인들은 쓰러진 적들을 밟고 지나가며, 독수리들도 시체를 쪼아먹고 있다. 「독수리 전승비」 후면은 네 칸으로 구분해 많은 것을 묘사하고 있다. 전면보다 훨씬 복잡하다. 후면은 수메르인이 실제로 치른 전쟁이 어떤 방식으로 전개되었는지를 자세히 설명하고 있다. 「독수리 전승비」는 전투장면을 이야기로 펼쳐 기술한 인류 최초의 작품이다.

여기에 이 부조물을 「독수리 전승비」라 부르는 이유가 등장한다. 첫

「독수리 전승비」 후면

기원전 2450, 기르수에서 발굴,
석회암, 180cm×130cm×11cm,
파리, 루브르 박물관

「독수리 전승비」후면 부조물 그림

기원전 2450, 기르수에서 발굴
파리, 루브르 박물관

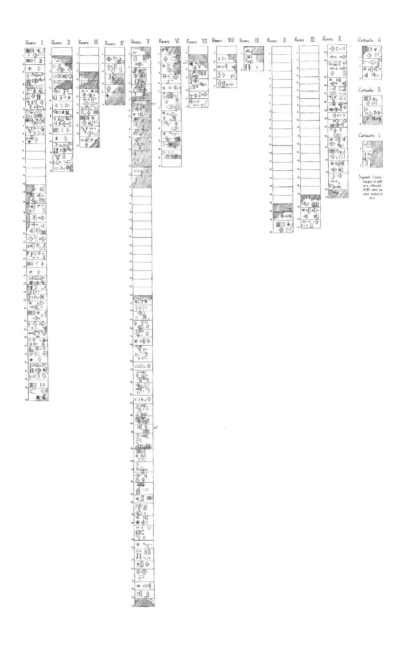

「독수리 전승비」 후면 수메르 쐐기문자 원문

움마 군인들을 쪼아 먹는 독수리

독수리는 삶과 죽음의 중간을 관장하는 동물이다.
전쟁에서 패한 움마 군들의 잘린 머리는 독수리의
먹잇감이다.

번째 칸 오른쪽을 보면 독수리들이 정복당한 움마 군인들의 머리를 부리로 사정없이 쪼아 먹는다. 전체 부조물이 온전히 남아 있지는 않지만, 하늘의 지배자인 독수리가 지상의 전쟁에서 패한 움마인들의 잘린 머리를 쪼는 장면은 「독수리 전승비」가 표현하고자 하는 내러티브를 단순하면서도 강력하게 표현한다. 에안나툼이 이끄는 라가쉬가 승리하였고, 움마는 처참하게 패했다.

독수리가 묘사된 부분을 살펴보면, 그 아래 쐐기문자로 기록한 부분과 확연히 구분된다. 후면의 전체 내용을 요약한 것처럼, 독수리를 맨 위에 표시하였다. 첫 칸은 다시 독수리 부분과 실제 전투 장면으로 구분된다. 맨 앞에 에안나툼이 군대를 이끌고 있다. 군대는 열두 명이 한 조가 되어 창을 들고 전진한다. 아홉 명의 얼굴은 정면에서 보이고 세 명은 앞선 군인과 겹쳐 있어 보이지 않는다. 이들이 들고 있는 창에 새겨진 손들을 세어보면 각 4열에 6줄씩, 모두 24개다.[15] 후대 고대 그리스의 밀집대형인 팔랑크스(phalanx) 대열의 원형이다.[16] 이들이 손에 든 창은 모두 오른편 방향으로 공격하고 있다. 그들은 전사한 적군들을 밟고 행진한다.

그들 앞에는 이 전투를 진두지휘하는 라가쉬의 왕, 에안나툼이 행진하고 있다. 특별한 옷을 입고 서 있다. 그는 왼쪽 어깨를 가리고 오른쪽 어깨를 드러내는 양털 옷을 입고 있다. 에안나툼은 투구 뒤로 망치를 머리에 동여맸다. 병사들은 에안나툼의 인도에 따라 전진한다. 첫 칸 맨 오른쪽엔 13명의 시신이 무질서하게 쌓여 있다. 에안나툼과 그의 군인들은 꼿꼿이 선 채로 질서정연하게 행군하고 있지만, 움마 군인들은 죽은 채로 상하좌우 구별도 없이 무질서하게 널려 있다. 우주의 질서인 '메'를 회복하는 에안나툼의 완벽한 승리를 표현하였다.

두 번째 칸에는 라가쉬 군인들이 왼편에 묘사되어 있다. 군인들은 오

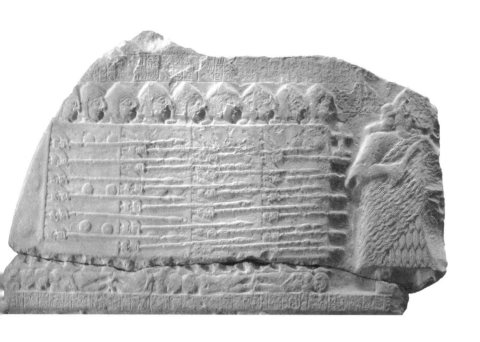

「행군하는 에안나툼과 라가쉬 군인들」

에안나툼 왕의 라가쉬 군대의 행렬은 후에 고대 그리스에 등장한
밀집대형인 팔랑크스 대열의 원형이다.

「전차를 탄 에안나툼」

키쉬 헬멧을 쓴 에안나툼이 왼손에는 긴 창, 오른손에는 칼을 들었다.
에안나툼 위로 전사한 움마 군인들이 보인다. 그 아래 수메르 문헌이 적혀 있다.
에안나툼이 전차를 탄 채, 왼손에 긴 창을 들고 공격하는 모습이다.

른손에 긴 창을, 왼손에는 전투 도끼를 들었다. 이들은 첫 칸의 공격 대형이 아니라 행진 대형으로 전진한다. 군인들은 첫 칸과는 달리 에안나툼이 탄 전차를 따라간다. 전차는 탱크와 같아서 지상전에 반드시 필요한 장비다. 수메르인은 전쟁을 위해 전차가 필요했고, 전차에서 가장 중요한 부품은 바퀴다.[17]

인간이 이룩한 가장 중요한 기술적인 발명은 단연 바퀴다. 후대의 산업혁명도 바퀴 없이는 불가능했을 것이다. 한 축을 기준으로 원형으로 돌아가는 체계적이며 반복적인 움직임을 보이는 바퀴는, 작은 시계에서부터 자동차·제트엔진·컴퓨터 드라이브 등 사용되지 않는 곳이 없다. 이 바퀴라는 개념을 처음으로 만들어 사용한 사람들이 수메르인이다. 이들은 기원전 3500년부터 바퀴를 사용하기 시작하였고, 「독수리 전승비」는 바퀴가 전쟁에 어떻게 사용되었는지를 분명히 보여준다. 바퀴 기술은 이후 히타이트, 바빌로니아, 이집트 등지로 전파되었다. 이집트에서는 기원전 2000년, 그리스에서는 기원전 1400년에 바퀴가 등장한다.

왼손에 긴 창을 들고 있다. 전차를 이끄는 네 필 당나귀 앞으로 창이 뻗어나간 것으로 미루어보아, 창의 길이는 거의 3미터 이상이다. 그의 전차는 앞면에서 묘사된 전차와는 사뭇 다르다. 앞면 전차는 닌기르수 신, 혹은 신격화된 에안나툼이 타는 전차로 사자와 독수리의 하이브리드가 끄는 천상의 전차다. 반면 여기에서 묘사된 전차는 실제 전투용 전차다. 후대 전차에 사용된 말은 아직 사육화되지 않았다. 말은 아마도 기원전 15세기경 히타이트 제국이 야생마를 사육하여 훈련시켜 전차에 사용했을 것으로 추측된다. 에안나툼이 탄 전차를 이끄는 동물은 수메르어로 '안쉐(anshe)'라고 불리는 당나귀다. 당나귀 네 필이 이끄는 전차는 왕만이 탈 수 있다. 후대 유럽에서 황제만이 탈 수 있는 사륜전차인 '콰드리가(quadriga)'의 효시다.

에안나툼은 전투복장의 투구를 썼다. 그는 「독수리 전승비」에서 수메르의 모든 도시, 엘람 그리고 아카드까지 점령한 왕 중 왕이다. 수메르 시대 메소포타미아 전체를 정복한 왕에게 주어지는 칭호가 '키쉬의 왕'이었다. 에안나툼은 '키쉬의 왕'으로 특별한 헬멧을 썼다. 이 헬멧은 마치 머리카락처럼 머리에 완전히 부착되도록 제조되었다. 황금으로 만들어진 키쉬 헬멧은 머리 뒤쪽에 매듭지은 빵 모양의 실타래를 머리에 두른 밴드로 고정하였다. 「독수리 전승비」는 에안나툼이 키쉬를 정복한 뒤에 제작되었다. 에안나툼은 키쉬에서 노획한 헬멧을 쓰고 움마를 공격하는 모습이다. 수메르 역사에서 이 모형의 헬멧을 쓴 왕은 우르의 왕 메스칼람둑, 아가데의 사르곤 그리고 라가쉬의 에안나툼뿐이다.

세 번째 칸은 후면 첫 두 칸과는 달리 오른쪽에서 왼쪽으로 부조물을 해석해야 한다. 에안나툼이 왼편을 응시하면서 앉아 있다. 실제 부조물에서는 그의 다리와 치마 일부만 보인다. 발은 특별한 단 위에 가지런히 놓여 있다. 이 단을 수메르어로 '테멘(TEMEN)'이라고 부른다. 테멘은 하늘과 땅이 하나가 되는 거룩한 공간이다. 리더가 마땅히 있어야 할 공간이다.

에안나툼이 좌정한 제단 앞에 황소가 끌려왔다. 황소는 닌기르수 신에게 드리기 위한 희생 제물이다. 그 위로는 한 사제가 나체로 정화의례에 사용되는 대추야자나무에 물을 준다. 사제 밑에는 작은 동물들, 양과 염소가 도축되어 있다. 도축된 동물들 옆에는 움마인의 시신이 널브러져 있다. 수메르인의 전형적인 치마인 줄무늬 치마를 입은 노동자들이 머리에 진흙을 가득 담고 바구니를 지고 시신 위로 올라간다. 메소포타미아에서 진흙을 담은 바구니를 머리에 이고 올라가는 이미지는 전형적인 신

「제단에 앉아 제의를 주재하는 에안나툼」

에안나툼은 제단 위에 도축된 황소, 곡식, 과일을 신에게 봉헌한다.
그 왼편에 사제가 풍요를 상징하는
대추야자나무에 정화수를 올리고 있다.

「독수리 전승비」후면

에안나툼의 발과 도축된 소가 보인다. 그 밑에는 수메르 문헌들이 있다.
아래 칸에 에안나툼의 창이 움마의 왕 이마를 정확하게 겨누고 있다.

전 건축 장면이다. 라가쉬 노동자들은 전쟁에서 패한 움마 군인들의 시신 위에 커다란 무덤을 만들고 있다. 에안나툼은 시신 위에 만들어질 신전건축을 위해 사제로서 제사의식을 드린다. 그는 두 손을 모아 자신의 가슴 앞에 모은 채 경건하게 관찰하고 있다. 수메르 왕들의 전형적인 모습이다.

네 번째 칸에 남아 있는 내용은 거의 없다. 한 사람이 긴 창을 왼손에 들고 있다. 창의 끝은 움마인의 대머리에 닿았다. 그 적(敵)은 자신에게 오는 창을 보고 있다. 움마 군인의 머리는 그에게 다가오는 세 명과 마주한다. 에안나툼은 적의 머리에 긴 창을 겨누고, 세 명의 신하는 적을 에워싸고 있는 모습이다.

「독수리 전승비」의 이름

에안나툼은 「독수리 전승비」의 마지막 부분에 전승비의 이름을 다음과 같이 확정한다.

제XIV단 제1~15행

1. na-rú-a 2. mu-bi 3. lú-a nu mu-bi ši-e 4. ^{d}nin-gír-sú 5. en menx(|GÁxEN|) lum-ma 6. nam-ti 7. id pirig-edin-na 8. na-rú-a 9. gú-edin-na 10. a-šà ki-ág 11. ^{d}nin-gír-su-ka 12. é-an-na-túm-me 13. ^{d}nin-gír-su-ra 14. šu-na mu-ni-gi4-a 15. mu-[na-rú]

"이 석비의 이름은 인간이 정한 것이 아니다. 그 이름은 다음과 같다. 나의 주인이며 룸마의 왕관인 닌기르수 신은 평원에 있는 '사자-수로'의 생명이다. 에안나툼은 닌기르수 신의 사랑하는 평원이며, 에안나툼

「움마 군인들을 쪼는 독수리들」

우주의 운명을 정하는 서판을 가지고 있는
괴조 '안쭈'가 질서를 무너뜨리는
움마 군인들의 머리를 쪼아먹고 있다.

이 회복한 구-에덴의 석비이며, 닌기르수 신을 위해 세웠다."

이야기와 리더

에안나툼은 라가쉬의 번영을 위해 움마를 정복하는 일이 최우선이라고 판단하였다. 그는 움마와 벌일 싸움에서 이기기 위해 청동무기를 만들 수 있는 주석이 풍부한 엘람을 먼저 정복하였다. 그런 후 에안나툼은 모든 도시를 하나씩 정복하였다. 그러고는 이 「석비」에서 자신의 신적인 기원에 대해 설명한다. 에안나툼은 우주의 질서를 회복하기 위해 우주전쟁을 감행하는 통치자였다. 수메르 신화에 등장하는 닌기르수 신, 안쭈 괴조 그리고 닌후르삭 여신의 신화를 발췌하여 「독수리 전승비」를 제작하였다. 그는 인류 역사상 처음으로 자신의 정복전쟁을 글로 표현한 통치자다.

에안나툼은 라가쉬의 통치자일 뿐만 아니라, 당시 수메르, 아카드 그리고 엘람을 모두 정복한 제왕으로 자신의 업적을 신화들을 동원하여 간결하지만 강력한 이야기를 「독수리 전승비」에 표현하였다. 에안나툼은 이 석비의 처음에 선포한다.

"(나) 에안나툼은, 라가쉬의 통치자다. 엔릴 신이 권력을 주었고 닌후르삭 여신이 젖을 주었으며, 닌기르수 신과 난쉐 신이 선택하였다."

에안나툼은 자신에게 맡겨진 라가쉬 통치자를 신이 주신 자신의 '고유한 임무'인 '메(me)'로 여겼다.

리더는 자신의 행적을 일관된 '이야기'로 엮는 자다. 그는 이야기를 통해 자신이 다스리는 사람들을 하나로 묶을 수 있었다.

제2부

자비(慈悲)
타인의 눈으로 세상을 보는 능력

"자비는 리더가 가진 최고의 무기다"

자비(慈悲)

리더의 카리스마를 한마디로 요약하자면 '자비'다. 카리스마는 자비를 낳은 어머니다. 오직 수련을 통해 카리스마를 몸에 익힌 자만이 역지사지의 능력인 자비를 베풀 수 있다.

한자 자비(慈悲)는 이 단어가 지닌 심오한 비밀을 품고 있다. '자(慈)'는 나와 이웃, 혹은 나와 제3자와의 경계가 허물어져, 상대방의 행복을 위하는 마음이자 행동이다. 한자 '자(慈)'는 '가물가물하다; 아득하다; 까맣다'라는 의미를 가진 '현(玄)'이 두 개 있다. 나와 너, 나와 제3자의 경계가 가물가물해져, 다른 사람을 사랑할 수 있는 마음의 상태다.

자비는 상대방에게 나의 준비되지 않은 사랑을 쏟아내려는 성급이 아니라, 상대방의 처지를 상상하여 그(녀)가 행복할 수 있는 환경을 만들고자 하는 수고다. 한자 '비(悲)'는 상대방이 슬플 때, 함께 슬퍼하는 마음일 뿐만 아니라, 상대방이 슬퍼하지 않고 행복한 삶을 유지할 수 있도록 노력하는 마음과 행동이다. 나와 상대방은 새가 날기 위해 좌우로 벌린 날개(非)와 같기 때문이다. 자비는 인간을 인간답게 만든 최고의 덕목이다. 어머니가 자신의 아이를 보호하기 위해서 목숨 바치기를 주저하지 않는 것처럼, 인간에겐 모든 생물을 아끼고 사랑하는 마음이 있다. 리더는 적극적인 자비의 실천으로 자신이 속한 공동체 일원들의 충성을 자아낼 뿐만 아니라, 그들의 자비를 자극하는 사람이다.

모든 인간은 태어나자마자 어머니의 '자비'를 배운다

인간을 인간답게 만드는 보물은 무엇인가? 그것은 인간생존의 비밀에 숨겨져 있다. 인간이라면 태어나면서 누군가의 헌신적인 도움 없이 하루도 생존하지 못할 것이다. 다른 동물들에 비해, 취약하게 태어난 갓난아이를 지탱하는 힘은 어머니의 사랑이다. 고대 히브리어로 그런 어머니의 마음, 즉 '사랑'은 '라하밈(raḥamim)'이다.

'라하밈'은 인간의 신체 중에서 가장 어머니다운 기관인 '자궁'을 의미하는 '레헴(reḥem)'에서 유래했다. 모든 인간은 어머니로부터 '자비'를 배운다. 아이는 자신이 세상으로 나오자마자, 누군가의 헌신적인 사랑이 자기 생존의 기반이란 사실을 배운다.

기원전 7세기에 이시스 여신이 아들 호루스에게 젖을 먹이는 동상들이 갑자기 등장하기 시작한다. 이집트 남단부에 위치한 섬 필라에(Philae)는 고대 이집트어로 '끝'이란 의미다. 필라에는 나일강의 제1급류

「호루스에게 젖을 먹이는 이시스」,

기원전 664~기원전 332, 청동, 27.4cm,

뉴욕, 볼티모어 더 월터스 예술박물관

피에타를 표현한 최초의 조각상

의 지점이다. 이시스 여신은 필라에섬의 주신이다. 재생·부활·심판의 신인 오시리스의 부인인 이시스는 파라오의 상징인 송골매 형상의 신 호루스의 어머니다. 이시스의 고대 이집트 이름은 '이세트(ꜣst)'로 파라오가 앉는 왕좌 모형의 성각문자로 표시한다. '이세트'의 의미는 '의자'다. 파라오의 권위는 그가 명령을 내리는 자리인 왕좌에서 나온다. 이시스는 파라오에게 권위를 부여하고 왕권을 안정시켜준다.

이시스 신화에 따르면, 이시스의 남편 오시리스는 사후세계·지하세계·재생의 신이다. 오시리스의 동생으로 파괴의 신이며 사막의 신인 셋쓰(Seth)는 형을 시기하여 그를 유인해 사지를 찢어 살해한 뒤, 그의 시신을 지중해 전역에 숨겨놓았다. 이시스는 오시리스의 시신들을 전부 모은 후, 기적적으로 임신하여 아들, 호루스를 낳았다.

「호루스에게 젖을 먹이는 이시스」 동상은 고대 이집트 문명이 사라지고 알렉산드로스 대왕의 헬레니즘과 로마 제국을 거쳐 그리스도 탄생을 알리는 전조다. 이 청동 조상에서 이시스는 지금은 없어진 모조 왕좌에 앉아 있다. 어머니 이시스는 아들 호루스를 무릎에 앉혀놓고 젖을 물린다. 이시스는 풍요와 생산을 상징하는 몸에 완전히 밀착한 옷을 입고 있다. 그녀는 왼손으로 호루스의 어깨와 머리를 받치고, 오른손으로는 자신의 왼쪽 가슴을 호루스에게 가져가고 있다. 호루스는 양팔을 가지런히 무릎 위에 올려놓았다. 그는 갓난아이라기보다는 다 자란 성숙한 사제의 모습이다.

이시스는 금으로 아로새긴 목걸이와 머리장식을 착용하였다. 머리장식은 가발, 최고 권력의 상징 장식인 코브라 모양의 휘장인 우라에우스, 태양 원반을 그 가운데 장식한 황소 뿔로 구성되었다. 이 형식은 그리스도교에서 후대 성모 마리아와 어린 예수를 묘사하는 '피에타' 형식으로 변모하였다. 이시스와 호루스 동상은 사랑을 표현한 최초의 동상이다.

'자비(慈悲)'는 타인의 고통을 이해할 뿐만 아니라, 그 고통을 줄이기 위한 자발적이고 희생적인 노력이다. 인간은 어머니의 자비를 통해서 세상에 태어났고, 자비를 확인하고 타인에게 자비를 베풂으로 정신적으로 영적으로 다시 태어난다. '자비'에 대응하는 영어단어 '컴패션(compassion)'은 '누구와 함께'라는 의미를 지닌 전치사 '쿰(cum)'과 '고통을 받다'라는 동사인 '파리오르(patior)'의 과거분사형인 '파수스(passus)'의 합성어다. 컴패션은 타인의 고통을 나의 고통으로 느끼는 감수성이자 능력이다. 리더의 카리스마는 자비로운 언행으로 드러난다. 리더는 자비의 화신으로 자신이 속한 공동체의 모든 사람의 마음속에 잠재된 자비를 자극하여 이끌어내는 자다.

4

아킬레우스의 자비,
파토스(Pathos)

"당신은 원수의 눈으로 세상을 봅니까?"

'파토스'(πάθος, Pathos, 고대 그리스어), '연민'

리더는 숙고를 통해 모두를 위한 최선의 길을 제시하고 인도하는 사람이다. 영어 단어 '패션(passion)'은 '열정'이라기보다는 '고통'이다. '고생하다'라는 의미를 지닌 라틴어 '파티오르(patior)'에서 파생하였다.

리더는 남다른 삶의 질곡을 통해 혹은 폭넓고 깊은 공부를 통해 인간의 희로애락을 이해할 수 있는 자다. 그(녀)는 타인의 고통을 자신의 고통으로 상상하고 실제로 애간장을 태우면서 느낄 수 있는 공감의 소유자다. 영어단어 '컴패션(compassion)'은 이런 마음을 표시한다. 타인이나 심지어 원수의 고통을 자신의 고통으로 함께(com) 느낄 수 있는 실력이 컴패션이다. 우리가 학교에서 동서고금의 다른 민족들의 역사를 배우는 이유는, 그들의 희로애락, 특히 고통을 이해하기 위한 수련이다. 우리가 학교에서 동식물을 포함한 자연을 관찰하고 배우는 이유는, 동식물의 입장에서 심지어 산, 강, 바다의 입장에서 세상을 보고, 자신을 보기 위해서다. 심지어 우리가 달이나 화성에 가려는 이유는, 달에서 보는 지구 또는 화성에서 보는 지구를 통해, 지구라는 운명공동체를 새롭게 확인하기 위해서다.

서사시(敍事詩)

인간은 '문화적인 동물'이다. 문화는 물과 같다. '기억'으로 구성된 문화는 한 사람 혹은 한 공동체에서 다른 사람 혹은 다른 공동체로 흘러간다. 물이 높은 곳에서 낮은 곳으로 흘러가듯이 문화는 시간과 공간을 초월하여 쉴 새 없이 움직인다. 기억은 먼저 사람들의 입을 통해 '구전(口傳)'의 모양을 취한다. 인류는 다른 동물이나 유인원과는 다른 특이한 구강구조를 지녀 다양한 소리를 낼 수 있다. 인류는 언어를 매개로 기억을 전달한다.[1] 언어는 유인원들을 포함한 다른 동물들로부터 인간을 구별하는 문화의 처음이자 마지막이다.

아리스토텔레스는 『동물의 역사(*Historia Animalium*)』에서 인간의 특징을 다음과 같이 주장한다. 어떤 동물들은 '소리(psophos, 프소포스)'를 가지고 있고, 어떤 동물들은 '목소리(phone, 포네)'를 가지고 있지만, 인간만이 '언어(dialektos, 디알렉토스)'를 가지고 있다.[2] 그는 동물들이 내는 소리를 둘로 구분하여, 아무렇게나 내는 '소리'와 누군가와 대화를 시도하려는 '목소리'로 구분하였다. 그러나 인간만이 자신이 태어난 환경, 즉 부모와 도시가 사용하는 언어를 습득하고, 자신을 표현하는 언어인 '디 알렉토스'를 가지고 있다고 말한다.

인간은 노래하는 동물이다. 노래에는 말로 형용할 수 없는 감정이 실려 있다. 노래하는 사람은 그 노래를 듣고자 하는 사람들에게 자신의 감정을 가장 효과적으로 전달하기 위해 박자와 음정을 사용한다. 노래는 인간의 마음을 달래주고 격려한다. 노래는 사람들의 마음을 하나로 모아, 공동체를 만드는 씨앗이다. 한 공동체에서 전해 내려오는 이야기가 음악과 만나 서사시가 되면서, 인류는 비약적으로 발전한다.

인류문명의 4대 발상지는 중국·인도·메소포타미아·이집트다. 도시라는 공간과 도시를 하나로 연결하는 문자가 결합하여 황허 문명·인더스 문명·메소포타미아 문명·이집트 문명이 기원전 3000년경 등장하였다. 중국의 황허문명을 제외한 나머지 세 문명은 긴밀하게 교류하면서도 각자의 독특한 문명과 문화를 발전시켰다. 이 세 문명은 서양 문명의 근간이 된 서사시와 경전을 생산하였다. 인류의 조상 호모 사피엔스는 혹독한 빙하기를 거치고 기원전 9000년경 농업과 목축을 위한 정착생활을 시작하였다.

도시가 등장한 시기는 기원전 5000년경이다. 인류는 혈연공동체인 마을에서 이익공동체인 도시를 구축하면서 다양한 요구를 경청하고 대다수를 위한 최선의 결정을 내릴 수 있는 리더를 선발하였다. 리더는 이야기를 통해 혈연-지연을 넘어 도시라는 공동체 구성원인 시민들을 하나로 묶는다. 오래전부터 내려오는 전설이나 신화가 시민들의 염원을 담은 '이야기'가 된다. 이것이 '서사시(敍事詩)'다. 사람들은 서사시를 노래로 불러 소통하였다. 서사시의 초기 형태는 '구전(口傳)'이다.

시민들 간의 경제적인 거래가 빈번해지면서, 시민들이 모두 인정하고 사용할 수 있는 시각적인 언어를 창안한다. 이것이 문자(文字)다. 이들은 문자를 이용하여 자신이 속한 공동체의 성격을 규정하는 이야기를 만든다. 이 전통이 '문전(文傳)'이다. 인류는 구전을 문전으로 바꾸게 되었다.

이렇게 만들어진 이야기들은 자신이 속한 가족·공동체, 마을, 더 나아가 도시를 구축하는 근간이 되었다. 한 공동체의 일원이 된다는 의미는, 그 공동체 구성원들을 하나로 묶는 끈인 '이야기'를 알고 있다는 것이다. 도시는 이야기를 공유하는 사람들이 모여 사는 장소다. 인류는 이야기를 효과적으로 전달하고 기억하기 위해, 기억에 도움을 주는 운율을 붙여 노래로 부르기 시작했다. 이런 노래가 '서사시(敍事詩)'다. 이 노래는 그것을 창출해낸 독특한 고대 문자로 기록되어, 장구한 세월을 거쳐 오늘날 우리에게 전달되었다.[3]

알파벳 발명

유럽 문명은 고대 그리스 아테네에서 시작하였다. 그 기원은 터키에서 기원전 19세기 발흥한 히타이트 문명, 기원전 15세기경 미케네와 미노스 문명이다. 이들의 문화가 유럽 문명에 직접적인 영향을 미치지 못한 이유는, 유럽 문명의 정체성을 부여하는 이야기를 이들이 만들어내지 못했기 때문이다. '호메로스(Homeros)'라고 알려진 시인은 그리스 문명의 시원(始原)을 담는 노래를 기원전 750년경 정리하였다.

미국 고전문헌학자 B. 파월은 『호메로스와 그리스 알파벳의 기원』이라는 책에서 한 사람이 호메로스의 시들을 기록하기 위해서 그리스 알파벳을 발명했다고 주장한다.[4] 그 발명자는 이 서사시를 기록하기 위해,

미케네섬과 미노스섬에서 오래전부터 통용되던 '선형문자 B'와 '선형문자 A'를 사용하지 않았다. 이 두 문자는 음절문자로, 노래를 기록하는 데 적합하지 않았기 때문이다. 그는 셈족어인 페니키아 문자를 빌려 그리스 문자를 급조하였다. 페니키아 알파벳에는 모음이 없었기 때문에, 그리스어를 표기하는 데 필요가 없는 일부 후음들을 모음으로 변형시켰다.

예들 들어 페니키아어 후음 '알렙(ℵ)'은 자음이지만, 고대 그리스어 모음 '아(α)'가 되었고 페니키아어 후음 '헤(ℎ)'는 고대 그리스어 모음 '에(ε)'가 되었다. 서사시는 알파벳이란 문자 체계를 통해 완성된 이야기다.

호메로스는 까마득한 옛날부터 구전되어오는 전쟁과 영웅에 관한 이야기를 알고 있었다. 이 이야기는 적어도 기원전 12세기, 지중해지역에 널리 회자되던 전설이다. 전설적인 영웅 아킬레우스가 트로이 전쟁에서 어떻게 '명성(名聲)'을 획득했는지를, 그리고 영웅 오디세우스가 트로이에서 고향으로 '귀환(歸還)'하는 과정은 어땠는지를 기록했다. 서사시는 한 공동체 안에서 기억할 만한 사건과 사건의 주인공인 영웅이 상징하는 가치를 찬양하는 오래된 문헌이다.

서양 문명의 가장 중요한 서사시는 호메로스의 「일리아스」와 「오디세이아」다. 우리는 이 서사시의 저자인 호메로스에 대해 아는 바가 거의 없다. 전설에 따르면 그는 장님이었다. 어떤 학자들은 그가 여자라고 말한다. 고대로부터 호메로스는 「일리아스」와 「오디세이아」의 저자로 회자되어왔다. 호메로스가 이전부터 내려오던 이야기를 노래로 잘 정리한 최종 편집자일 수도 있다.[5]

「일리아스」와 「오디세이아」의 모든 행은 예외 없이 '6보격'(hexa-meter), 즉 일정한 모양을 취한 여섯 운각(韻脚)으로 구성되어 있다. 운각은 마지막 운각을 제외하고 모두 장단단격(長短短格)(—ᵕ ᵕ)이다. 장단단격이 손가락뼈의 길이 순서인 장-단-단과 유사하다고 하여, 그리스어에서 '손가락'을 의미하는 '닥튈로스(dactylos)'에서 유래한 '댁틸(dactyl)'이라고 부른다.[6] 여섯 번째 운각은 항상 장장격(長長格)이다. 한 행을 마치는 마지막 운각인 장-장격을 신에 제주를 드리는 것처럼 엄격하게 준수해야 하기에, 이 운각을 '스폰디(spondee)', 즉 '제주(祭酒)'라고 부른다.[7]

'네스토르의 술잔'

고대 그리스의 영웅을 노래하는 서사시의 언어와 형식을 담고 있는 고고학 유물이 있다. 진흙으로 만든 술잔이다. 독일 고고학자 조르조 부흐너(Giorgio Buchner)가 1954년 이탈리아 이스키아섬에 있는 고대 그리스 에우보이아 식민지 피테쿠사이(Pithekoussai)를 발굴하는 과정에서 발견하였다. 이 술잔은 가장 오래된 그리스 문자로 기록된 알파벳이 새겨져 있다. 기원전 730년경으로 추정되는 유물이다.

이 모양은 고대 근동지방 자기를 흉내냈다.[8] 술잔의 중간에는 페니키아 알파벳을 변형하여 만든 최초의 그리스 문자가 등장한다. 이 초기 문자는 페니키아 알파벳을 처음으로 사용하기 시작한 에게해 서부에 있는 에우보이아섬에서 발견된 알파벳과 유사하다. 에우보이아 출신 그리스인은 당시 해상무역을 진행하면서 이스키아(피테쿠사이)에 무역기지를 건설하였다.[9] 이스키아섬은 티레니아해에 위치한 화산섬으로 나폴리 항구로부터는 30킬로미터 떨어져 있다. 이들은 주로 올리브오일·포도주·토기를 사고팔았다. 이 컵 위에 기록된 그리스 문구는 호메로스 서사시의 기본 운율인 6보격으로 기록되었다. 이 잔에는 술과 사랑에 관한 재미있는 이야기가 담겨 있다.

여기에는 페니키아 알파벳을 개조해서 만든 가장 오래된 그리스 알파

「네스토르의 술잔」

기원전 730, 이탈리아 이스키아섬 빌라 아르부스토 박물관.

이 술잔의 표면을 장식한 모형은
'후기 기하학 모양시대'(Late Geometric Period)인
기원전 730~기원전 710년에 해당한다.
중간 하단 부분에 그리스어 알파벳이 희미하게 보인다.

벳 「비문」이 세 줄 새겨져 있다. 이 「비문」은 아테네에서 발견된 '디플론 암포라' 「비문」과 함께 현존하는 가장 오래된 알파벳을 지니고 있다.[10] 이 초기 알파벳은 에우보이아 알파벳으로 ⟨H⟩ ⟨EI⟩ ⟨Ω⟩ ⟨OΥ⟩와 같은 장모음이 존재하지 않고, 다이감마인 ⟨F⟩를 /w/, ⟨H⟩를 후음으로 사용한다. 이 「비문」은 페니키아 알파벳처럼 오른쪽에서 왼쪽으로 읽는다.

다음은 컵 위에 있는 그리스 글자를 그대로 옮긴 사진이다. 고대 그리스어 문자로 옮긴 문장이다. 중간에 파괴된 부분을 재구성하여 소문자로 옮긴 문장을 6음보격 형식에 따라 강세를 첨가한 문장이다.

이 문장들을 고대 그리스어 문자로 옮기고(1) 그것을 6음보격의 형식에 따라 강세를 첨가한 문장(2)으로 재구성하면 다음과 같다.

(1) ΝΕΣΤΟΡΟΣ:...:ΕΥΠΟΤΟΝ:ΠΟΤΕΡΙΟΝ ΗΟΣΔΑΤΟΔΕΠΙΕΣΙ :ΠΟΤΕΡΙ..:ΗΥΤΙΚΑΚΕΝΟΝ ΗΙΜΕΡΟΣΗΑΙΡΕΣΕΙ:ΚΑΛΛΙΣΤΕΦ ΑΝΟ:ΑΦΡΟΔΙΤΕΣ

(2) Néstorós : ẹ(i)[m]ị : eúpot[on] : potérioṇ· | hòs d᾽à⟨n⟩to(û) de píēsi : potērí[o(u)] : autíka keînon {n} | hímeros hairései : kalliste[phá]nou : Aphrodítēs

위 문장을 번역하면 이렇다.

"나는 마시기에 좋은 네스토르의 컵이다.
누구든지 이 컵으로 마시는 자는,
아름다운 왕관을 쓴 아프로디테 여신에 대한 욕망이
그를 빠르게 사로잡을 것이다."

「네스토르의 술잔」에 새겨진 그리스 문자들

기원전 8세기는 「일리아스」와 「오디세이아」가 음유시인의 노래에서 서기관들의 필사로, 구전에서 문전으로 이전하는 시기다. 「일리아스」 제 11권에는 지혜로운 왕 필소스의 네스토르 이야기가 기록되어 있다. 그리스 연합군의 사령관 아가멤논은 아킬레우스에게 주어진 전리품인 브리세이스를 빼앗는다. 이에 아킬레우스가 분노하여 아가멤논을 죽이려 하자, 네스토르가 개입하여 아킬레우스의 분노를 가라앉힌다. 네스토르가 술잔치를 벌여 화해를 조성하면서 들기조차 힘든 금으로 장식된 술잔을 소개한다.[11]

네스토르의 컵에 새겨진 그리스어는 「일리아스」의 내용과 일치하지는 않지만 몇 가지 중요한 사실을 시사한다. 「일리아스」의 한 에피소드인 네스토르 컵에 관한 이야기가 아테네가 아닌 에우보이아의 그리스 식민지인 이스키아섬까지 널리 퍼졌다는 점이다. 술잔에 적힌 네스토르 왕에 관한 이야기는 아무런 형식을 갖추지 않은 낙서가 아니라, 엄격한 6보격 운율을 갖춘 노래다. 올리브오일·포도주·기하학문양으로 장식된 자기를 실은 해상무역선이, 에게해·에우보이아 지역에 들른 후, 다시 그리스 식민지인 이스키아에 도착했다. 무역상들은 이스키아 선술집에 앉아 맥주와 포도주를 마시면서 담소를 나누었다. 선원들 가운데, 음유시인 하나가 「일리아스」에 나오는 한 대목을 노래한다. 6음보로 이루어진 한 행은, 항상 다섯 번째까지의 장단단격과 장장격 음보로 끝난다. 자신이 노래하는 서사시의 한 행이 마쳤다는 사실을 그의 노래를 듣는 자들에게 알렸다. 그는 아마도 한껏 술에 취해, 컵 하나를 들고 노래한다.

"나는 마시기에 좋은 네스토르의 술잔이다. 누구든지 이 컵으로 술을 비우는 자는, 아름다운 왕관을 쓴 아프로디테 여신에 대한 욕망인 섹스가 마신 자를 바로 사로잡을 것이다."

이렇게 외치며 한바탕 웃었을 것이다.

'명성'과 '귀향'

'일리아스'는 '일리움(트로이의 옛 지명)에 관한 노래'라는 의미다. 기원전 5세기 그리스의 역사가 헤로도토스가 이 노래를 「일리아스」라고 부르기 시작하였다. 그리스에서 가장 아름다운 여인이자 스파르타의 왕 메넬라오스의 아내인 헬렌이 트로이 왕자 파리스와 사랑에 빠져 트로이로 도망친다. '백성(라오스)의 분노(메노스)'라는 이름을 지닌 메넬라오스는 그리스 도시 연합군들과 합세하여 트로이와 전쟁을 벌인다. 「일리아스」는 한 여자의 납치 때문에 일어난 전쟁이라고 말하지만, 고대 그리스 도시들과 트로이가 지중해 해상 상업권을 장악하기 위한 불가피한 충돌이었다. 결국 트로이는 불에 타 사라지고 그리스 도시국가들이 지중해를 장악한다. 그리스의 등장은 인류문명의 중심지가 문명의 발원지인 지중해 오른쪽에서 지중해 왼쪽으로 이동했다는 증거다. 문명은 이집트·메소포타미아·히타이트라는 발원지를 떠나 그리스에서 꽃을 피울 것이다.

호메로스는 이 두 권의 책을 통해, 인간이 열망하는 두 가지 가치를 노래한다. 첫 번째 가치는 '명성'이다. 「일리아스」는 영원히 남을 이름, 영웅의 그에 대한 불멸의 기억인 '명성'을 찬양한다.

인간을 의미하는 그리스 단어 '안쓰로포스(anthropos)'는 그리스인의 독특한 인간관을 드러낸다. 고대 그리스인만이 인간을 자족하는 인간, 자립하는 인간으로 정의하였다. 한자 '인간(人間)'은 다른 사람과의 관계를 중요한 가치로 여긴다. 인간을 의미하는 히브리어 '아담(adam)'이나 라틴어 '호모(homo)'는 인간이 궁극적으로 돌아가야 할 '흙'으로 정의했다. 그러나 그리스어 '안쓰로포스'는 '영웅처럼(andro-) 고개를 들고 멀리 보는(ŏps) 사람'으로 정의했다. 두 발로 땅을 디디고 자신이 가야 할 목적지를 향해 정진하는 자립하는 인간이다.

「일리아스」의 영웅 아킬레우스는 순간을 사는 인간에게 영원한 것은, 그 자신이 수많은 전쟁을 통해 획득한 '명성'뿐이라고 생각했다. '명성'에 해당하는 고대 그리스어 '클레오스(kleos)'는 순간을 사는 인간에게 불멸을 부여하는 거부할 수 없는 매력이지만, 동시에 인간의 목숨을 요구하기에 이중적이다.[12]

'클레오스'는 원-인도유럽어(Proto Indo-European) 어근 '클레우(*kleu-)'에서 유래했다. 이 어근의 원래 의미는 '들리다'다. '명성'이란 자신에 관해 들리는 이야기다. 아킬레우스는 「일리아스」의 마지막 부분에 트로이를 함락시키지만, 트로이 왕자 파리스가 무심코 쏜 화살이 그의 발꿈치를 관통하여 죽는다. 그는 역설적으로 자신에게 명성을 선물한 트로이전쟁에서 죽는다. 발뒤꿈치 뼈에 붙어 있는 아킬레스건(Achilles腱)은 걸을 때마다 '명성'은 매정하며 이중적이란 사실을 알려준다.

「오디세이아」는 「일리아스」보다 신화적이다. 그리스 영웅 오디세우스가 10년간의 트로이전쟁을 마치고 고향인 이타카로 돌아간다. 이 과정에서 그의 귀향을 방해하는 괴물들이 등장한다. 그는 외눈박이 괴물 폴리페모스를 만나고 아름다운 마술사 키르케의 마술에 걸려 섬에 감금되고, 스킬라와 카리브디스라는 바다괴물과 만나 구사일생으로 살아난다. 자신이 존재해야 할 고향으로 돌아오는 과정은 트로이 정복만큼 힘들다. 주인공 오디세우스는 트로이 전쟁에 참전한 후, 10년 만에 고향으로 돌아와 그리스 문명을 세운다.[13]

두 번째 가치는 '귀향'이다. '귀향(歸鄕)'에 해당하는 고대 그리스어 '노스토스(nostos)'는 고향을 그리워하는 마음인 영어단어 '노스탤지어(nostalgia)'와 같은 어원에서 유래했다.[14] '귀향'은 자신이 태어난 고향, 즉 자신이 반드시 찾아서 거주해야 할 본연의 장소로 돌아가는 정신적이며 영적인 여정을 의미한다. 내가 있어야만 하는 본연의 장소를 찾는 과정은 영웅적이다. 누구나, 혹은 어느 민족이나 이런 서사시를 창출해낼 수 있었을까? 문명의 중심이 아닌 주변 나라들에서는 위대한 문학을 배출할 순 있지만, 서사시를 만들어낼 수는 없다. 노벨상 수상작가 솔 벨로(Saul Bellow)는 다음과 같은 다소 오리엔탈리즘적인 발언으로 서사시의 희귀성을 주장한다.

"아프리카 줄루의 톨스토이는 어디 있는가? 파푸아뉴기니의 프로스트는 어디 있는가?"[15]

벨로는 위대한 문명을 창조해낸 나라만이 위대한 문학을 만들 수 있다고 단언한다. 그리고 위대한 국가들 중 최고만이 서사시를 만든다. 이 서사시 안에는 세계 권력의 비밀인 숭고한 가치가 담겨 있기 때문이다.

영웅 아킬레우스

서사시의 특징은 네 가지다. 길이가 장대하며, 주인공은 보통 사람에서 출발하여 거의 신과 같은 경지에 오른 영웅이며, 그 내용은 국가를 건립하는 민족적인 성격을 지닌다. 무엇보다도 가장 순수한 문학 형태인 '시'로 서술된다. 영웅서사시의 주제는 '명성'과 '귀환'이다. 이 주제는 인류 최초의 서사시 「길가메시 서사시」에서 출발하였다. 「길가메시 서사시」의 처음은 명성에 대한 찬양이다. 길가메시는 자신의 이름을 날리기 위해 괴물들과 싸운다. 그러나 나중은 죽음과 귀향에 관한 이야기다. 길가메시는 자신의 친구인 엔키두가 죽고 난 후, 영생을 찾기 위해 지하세계로 내려간다. 그곳엔 인간으로 영생을 누리는 우트나피시팀이 거주하고 있었다. 호메로스의 「일리아스」는 명성에 대한 찬양에 관한 것으로, 「오디세이아」는 영생과 죽음에 관한 애가로 가득 차 있다.

기원전 1세기 로마 아우구스투스 황제 때 만들어진 로마 제국의 기원 서사시인 「아이네이스」도 마찬가지다. 이 책을 저술한 베르길리우스도 이 두 주제를 가지고 저술하였다. 라틴어로 기록된 「아이네이스」의 시작에서 그 주제를 확인할 수 있다.

제1권

1. 나는 전쟁과 영웅을 노래합니다. 그는 트로이 해변으로부터

2. 운명에 의해 이탈리아의 라비니아 해안으로 처음 온 사람입니다.

3. 그는 육지에서나 바다에서나 하늘에 계신 신들에 의해 수많은 시련을 당했습니다.

4. 그것은 가혹한 유노가 분노했기 때문입니다.

5. 그는 전쟁에서 감당할 수 없는 고통을 당했습니다. 그 결과 그는 도시를 세우고

6. 라티움으로 신들을 모셨습니다. 그들로부터 라틴 민족과

7. 알바 선조들과 드높은 로마의 성벽이 생겨났습니다.

첫 행 "나는 전쟁과 영웅을 노래합니다"라는 문장에서 전쟁은 명성을, 영웅은 운명과 죽음을 상징하는 은유다.[16]

「일리아스」는 명성을 쟁취하려는 영웅 아킬레우스에 관한 노래다. 그러나 호메로스는 「일리아스」의 마지막 장인 제24장에서 명성이나 전쟁을 찬양하지 않고 오히려 다른 가치를 부각시킨다. 호메로스는 전쟁이라는 극한 상황, 특히 인간이 죽음에 직면할 때 보이는 숨겨진 고귀한 인격을 묘사한다. 전쟁은 인간에게 상대방을 무참하게 살해하는 무자비한 싸움이 아니라, 비록 적이라 할지라도 그들의 고통과 죽음을 이해하고 공감할 수 있는 능력을 배양하는 문명의 필연적 과정으로 설명하고 있다.

「일리아스」는 기원전 12세기 지중해를 중심으로 한 새로운 문명의 탄생에 관한 이야기이기도 하다. 그 시대에는 아직 아테네나 스파르타가 등장하지 않았다. 당시 지중해 세계는 세 문명이 각축하였다. 오늘날 터키 서쪽 해변 지역인 트로이를 중심으로 일어난 트로이 문명, 지중해 남부 크노소스섬을 중심으로 한 크레타 문명 그리고 아테네 남서쪽에 위치한 미케네라는 도시를 중심으로 한 미케네 문명이다. 미케네 문명 안에 아테네, 코린토스, 테베, 스파르타 지역이 포함된다. 이 당시 크레타 문명과 미케네 문명 안에서 거주하던 사람들은 '아카이아인'이라고 불렸다. 이들은 연합군을 형성하여 트로이를 점령하기 위한 전쟁을 감행하였다. 이 원정의 대장은 미케네 왕 아가멤논과 스파르타의 왕이자 아가멤논의 동생인 메넬라오스다.

아카이아인이 소아시아 해안 트로이 근처에서 진을 친 지 10년이 지났다. 전쟁이 막바지에 이르러 이 원정의 리더인 아가멤논과 연합군으로 참여한 영웅 아킬레우스 사이에 불화가 생긴다. 또 아카이아인이 간헐적으로 기습공격을 하다 문제가 발생한다. 그들은 트로이 근처에 있는 크리세라는 지역의 아폴론 신전을 급습하여, 크리세이스라는 아폴론 신전 사제의 딸을 납치한다. 아가멤논은 이 전쟁 노획물인 크리세이스를 첩으로 삼는다. 크리세이스의 아버지인 사제 크리세스는 많은 선물을 가지고 아가멤논에게 가 자신의 딸을 돌려줄 것을 요구한다. 아가멤논이 크리세스의 간청을 들어주지 않자, 크리세스는 아폴론 신에게 기도하여 그리스 진영에 역병이 창궐하게 만든다.

예언자 칼카스는 아가멤논이 크리세이스를 그의 아버지에게 돌려줄 때 역병이 멈출 것이라고 예언한다. 아가멤논은 크리세이스를 돌려주는 대신, 아킬레우스가 포로로 데리고 있던 브리세이스를 가로챈다. 연합군의 일원이었던 오디세우스가 크리세이스를 돌려주자 아폴로 신은 재앙을 멈춘다. 한편 브리세이스를 빼앗긴 아킬레우스는 '분노'가 치밀어 자신의 어머니자 여신인 테티스에게 기도하여, 아카이아인이 전쟁에서 패하기를 부탁한다. 테티스는 아들 아킬레우스의 철없는 요구를 수용한다. 하늘의 주신인 제우스에게 기도하여, 아카이아인이 전쟁에서 패하게 만든다.

'분노'

실제로 트로이 왕자인 헥토르가 아카이아인을 공격하여 그들은 해변가로 몰렸고 자신들이 타고 왔던 배는 불에 타 영원히 집으로 돌아가지 못할 위기에 빠졌다. 이 모든 일이 아킬레우스의 '분노'에서 시작되었다. 「일리아스」 제1권 제1~7행은 시인에게 영감을 주는 뮤즈 신을 부르며 시작한다.[17]

제1권

1. '노래하소서, 여신이여! 펠레우스의 아들 아킬레우스의 '분노'를!
2. 아카이아족에게 헤아릴 수 없이 많은 고통을 가져다주셨으며
3. 숱한 영웅들의 굳센 혼백들을 하데스에게 보내고
4. 그들 자신은 개들과 온갖 새들의 먹이가 되게 한
5. 그 잔혹한 분노를! 인간들의 왕인 아트레우스의 아들(아가멤논)과
6. 고귀한 아킬레우스가 처음에 서로 다투고 갈라선 그날부터
7. 이렇듯 제우스의 뜻이 이루어졌도다.'[18]

고대 그리스인은 원정을 통해 두 가지를 완성해야 한다. '명성 획득'과 '무사귀향'이다. 이 둘은 동전의 양면이다. 그러나 아킬레우스는 자신이 고향으로 돌아올 수 없지만 '영원히 사라지지 않는 명성(클레오스 아프씨톤 kleos aphthiton)'을 획득하였다.[19] 그런데 아가멤논이 자신이 전쟁에서 획득한 '명성'의 한 가시적 상징물인 브리세이스를 빼앗아가자, 아킬레우스는 분노한다. 「일리아스」의 시작 첫 단어가 바로 '분노'를 의미하는 그리스어 단어인 '메닌(menin)'이다. 아킬레우스의 분노로 꼬리를 무는 비극이 시작되었다.

아킬레우스는 아가멤논에 대한 분노로 전쟁에 참가하지 않는다. 그가 이끄는 정예부대인 뮈르미돈족(뮈르미도네스)도 참전하지 않는다. 아킬레우스가 없는 그리스 군대는 헥토르가 이끄는 군대의 대적이 되지 못한다. 아킬레우스의 친구인 파트로클로스는 그리스군의 최고 연장자인 네스토르의 조언을 받는다. 만일 파트로클로스가 아킬레우스의 무구를 착용한다면 이길 것이라고 예언한다. 아킬레우스는 친구의 간곡한 부탁을 거절하지 못하고 자신의 무구를 빌려준다. 아킬레우스는 후퇴하는 적을

절대 추격하지 말라고 조언한다. 트로이 군인들은 아킬레우스 갑옷을 입고 나타난 파트로클로스를 아킬레우스로 착각하고 후퇴한다. 파트로클로스는 아킬레우스의 충고를 잊어버리고 자만한다. 그가 트로이 군대를 추적하다가 헥토르의 창에 전사한다.

아킬레우스는 자신의 친구가 전사했다는 소식을 듣고 깊은 슬픔에 빠진 후 아가멤논에 대한 분노가 헥토르를 향한 분노로 바뀐다. 아킬레우스는 자신의 어머니에게 부탁하여 새로운 갑옷을 얻는다. 불의 신인 헤파이스토스가 그를 위해 불멸의 갑옷을 다시 만들었다. 아킬레우스와 그의 군대는 전쟁에 참가하여 많은 트로이인을 죽인다. 아킬레우스의 어머니는 그에게 "만일 헥토르가 죽는다면, 너도 곧 죽을 것이다"라고 예언했다. 아킬레우스는 분노에 휩싸여 어머니의 충고를 무시하고 자신을 죽음으로 몰고 갈 어리석은 행위를 완수한다. 특히 파트로클로스의 복수를 위해 헥토르를 죽이는 행위는 '청동갑옷을 입은 아카이아인 중 최고'인 아킬레우스 자신의 명성을 더럽히는 행위였다.

헥토르의 아버지 프리아모스

헥토르의 아버지이며 트로이의 왕인 프리아모스는 트로이 성벽 위에서 아들 헥토르가 아킬레우스와 벌인 결투에서 무참히 살해당하는 모습을 본다. 아킬레우스는 헥토르의 시신을 전차에 묶고 자신의 진영으로 돌아갈 참이다. 주검이 되어 땅에 질질 끌려가는 아들의 모습을 본 프리아모스는 누구도 가보지 않는 사망의 골짜기를 함께 걷고 있었다. 프리아모스는 그때 아들과 함께 이미 죽은 것이나 다름없었다.

인간이란 동물에게는 다른 동물과는 다른 특별한 심성(心性)이 있다. 인간은 이 심성을 위해 목숨을 바친다. 교육이란 이 심성을 자극하는 노력이며, 탁월함이란 이 심성을 자신이 속한 공동체에서 발휘하는 용기다. 그 심성이 '연민(憐憫)'이다. '연민'을 의미하는 그리스 단어 '파토스'의 원래 의미는 '고통(苦痛)'이다. '파토스'와 연관된 영어단어 '패션(passion)'은 자신이 하고 싶은 대로 욕망을 채우는 감정이 아니라, 자신의 애간장을 태우는 고통이다. 타인의 고통을 보고 자신의 일처럼 고통스러울 뿐만 아니라, 그(녀)의 고통을 덜어주기 위해, 자신의 목숨을 기꺼이 바치려는 거룩한 행위다. 그것을 감지하고 수련하는 최소 단위가 가족이다. 학교는 타인에게 연민을 베풀 수 있는가를 연습하는 실험실이며, 사회는 연민을 전파하는 삶의 터전이다.

호메로스는 「일리아스」 제24장에서 '누가 진정한 리더인가'를 두 명의 거룩한 행위를 통해 보여준다. 한 명은 트로이의 왕이자 헥토르의 아버지인 프리아모스이고, 다른 한 명은 아킬레우스다. 호메로스의 「일리아스」는 전쟁 승리에 관한 이야기가 아니라 인간이라면 반드시 지니고 있는, 기필코 발굴하여 발휘해야 하는 연민에 대한 찬양시다. 호메로스는 그 과정을 지금 읽어도 눈물을 자아낼 정도로 감동적으로 기술한다.

프리아모스는 아들의 시체가 아킬레우스 텐트에 있다는 사실을 알고 중대한 결정을 내린다. 프리아모스의 아들에 대한 사랑은 자신의 목숨을 유기할 정도로 강력하다. 헤르메스 신의 도움으로 프리아모스는 그리스 진영에 위치한 아킬레우스의 텐트로 무사히 들어간다. 아킬레우스는 두 명의 영웅과 함께 식사를 막 마칠 참이었다. 그 순간을 호메로스는 「일리아스」, 24.477~479에 다음과 같이 묘사한다.

제24권

477. 위대한(megas) 프리아모스는 그들 몰래 텐트 안으로

「프리아모스가 아킬레우스에게
헥토르의 시신을 돌려달라는 그림이 그려진 항아리」

익명의 도화가인 브뤼고스 출신 무명예술가의 작품,
기원전 495~기원전 470, 적회식 토기장식, 25cm,
빈, 오스트리아 예술사박물관

478. 들어가 두 손으로 아킬레우스의 무릎을 잡았다. 자기 아들들을

479. 수없이 죽인, '용사를 죽이는' 그 무시무시한 손에 입 맞추었다.[20]

아카이아인과 트로이가 전쟁하는 가운데, 적군의 왕이 아무런 무기도 들지 않고 영웅 아킬레우스를 찾아온 것이다. 그리고 두 손으로 그의 무릎을 잡고 자신의 아들들을 죽인 원수인 아킬레우스의 손에 입 맞추며 경의를 표한다. 두 손으로 무릎을 잡는 행위는 고대 그리스에서 지위가 낮은 사람이 높은 사람에게 간청할 때 하는 행위다. 호메로스는 아들의 시신을 돌려받기 위해 세상의 최고 권력인 왕의 지위도 내려놓고 굴욕적으로 무릎을 꿇은 프리아모스를 '위대하다(그리스어, megas)'고 묘사한다. 이 위대함은 전쟁에서 얻는 명성을 뛰어넘는 숭고한 가치다. 그는 아들의 장례를 위해 시신을 가져가려는, 왕이 아닌 아버지의 모습을 통해 '위대함'을 발현한다. 프리아모스는 말을 이어간다(「일리아스」, 24.486~492).

제24권

486. 신과 같은(theoidea) 아킬레우스여,

　　　그대의 아버지를 생각해보십시오!

487. 나처럼 늙었고 슬픈 노령의 문턱에 서 있는 그대 아버지를.

488. 혹시 인근에 사는 주민들이 그분을 괴롭히더라도 그분을

489. 파멸과 재앙에서 구해줄 사람이 아무도 없을 것이오.

490. 그래도 그분은 그대가 살아 있다는 소식을 들으면 마음속으로

491. 기뻐하며 날이면 날마다 사랑하는 아들이 트로이에서

492. 돌아오는 것을 보게 되기를 고대하고 있을 것이오.

프리아모스는 아킬레우스의 아버지를 상기시킨다. 이 말을 통해 기적이 일어난다. 아킬레우스가 프리아모스를 트로이의 왕, 적군의 리더로 여기지 않고 자신의 아버지처럼 생각하기 시작한다. 아킬레우스는 이 대화 중에 고향에서 자신을 기다리고 있을 허약한 아버지를 생각한다. 프리아모스는 아킬레우스의 아버지를 언급한 후, 자신의 처지를 이어 호소한다(「일리아스」, 24.492~497).

492. 그러나 나는 참으로 불행한 사람이오. 드넓은 트로이에서 나는
493. 가장 훌륭한 아들들을 낳았지만, 그중 한 명도 남지 않았소.
494. 아카이아인들이 왔을 때, 나는 아들이
495. 쉰 명이나 있었소. 그중 열아홉 명은 한 어머니에게서 태어났고
496. 나머지는 소실들이 나를 위해 낳아주었소.
497. 그런데 이들 대부분의 무릎을 저 사나운
     아레스(전쟁의 신)가 풀어버렸소.

프리아모스는 쉰 명이나 되는 자식들이 모두 전사했다고 말한다. 자신은 세상의 어떤 아버지보다 불행하다는 점을 상기시킨다. 그리고 자신이 이 밤에 아킬레우스를 찾아온 이유를 밝힌다(「일리아스」, 24.499~506).

499. 혼자 남아서 도성과 백성들을 지키던 헥토르도
500. 조국을 위해 싸우다가 얼마 전에 그대의 손에 죽었소.
501. 그래서 나는 그 애 때문에, 그대에게서 그 애를 돌려받고자
502. 헤아릴 수 없는 몸값을 가지고 지금 아카이아인의 함선들을 찾아온 것이오.

「아킬레우스에게 아들 헥토르 시신을
돌려달라는 프리아모스」

스코틀랜드 화가 개빈 해밀턴(1723~1798), 유화, 63.5cm×99.1cm,
런던, 테이트 미술관

503. 아킬레우스여! 신을 두려워하고 그대의 아버지를

504. 생각하여 나를 동정하시오. 나는 그분(펠레우스)보다 더 동정받아

    마땅하오.

505. 나는 세상의 어떤 사람도 차마 못 한 짓을 하고 있지 않소!

506. 내 자식들을 죽인 사람의 얼굴에 손을 내밀고 있으니 말이오.

함께 우는 영웅

자신의 아들을 사랑하는 마음은 자신의 목숨보다 고귀하고, 아킬레우스의 칼보다 강력하다. 이 순수하고 간절한 마음을 표현하는 방식엔 경계나 터부가 없다. 이렇게 말을 하자 아킬레우스의 마음속에 아버지를 위해 통곡하고 싶은 욕망이 일어났다. 아킬레우스는 프리아모스의 손을 잡고 일으켜 세웠다. 그리고 두 사람은 자신의 자리에서 깊은 생각에 잠겨 전쟁에서 죽어간 사랑하는 이들을 위해 울기 시작한다. 프리아모스는 아킬레우스 발 앞에 쓰러져 죽어간 헥토르를 위해 눈물을 흘렸다. 아킬레우스는 멀리 고향에서 자신을 기다리는, 프리아모스처럼 늙은 아버지를 생각하며 측은한 마음에 울었고 자신의 사랑하는 친구 파트로클로스의 죽음을 애통해하며 울었다. 마침내 그들의 울음소리가 온 집 안에 가득 찼다.

프리아모스가 헥토르의 시신을 바로 요구하자 아킬레우스는 영웅의 면모를 보인다. "신이 당신을 내게 보냈지만 나를 화나게 하지 마십시오. 내가 화가 나 당신을 죽일 수도 있습니다." 아킬레우스는 여종에게 헥토르의 시신을 깨끗이 닦고 다른 아카이아인이 눈치 채지 못하게 아무도 모르는 곳에 보관하도록 명령한다. 그리고 자신의 침대를 프리아모스 왕에게 양보하고 자신은 밖에서 자겠다고 말한다. 아킬레우스는 헥토르를

장례하기 위해 12일 동안 전쟁을 멈추고, 그 후에 전쟁을 지속하겠다고 약속한다.

연민(憐憫)

서양 문명의 근간이 된 호메로스의 「일리아스」는 무엇을 말하고 있는 가? 호메로스는 영웅 아킬레우스의 삶을 통해 고대 그리스인에게 무엇을 전달하려 했는가? 인류는 자신의 이익을 위해 전쟁을 치를 수밖에 없었다. 전쟁이라는 문명의 피할 수 없는 통과의례에서 중요한 점은 상대방을 분노와 무력으로 제압하는 힘이 아니라, 상대방의 입장에서 세상을 볼 수 있는 공감과 연민의 경험이라는 것이다. 호메로스는 「일리아스」의 마지막 장인 제24장에서 아킬레우스를 군사영웅으로 찬양하지 않는다. 그는 「일리아스」를 아킬레우스의 '분노'를 찬양하면서 시작했지만 제24장에서는 자신의 적인 프리아모스를 '신과 같이' 보고 그를 위해 우는 영웅으로 묘사한다. 호메로스는 이 위대한 서사시를 통해 원수를 자신처럼 여기는 마음인 '연민'을 최고의 가치라고 주장한다.[21]

대승불교에서 구도자가 매일매일 수련을 통해 도달해야 하는 네 가지 덕이 있다. 그것은 아무리 헤아려도 끝이 보이지 않는다고 해서 '사무량심(四無量心)'이라 부른다. 사무량심의 두 번째가 '카루나(karuṇā)'이며 한자로 '비(悲)'다. 한자 悲는 그 심오한 의미를 담고 있다. 상단에 있는 글자 '비(非)'는 새의 날개 왼쪽이 망가진 상태다. 세상 사람들은 기준에 어긋난다고 책망한다. 그러나 새가 날기 위해서는 그 불구가 된 한쪽 날개를 내 날개로 수용하고 함께 나는 연습을 시도해야 한다. 새는 양 날개로 날기 때문이다. 이 마음이 '카루나' '비(悲)', 혹은 '연민(憐憫)'이다.

인간은 자신이 죽는다는 사실을 인식하고 존재하는 유일한 동물이다.

서사시는 인생의 허무한 비극을 감동적으로 노래한다. 「일리아스」는 죽음에 관한 시다. 이 시의 절정은 아킬레우스가 프리아모스가 보는 앞에서 그의 아들 헥토르를 죽이는 장면이 아니라, 프리아모스가 죽은 자신의 아들의 시체를 돌려받기 위해 아킬레우스를 만나는 순간이다. 이들은 상대방의 슬픔을 자신의 슬픔처럼 여기는 '연민(憐憫)'을 노래한다.[22]

리더는 자신이 아닌 다른 사람의 마음을 이해할 뿐만 아니라, 그 사람의 입장에서 세상을 볼 수 있는 사람이다. 리더는 우는 자와 함께 우는 자다.

5

키루스의 자비, 샬림투(Šalimtu)

———

"당신은 타인의 안녕을 위해
노력합니까?"

'샬림투'(šalimtu, 아카드어), '안녕'

셈족어는 기원전 26세기에 바빌로니아에 처음 등장하여 오늘날 히브리어·아라비아어·에티오피아어로 이어져 4,600년 동안 사용되어온 언어다. 셈족인이 추구하는 최고의 가치를 담은 단어들 가운데 하나는 '샬람(*šalām-)'이다. 샬람은 아카드어로는 '샬라무(šalāmu)', 히브리어로는 '샬롬(*šalōm)', 아라비아어로는 '살람(salām)'이다. 모두 동일한 세 개의 자음 어근 'š-l-m'을 기초로 만들어졌다.

이 단어는 기원전 26세기에 등장하기 시작한 가장 오래된 아카드어부터 기원후 7세기, 가장 늦게 등장한 아라비아어에 이르기까지 종교·경제·정치·사회 분야의 핵심 개념으로 자리 잡았다. 이 어근의 기본 의미는 "온전하다; 안전하다; 본래 상태를 유지하다; 해를 입지 않다; 자유롭다; 흠이 없다" 등 다양하면서도 심오한 의미를 지닌다.

아카드어 '샬라무(šalāmu)'는 경제문서에 처음 등장한다. 신전 경제문서에 사람 이름이 기록되어 있고, 그 옆에 '샬리무(šalimu)'라고 표시된 문장이 등장한다. '샬리무'는 '샬라무'에서 파생된 형용사형이다. '샬리무'는 '신전이나 국가로부터 빌린 빚을 다 갚은 상태', 즉 '채무관계가 정리된 상태'란 의미다. 이 단어는 사회-경제적인 의미 이외에 윤리-영적인 의미를 지닌다. '샬라무'는 한 사회의 개인으로 태어난 인간이 자신에게 주어진 고유한 임무를 인식하고, 그 임무를 완수한 상태다. 그런 사람은 '평안하다'. 이스라엘 사람들은 '샬롬'이라고 인사한다. '샬롬'은 '당신은 평안하셨습니까?'라는 의미이기도 하지만, '당신은 자신의 의무를 다했습니까?'라는 물음이기도 하다. 아라비아인의 인사는 '마아 살라마'다. 이 아라비아어 문장의 의미는 '당신에게 평안이 깃들기를!'이란 덕담이다.

인류 최초의 제국을 건설한 페르시아 제국의 창건자 키루스 대왕(『성서』의 고레스)은 고대 오리엔트의 마지막 제국인 바빌론을 평화롭게 정복하였다. 자신이 정복한 민족의 안녕을 위해, 그 민족의 종교와 문화를 권장하고 필요하다면 재정적으로 지원하여 피정복 민족의 신전을 건설하였다. 키루스가 인류 최초의 제왕이 될 수 있었던 비결은 상대방의 안녕을 위해 실질적인 도움을 주는 배려 때문이다. 그는 자신이 해야 할 일을 완수하고 피정복 국민들의 안녕을 돌봤다. 키루스는 바빌론 점령을 기록한 「키루스 원통비문」에서 그런 리더의 마음을 '샬림투', 즉 '안녕'이라고 정의한다.

신바빌로니아 제국의 등장

인류 최초의 제국인 페르시아 제국은 고대 근동지방에서 2,500년 이상 유지된 오리엔트 문명인 메포소타미아와 이집트 문명의 소멸과 함께 등장하였다. 오리엔트 문명이란 기원전 3100년경 시작된 고대 이집트 문명, 기원전 1900년 오늘날 터키에서 시작된 히타이트 문명, 기원전 3200년 이라크에서 시작된 수메르와 바빌로니아 문명, 그리고 자그로스 산맥을 넘어 이란에서 기원전 3100년에 발흥한 엘람 문명 등을 총칭하는 명칭이다. 기원전 6세기 오리엔트 문명은 바빌로니아에서 그 명맥을 유지하고 있다. 페르시아 제국은 메소포타미아 문명의 마지막 제국인 신바빌로니아 제국을 멸망시키며 등극하였다.

신바빌로니아 제국은 바빌론을 수도로 기원전 7세기에 등장한 제국이다. 메소포타미아(오늘날 이라크)는 티그리스강과 유프라테스강 사이를 지칭하는 용어다. 기원전 3000년대 수메르 쐐기문자를 사용하는 도시들이 등장하여 인류 최초의 문명을 건설하였다. 수메르 문명은 기원전 2004년 오늘날 이란 자그로스산지에서 건너온 '엘람'인들에 의해 멸망한다. 수메르어나 엘람어는 동서고금의 어떤 언어와도 연관이 없는 이른바 '고립어'다. 그 후 기원전 2000년경, 메소포타미아는 시리아 쪽에서 건너온 '아무루'족이 점령하여 제국을 만든다. 북쪽에 등장한 제국이 아시리아 제국이고, 남쪽에 자리 잡은 제국은 바빌로니아 제국이다.

신바빌로니아 제국을 건설한 나보폴라사르(Nabopolassar, 기원전 658~기원전 605)는 전통적인 바빌로니아 출신이 아니다. 기원전 2000년경 시리아에서 이주해 온 '아모리인들'처럼, 새롭게 유입된 이방민족이다. 아시리아 제국의 강력한 왕 아슈르바니팔(Ashurbanipal)이 기원전 627년에 죽자, 그가 치리하던 바빌로니아는 혼돈의 소용돌이 속으로 빠졌다. 이 혼돈을 틈타 바빌론으로 침입한 민족이 '갈대아'다. 갈대아인의 대장 이름이 나보폴라사르다. 나보폴라사르는 바빌론에서 아시리아인을 몰아낸다. 그는 자그로스산맥 너머 이란 중부에 위치한 메디아 왕국의 왕 크약사레스(Cyaxares, 기원전 625~기원전 585)와 연합하여 아시리아 제국과 전쟁을 벌인다. 메디아 왕국은 기원전 612년 아시리아 제국의 수도 아수르를 함락시키고 아시리아 제국을 멸망시켰다.[1] 나보폴라사르는 바빌론을 수도로 정하고 새로운 제국을 건설한다. 그는 바빌론의 방어성벽인 '임구르-엔릴(Imgur-Enlil)'을 재건하면서 남긴 「나보폴라사르 원통비문」에서 자신의 비천한 배경과 아시리아 제국의 멸망을 기록한다.[2]

그는 이 「비문」에서 자신은 '아무개의 아들'이지만 '나부 신과 마르둑 신을 항상 기쁘게 하는 바빌론의 왕'으로 소개한다. 그는 자신이 세운 제국을 '갈대아'라 말하지 않고, 바빌로니아라고 칭한다. 후대학자들은 그가 세운 제국을 이전 바빌로니아 제국들과 구분하여 '신바빌로니아'라는 이름을 붙였다.

아시리아 제국의 멸망과 신바빌로니아 제국의 등장은 주변국, 특히 고대 이집트와 유대왕국의 정치와 깊이 관련되어 있다. 이집트는 신바빌로니아 제국의 등장을 두려워했다. 이집트는 아시리아 제국을 돕기 위해 원군을 보냈다. 이집트 원군은 유대를 통과해야만 했다. 종교개혁을 통해 유대왕국의 번영을 꾀했던 유대 왕 요시야(기원전 640~기원전 609)는 이집트 원정을 막는다. 아시리아는 멸망직전이고 신바빌로니아 제국은 아직 등장하지 않았고 이집트는 아시리아 제국의 통치에서 벗어난 지 얼마 되지 않았다. 기원전 609년 봄 이집트 파라오 네코 2세는 바빌론에 저항하는 아시리아를 돕기 위해 이집트 군대를 유프라테스 강가로 보냈다. 네코 2세는 용병으로 구성된 군대를 비아 마리스(Via Maris)를 거쳐 시리아로 진격할 참이었다. 그는 이스르엘 평야 남쪽과 마주치는 샤론으로 가는 길에서 요시야가 이끄는 군대와 대결한다. 요시야는 아시리아 제국의 아슈르바니팔이 임명한 이집트 왕 프삼틱 1세가 610년에 죽자, 이집트는 더 이상 힘이 없다고 판단하였다. 요시야는 므깃도 전투에서 중상을 입고 사망한다.

유대의 멸망

요시야를 대신해 그의 막내아들 여호아하스가 유대 왕이 되었다. 그러나 이집트 파라오 네코 2세는 여호아하스를 이집트의 볼모로 잡아가고, 요시야의 첫째아들인 여호야킴을 왕에 즉위시킨다. 유대왕국의 운명은 나보폴라사르의 아들 네부카드네자르 2세(재위 기원전 605~기원전 562)가 기원전 605년에 왕위에 오르면서 결정되었다. 네부카드네자르가 같은 해 카키미쉬 전투에서 이집트 군대를 물리치고 예루살렘을 포위하자, 여호야킴은 예루살렘의 파괴를 막고자, 다시 이집트를 배신하고 바빌로니아에 조공을 바치기로 약속한다. 여호야킴은 네부카드네자르 2세가 내란을 진압하느라,[3] 이집트를 침공하지 못할 뿐만 아니라 유대지배력이 약해지자, 다시 변절하여 바빌론 조공을 중단하고 이집트에 충성을 맹세하였다. 기원전 599년 네부카드네자르 2세는 배신을 반복하는 예루살렘을 포위하였다. 여호야킴 왕은 그다음 해인 기원전 598년에 죽고 그의 아들 여호야긴이 등극하지만 석 달 만에 예루살렘은 함락당한다. 네부카드네자르 2세는 여호야긴 대신에 그의 삼촌인 시드기야를 왕으로 옹립한다. 네코 2세 뒤를 이어 등극한 이집트 왕 프삼틱 2세는 이집트 남쪽에 위치한 누비아를 정복하고 여세를 몰아 기원전 591년 바빌론의 침공을 막고자 팔레스타인 지역의 국가들, 특히 유대 왕 시드기야를 설득하여 반-바빌로니아 연대를 부추겼다.[4]

바빌로니아는 충성과 반란을 반복하는 유대를 완전히 멸망시키기로 결정했다. 기원전 587년 『구약성서』 「열왕기서」와 「예레미야서」의 기록처럼, 예루살렘이 함락되었다. 네부카드네자르 2세의 장남인 아멜-마르둑(기원전 562~기원전 560)이 기원전 562년 바빌론의 왕이 되었다. 그는 바빌론 왕으로 등극한 해에 여호야긴을 풀어주어 예루살렘으로 돌아가도록 허용하였다. 네부카드네자르 2세의 사위인 네리글리사로스(기원전 560~기원전 556)는 아멜-마르둑을 살해한 후, 바빌론의 왕이 되었다. 네리글리사로스가 죽은 후, 어린 나이의 아들 라바쉬-마르둑(기원전 556)이 왕이 되었으나 9개월 만에 암살당한다.

나보니두스의 어머니, 아다드-구피

나보니두스(기원전 556~기원전 539)는 신바빌로니아 제국의 마지막 왕이다. 그의 아버지가 누구인지 알 수 없으나 그의 어머니는 도시 '하란'의 달신인 신(Sin)을 섬기는 여사제인 '아다드-구피(Adad-Guppi)'였다. 그는 네부카드네자르 2세의 딸인 니토크리스를 아내로 맞이하면서 왕으로서 정통성을 확립하였다. 하란은 터키 남부와 시리아 북부가 만나는 상업요충지였다. 서쪽으로 내려가면 다마스쿠스, 오른편으로 내려가면 니네베로 이어진다. 유일신 종교의 조상 아브라함이 고향 우르를 떠나 가나안으로 가는 여정의 중간 정착지다. 이곳은 예로부터 저 멀리 중앙아시아에서 진귀한 물건을 싣고 이란과 이라크를 거쳐 다마스쿠스로 가는 대상무역상들의 거점이다. 이들에게 가장 중요한 신은 밤길을 인도해 주는 달신인 '신(Sin)'이다.

나보니두스의 정체를 밝혀주는 열쇠는 그의 어머니 아다드-구피가 쥐고 있다. 그녀는 라바쉬-마르둑이 암살된 후, 바빌로니아 제국의 마지막 왕으로 나보니두스를 등극시켰다. 네부카드네자르 2세 이후, 등극한 왕들은 아멜-마르둑, 네리글리사로스 그리고 라바쉬-마르둑이다. 이들은 각각 2년, 6년 그리고 9개월 동안 잠시 왕으로 치리하였다. 네부카드네자르 2세가 기원전 601년 하란을 침공했을 때, 아다드-구피는 하란의 달신 신전의 여사제였다. 그는 달신 신전을 파괴했지만 아다드-구피는 살려두었다. 나보니두스는 네부카드네자르 2세와 아다드-구피 사이에 생긴 아들일 수도 있다. 아다드-구피는 104세까지 장수하였다. 그녀는 아시리아 제국이 기원전 612년에 멸망하는 것을 목격했고, 네부카드네자르 2세가 치리한 40년을 생존하였다. 그녀의 아들 나보니두스가 바빌론제국의 왕이 되었을 때, 그녀는 90세가 넘었다. 나보니두스는 이전 세 왕과는 달리 17년 동안 왕으로 통치하였다.

나보니두스는 바빌로니아 왕가 출신이 아니다. 그는 현명하고 강력한 어머니 아다드-구피의 도움으로, 네부카드네자르 2세와 그의 아들 아멜-마르둑 시대에 왕실의 요직을 차지했다. 그는 선왕인 라바쉬-마르둑의 암살을 뒤에서 조정했을 것이다. 아다드-구피는 아들 나보니두스가 왕이 되자, 자신의 오랜 염원인 달신 신전 재건과 달신을 바빌론 제국의 주신으로 등극시킬 기회라고 판단하였다. 아다드-구피가 남긴 신(Sin)을 위한 비문에, 나보니두스는 어머니와 신 신을 위해 하란에 신전을 세웠다고 기록한다. 아다드-구피는 이 「비문」에서 자신은 104세까지 살았으며 건강한 신체와 정신의 소유자라고 자랑한다.[5] 아다드-구피는 나보니두스가 즉위한 지 9년째에 죽었다. 그는 바빌론 백성들을 모아 7일 국장을 치렀다. 바빌론 시민들은 7일 동안 흙을 머리에 바르고 옷을 벗는 의례를 치렀다. 그리고 7일째 되는 날엔 모든 시민들이 머리카락을 잘랐다고 기록한다. 그는 아다드-구피가 죽은 후, 8년을 더 왕으로 다스렸다.

「나보니두스 비문」

나보니두스는 통치자라기보다는 달신 여사제 아다드-구피의 아들이었다. 그는 바빌론제국의 여러 도시에 흩어진 신들의 형상을 바빌론에 모으려 시도했다. 그는 바빌론의 주신을 마르둑 신이 아니라 달신인 신(Sin)으로 교체하려 시도했다가 마르둑 사제들의 완강한 저항에 부딪혔다. 나보니두스의 종교개혁은 마르둑 사제들과 마르둑 신을 모신 에상길라 신전의 수많은 관계자의 이해와 상충하였다.

나보니두스는 바빌론 사제들과 귀족들의 반대에 부딪혀 바빌론이 아닌 새로운 도시를 제2의 수도로 정한다. 바로 아라비아반도의 '테이마'라는 오아시스 지역이다. 그는 바빌론 통치를 아내인 니토크리스와 아들인 벨사살에게 맡겼다. 벨사살은 아버지 나보니두스가 테이마에서 지내

「테이마 비문」

기원전 6세기, 사우디아라비아 테이마 근처 알–카부 알–가르비는 동안 왕세자로 통치하였다. 이 시대를 기록한 『구약성서』 「다니엘서」 7.1은 바빌론의 왕을 벨사살로 다음과 같이 기록한다.

"벨사살이 바빌론 왕이 된 첫해에, 다니엘은 잠자리에서 꿈을 꾸면서, 머릿속으로 환상을 보고, 그 꿈을 적었다. 그가 적은 내용의 줄거리는 다음과 같다."

테이마 지역에서 '나보니두스' 이름이 언급된 「낙서비문」이 발견되었다. 이 「비문」들은 기원전 6세기로 추정되는 데단 지역 방언인 리흐야니 문자로 기록되었다.[6]

1. N MRDN HLM NBND MLK BBL
2. TWT M' RBSRS …

1. 나는 MRDN이며 바빌론의 왕, 나보니두스의 종이다.
2. 나는 대장과 함께 왔다….

나보니두스는 에돔을 정복하고 테이마 지역에서 머물렀다. 페르시아 제국의 키루스가 바빌론을 점령했다는 소식을 듣고 돌아왔지만, 바빌론은 이미 함락된 후였다. 그는 키루스에게 투항하여 여생을 보냈다. 그가 테이마에 머문 이유는 확실하지 않다. 테이마는 하란처럼 자원이 풍부한 아라비아지역으로 들어서는 중요한 길목에 있는 오아시스다. 그러나 그가 그곳에서 기원전 553년에서 기원전 543년까지 10년 동안 지낸 이유는 수수께끼다.

「나보니두스 석비」

기원전 554~기원전 539, 바빌론에서 발굴,

현무암, 58cm×46cm×25cm,

런던, 영국박물관

「나보니두스 석비」

나보니두스는 왼손에 왕권을 상징하는 왕홀을 들고 있고 오른손엔 원통형 모양의 물건을 들고 있다. 그는 원뿔형 머리장식을 착용하고 술이 달린 의복을 입었다. 이 의복은 발목까지 내려가는 옷이다. 나보니두스는 왕이라기보다는 신을 섬기는 사제의 모습이다. 그는 전형적인 군주의 수염장식과 어깨까지 내려오는 가발을 착용하였다. 그의 귀와 코는 비교적 작지만, 커다란 눈은 정면을 응시하는 수도자의 모습이다. 오른손 원통형 물건은 아마도 신을 찬양하는 기도문이 새겨져 있었을 것이다. 왼손으로 든 왕홀은 열 개의 고리와 띠로 장식되었다. 왼손 위로 고리 장식이 여섯 개 있고 그 아래는 띠로 감겨 있다. 왕홀의 맨 위는 마모되어 있지만 분명히 초승달 모양이다.

이 초승달 모양은 나보니두스가 주신으로 섬긴 달신인 '신(Sin)' 형상이다. 초승달은 앞으로 반달과 보름달로 가는 희망의 상징이다. 먼 곳으로부터 사막여행을 하던 대상들이 초승달의 위치와 모양을 보고 자신의 서 있는 위치와 시간을 유추했을 것이다. 메소포타미아 만신전에서 샛별신인 이슈타르(Ishtar) 여신(수메르 인안나)과 샤마쉬(수메르 우투) 혹은 바람신인 엔릴이 주신으로 활동해왔다. 달신인 신(Sin)이 제국의 가장 중요한 신으로 등장한 예는 없었다. 나보니두스는 이 석비에서 자신에게 가장 중요한 신은 달신이며, 그 달신은 전통적인 다른 신들보다 중요하다고 선포하고 있다.

바빌로니아 문화를 비롯한 고대 문명들은 신 중심사회였다. 각 시대의 문명은 자신들의 이익을 가장 효과적으로 대변해주는 신을 선정하여, 그 신을 위한 신전을 건축한다. 신전은 그 사회의 정치-경제-사회를 관장하는 중심축이다. 바빌론의 주신은 '마르둑'이다. 마르둑은 기원전 2000년경 고바빌론 시대에 등장하여 바빌론 제국의 주신이 되었다. 기원전 17세기경 기록된 바빌로니아 창조신화 「에누마엘리쉬」에 따르면 혼돈의 여신이며 바다 여신인 '티아맛'이 우주를 혼돈에 빠뜨렸을 때, '강력한 바람'인 임훌루(Imhullu)라는 무기로 티아맛을 물리치고 만신전의 최고신으로 등극하였다. 마르둑의 수메르 이름은 '아마르-우투(Amar-Utu)'로 '태양신의 송아지'란 의미다. '아마르'라는 수메르어가 '송아지'라는 의미 이외에 '아들; 자손'이란 의미가 있기 때문에, '아마르-우투'는 '태양의 아들'이란 의미다.

이 석비의 오른편에는 메소포타미아 시대의 주신들이 왼편부터 차례로 나열되어 있다. 맨 오른편 형상은 샛별신인 이슈타르 여신의 상징이다. 이슈타르 여신은 수메르 시대의 인안나 여신에 해당한다. 인안나는 수메르어 닌안나(NIN.ANNA)에서 파생되어 첫 자음 'n'이 생략된 이름으로 그 의미는 '하늘(an)의 여주인(nin)'이란 의미다. 밤과 아침의 경계에 등장하는 여신으로 종종 남신으로도 등장하는 신이다. 하늘의 여신이지만, 땅과 지하까지 지배하려고 호시탐탐 공격하는 신이다. 바빌론 여신 이슈타르는 인안나 여신의 속성을 모두 흡수하고 더 호전적인 신이 되었다. 그는 풍요와 전쟁을 관장하는 여신이었다. 이슈타르는 중심에서 발휘되는 일곱 불길 모양을 취한다.

세 모형 중 중간 형상은 태양신인 샤마쉬(Shamash)의 상징이다. 샤마쉬는 수메르 시대의 우투(Utu)에 해당한다. 샤마쉬 신은 기원전 2000년경 수메르가 멸망하고 서쪽, 즉 시리아에서 몰려온 사람들이 북쪽에는 아수르라는 도시를 중심으로 아시리아, 남쪽에는 바빌론을 중심으로 바빌로니아 제국을 건설하였다. 이들을 '아모리족'이라고 부른다. 아모리족에 해당하는 수메르어 '마르-투(MAR.TU)'는 '서쪽에서 몰려온 사람들'

이란 의미다. 아모리족은 새로운 신을 들여왔다. 아시리아에서는 '아슈르(Ashur)' 신으로 바빌로니아에서는 '마르둑(Marduk)'이란 이름으로 신앙의 대상이 되었다. 아슈르 신이나 마르둑 신의 모습은 태양을 형상화하였다. 아슈르 신은 좌우와 아래에 태양빛과 열을 발산하는 모습이며 중앙에는 신인동형(神人同形)적인 모습을 한 신이 새겨져 있다. 마르둑 신은 신인동형적인 신의 모습을 생략하고 좌우 그리고 아래로 태양 빛과 열을 발산하는 모습이다. 바빌론 제국은 나보니두스가 등장하기까지 마르둑 신, 즉 '태양신의 아들'을 섬겼다. 거의 1,400년 동안 태양신을 섬기던 바빌론 제국에 종교개혁이 일어났다. 그 종교개혁은 로마황제 콘스탄티누스의 그리스도교 공인이나 마르틴 루터의 종교개혁만큼 큰 파장을 일으켰다. 나보니두스는 바빌로니아 제국의 주신으로 마르둑이 아니라 달신인 '신'을 선택하였다.

세 모형들 중 가장 왼편으로 나보니두스 머리 위로 15도 상단에 달신인 신(Sin)이 새겨져 있다. 아카드어로 신(Sin) 신은 수메르어로 '엔쭈(EN. ZU)'다. '엔쭈'의 의미는 '지혜의 주인'이다. 수메르 시대 달신의 이름은 '난나'로 수메르 시대 우르와 하란의 주신이었다. '신'은 목동들을 보호하는 자다. '신'은 밤하늘의 달로서 누구보다도 멀리 보는 존재로 미래 일을 예측하는 신이다. 수메르 시대 '엔쭈'와 '난나'는 원래 별도의 신들이었으나 바빌론 시대로 들어와 한 명의 신으로 융합되었다. '신'은 옆에 위치한 샛별신이나 태양신 크기의 두 배다. 초승달이지만 그 양쪽 끝이 연결되어 있어 모든 것을 포함하는 커다란 원의 모습이다. 이 초승달 모형은 기원 후 7세기에 등장하는 이슬람교의 상징이 된다. 이슬람 사원의 첨탑마다 이 조형이 장식되어 있다.

이 세 상징 밑에 「비문」 흔적이 있다. 누군가 의도적으로 그 「비문」을 지웠다. 학자들은 이 「비문」을 가뭄에 시달리는 바빌론을 위해 나보니두스가 달신에게 기도를 올려, 폭풍과 비의 신인 아다드 신을 통해 비를 내리게 했다는 내용이다. 풍요의 비가 내려 곡식, 대추야자나무 열매, 참깨씨, 양털 그리고 와인 수확량이 늘어났다는 내용이다. 다음은 이 「비문」의 첫 5행이다.

1. ip-še-ti-ia damqāti^{meš} ḫa-diš ip-pa-lis-ma

2. a-ra-ku ūmê^{meš} i-ki-ša-an-ni ina a-mat ilān^{meš}

3. šar ilān^{meš} ^{d}Adad sunnu u-ti-ra-am-ma

4. ^{d}E-a u-paṭ-ṭi-ra naq-bu-šu meš-ru-u

5. nu-uḫ-šu u ḫegallu ina māti-ia iš-ku-un

1. 그(신)는 나의 업적을 기쁘게 응시하였다.

2. 그는 나의 생애를 늘려주셨다. 신들의 명령으로

3. 신들의 왕인 (폭풍신) 아다드가 비를 내렸다.

4. (지혜의 신인) 에아가 심연의 샘물을 열었다.

5. 그는 부, 안녕 그리고 풍요를 내 땅에 확립하셨다.

페르시아 제국의 등장

신전 중심의 사회였던 메소포타미아 문명이 신바빌로니아 왕 나보니두스 시대에 와서 몰락하고 있었다. 독일 철학자 카를 야스퍼스는 기원전 8세기에서 기원전 3세기까지 오늘날 서양문명의 근간이 되는 사상이 생성되었다고 주장하였다. '축의 시대'는 오늘날까지 이어지는 문명의 유지와 생존을 위한 틀이 만들어지는 시대를 가리키는 용어다. 인간은 자연을 무서움의 대상이 아니라 관찰의 대상으로 여기고, 신을 절대타자로 군림하는 외부 존재가 아니라, 인간의 생각과 행실을 통해 드러내는 내부 존재로 인식하기 시작하였다.

이집트 문명과 메소포타미아 문명은 기원전 6세기경 몰락한다. 새로운 문명의 중심지는 서서히 아테네를 중심으로 등장하기 시작한 그리스 문명으로 넘어간다. 인류 문명의 중심지가 고대 오리엔트를 떠나 그리스로 넘어가는 중요한 시점이다. 이 과정은 쉽지 않았다. 페르시아 제국은 신과 종교를 기반으로 쌓아올린 문화가 인간과 예술을 기반으로 구축될 서양으로 이전하는 과정에 등장하였다. 동서문명의 가교인 페르시아 제국이 기원전 6세기 오늘날 이란 남부에 등장하였다.

페르시아 제국은 동서양의 문명을 잇는 가교문명이자 인류가 최초로 이룬 제국이다. 동쪽으로는 인도와 간다라, 북쪽으로 스키타이, 서쪽으로는 터키와 이오니아·마케도니아, 남쪽으론 이집트와 누비아까지, 인류는 역사상 처음으로 제국을 형성하였다.[7]

페르시아 제국의 창건자, 키루스

고대 페르시아 왕 키루스는 기원전 6세기 인류 최초로 제국을 만들었다. 그가 제국을 건설할 수 있었던 비결은 무엇인가. 종교·이념·인종·역사가 다른 23개 나라를 어떻게 하나의 이데올로기로 통일할 수 있었을까. 영국 역사학자 찰스 프리먼은 키루스의 업적을 다음과 같이 평가한다.

"키루스가 이룩한 업적이 알렉산드로스 대왕보다 훨씬 더 위대하다. 알렉산드로스 대왕은 기원전 320년에 아케메네스 왕조(페르시아 왕조)를 파괴하였지만 자신이 정복한 지역에 안정을 가져다주지 못했다.[8]"

미국 건국의 아버지인 토머스 제퍼슨, 벤저민 프랭클린, 이스라엘 독립의 주역인 다비드 벤-구리온 그리고 현대 경영학의 창시자인 피터 드러커도 키루스를 인류 역사상 가장 위대한 리더로 꼽는다. 그 이유는 무엇인가. 페르시아와 전쟁 중에 있었던 고대 그리스의 역사가이자 소크라테스의 제자 크세노폰은 『키루스 교육기』에서 키루스를 "고대 그리스인이 흠모하고 배워야 할 이상적인 리더"라고 소개했다.[9]

아리아인

고대 페르시아인은 스스로를 '아리아인(aryan)'이라고 불렀다. '아리아'는 원래 문화·종교적 용어로 '하늘의 뜻을 알고 그 길을 묵묵히 수행하는 사람으로부터 나오는 숭고함'이다. 스스로를 아리아인으로 지칭한 민족은 고대 인도인과 이란인이다. 이들은 원래 기원전 4000년경부터 러시아 남부에 거주하던 한 민족이었다. 이들은 기원전 2000년경 남쪽으로 내려오다 한 갈래는 인도로, 다른 갈래는 이란으로 내려가 정착하였다. '이란(Iran)'이란 용어도 어원적으로 '아리안'과 같다.[10]

고대 페르시아인은 기원전 539년에 바빌로니아 제국을, 기원전 525년에 오리엔트 제국의 마지막 보루인 고대 이집트를 정복한다. 이들은 원래 오리엔트에 거주하던 민족이 아니라 인도·유럽인이었다. 바빌로니아의 수도 바빌론은 오늘날 이라크의 중앙을 가로질러 흐르고 있는 유프라테스강 유역에 위치한다. 키루스는 바빌론을 점령함으로써 그 도시뿐만 아니라 바빌로니아가 점령한 모든 지역인 아시리아·시리아·레바논·이스라엘에 이르는 광활한 지역을 차지하게 되었다.

키루스의 등극과 정복

키루스는 이란의 중부 도시 안샨의 왕 캄비세스 1세와 메디아 왕 아스티아게스의 딸 만다네 사이에서 태어났다. 키루스는 카산다네라는 페르시아 귀족과 결혼하여 네 명의 자녀를 두었다. 첫째 아들은 이집트를 정복한 왕이자 그를 이어 왕위에 오른 캄비세스 2세, 그가 이집트 원정을 떠났을 때 페르시아 제국의 왕이 된 스메르디스, 후에 다리우스 대왕과 결혼한 아토사 그리고 록사나라는 딸이다. 키루스는 아버지 캄비세스 1세가 기원전 559년에 죽은 후, 아스티아게스의 봉지였던 파사르가데에 궁궐을 지었다. 그는 아직 메디아 제국의 왕이며 외할아버지인 아스티아게스의 봉신이었다. 그는 서쪽으로는 리디아 동쪽으로는 페르시아와 파르티아를 통치하고 있었다.

아스티아게스는 세력을 확장하는 키루스를 제압하기 위해 하르파구스라는 대장을 임명하여 키루스를 체포하고 파사르가데를 정복하라고 명령을 내렸다. 그러나 하르파구스가 배신하여 다른 대장들과 함께 키루스에게 투항하였다. 키루스는 이 여세를 몰아 오히려 아스티아게스가 치리하는 메디아·아르메니아·카파도키아·박트리아·파르티아·드랑기아나·아리아 그리고 사카를 자신의 왕국에 편입시킨다. 그는 외할아버지 아스티아게스의 목숨을 살려주고, 아스티아게스의 딸인 아미티스와 결혼하여 왕국을 안정시켰다. 아미티스는 그의 이모이자 아내였다.

키루스는 파사르가데를 중심으로 자리 잡은 페르시아와 아스티아게스가 치리하던 메디아 왕국을 통일시켰다. 키루스는 이 넓은 지역을 효과적으로 치리하기 위해, 각 지역에 '방백'이라는 봉신 왕을 옹립하였다. 키루스는 기원전 547년 오늘날 터키 남서부에 자리 잡은 리디아를 사르데스 전투에서 정복하였다. 리디아는 그리스 본토에서 이주해 온 사람들

「키루스 원통비문」

아카드어 쐐기문자,

기원전 539~기원전 538,

바빌론에서 발굴, 21.9cm×10cm×7.8cm,

런던, 영국박물관

'인류 최초의 인권선언문'

BM 90920 & BIN II. 32

- NEW BREAKE
- APPARENTLY WRITTEN OVER ERASURE
- ERASURE

「키루스 원통비문」

아카드어 필사본

원편 「원통비문」 표면에 새겨진 아카드어 쐐기문자를 옮겨 적은 필사본이 세운 왕국이다. 키루스는 이들의 일부를 바빌론의 니푸르라는 지역으로 추방하였다.

키루스의 리디아 점령은 후대 그리스 연합군과 페르시아 제국과의 전쟁인 살라미스 해전(기원전 480)과 마라톤 전쟁(기원전 490)의 결정적 원인이 되었다. 키루스는 이제 바빌론 제국 정벌에 나선다. 바빌론 정벌은 군사정벌이 아닌 문화정벌이었다. 키루스는 바빌론 제국과 전쟁을 치르지 않고 정복하였다. 「키루스 원통비문」에 그 과정이 자세하게 남아 있다.

인류 최초의 인권선언문 「키루스 원통비문」

고고학자 호르무즈드 라삼(Hormuzd Rassam, 1826~1910)은 오스만 제국이 위치했던 모술 출신이었다. 그는 스무 살 때부터 모술에서 아시리아 유물을 발굴하기 시작했다.[11] 그러다가 1850년 영국박물관 출신 고고학자 오스틴 헨리 레이어드(Austen Henry Layard, 1817~1894)를 만나 본격적으로 고고학 발굴을 시작하였다. 라삼은 레이어드의 도움으로 영국 옥스퍼드대학교에서 고고학 공부에 매진하였다. 1877년 레이어드는 오스만 제국의 영국 대사가 되어, 바빌론 발굴을 라삼에게 일임한다. 라삼은 1879년 3월 바빌론의 신전인 에사길라의 '정초매장물(定礎埋藏物)'에 놓여 있는 「키루스 원통비문」을 발견하였다.[12] '정초매장물'이란 신전과 궁전 등 기념적인 건물을 짓거나 수리할 때, 그 사실을 후세에 전하기 위해서 시공주가 건물의 기초 부분에 집어넣은 유물이다.

키루스는 자신의 철학이 담긴 비문을 원통의 바깥 부분에 새겼다. 「키루스 원통비문」은 길이가 21.9센티미터이고 원통 지름이 10센티미터다. 가운데가 부풀어 오른 배럴 위에 쐐기문자가 빼곡히 새겨져 있다. 라삼이 1879년에 발견한 「원통비문」은 「'파편 A' 비문」이라 불린다. 영국박물관은 이 「비문」을 다시 구워 비어 있는 공간을 회반죽으로 메웠다.

「키루스 원통비문」과 관련된 5~6센티미터의 또 다른 파편이 있다. 학자들은 이 비문을 「'파편 B' 비문」이라 부른다. 라삼은 이 파편이 「키루스 원통비문」에 속하지 않는다고 판단하여 쓰레기 더미에 버렸지만, 1970년 독일 뮌헨대학의 베르거 교수에 의해 파편 A와 파편 B가 원래는 「키루스 원통비문」의 일부라는 사실이 밝혀졌다.[13] 「키루스 원통비문」은 라삼이 발견한 비문과 베르거가 후에 발굴한 파편 비문을 총체적으로 이르는 용어다. 이 「비문」은 기원전 539년에서 기원전 530년 사이, 키루스 시대에 제작되었다. 키루스가 바빌론을 점령하고 난 뒤 바빌론과 에사길라 신전을 재건하면서 정초매장물로 매장해놓았을 것이다. 여기에 기록된 쐐기문자는 아카드어다.

나중에 페르시아의 다리우스 대왕이 자신의 공적을 새겨놓기 위해 고대 페르시아 문자를 제작한 연대는 기원전 521년이다. 키루스는 고대 페르시아 문자가 발명되기 전, 당시 오리엔트의 전통적 학문 문자인 바빌로니아의 쐐기문자로 원통비문을 기록하였다.

키루스 원통비문 번역

「키루스 원통비문」은 모두 45행, 크게 여섯 부분으로 나뉜다.

1) 1~11행: 바빌로니아의 벨사살 왕에 대한 비난
2) 12~19행: 바빌론 신 마르둑이 키루스를 선택함
3) 20~24행: 키루스의 명칭과 족보, 그리고 평화로운 바빌론 입성
4) 25~34행: 바빌론 재건을 명령함
5) 35~37행: 키루스와 그의 아들 캄비세스를 대신하여 마르둑 신에

게 기원

6) 38~45행: 구체적인 바빌론 재건 내용이다.[14]

당시 바빌론의 왕 나보니두스는 바빌로니아의 수도 바빌론과 바빌론의 신 마드룩 그리고 신전을 중심으로 오랫동안 형성된 바빌론 문화를 무시하고, 아라비아를 정복하기 위해 전략적인 중심지인 '테이마'로 이주하여 10년간 머물렀다.[15] 그는 아들 벨사살에게 바빌론의 통치권을 이양했다.[16] 나보니두스는 기원전 543년, 테이마에서 바빌론으로 돌아온다. 그는 바빌로니아 전역에 흩어져 있는 신전 보물들을 바빌론으로 모았다. 나보니두스의 이런 행위는 사제들과 바빌론 시민들을 화나게 만들었다.

키루스는 바빌론 사제들과 백성들의 민심이 나보니두스로부터 이탈한 사실을 확인하고 바빌론을 침공하기로 결정했다. 기원전 539년 10월 10일이다. 자그로스산맥의 구티움 전역을 치리하는 바빌론의 지방장관인 구바루(Gubaru)가 키루스에게 투항하여 길을 안내했다. 그리스 역사학자 헤로도토스에 따르면(『역사』, 1.191), 페르시아 군대는 바빌론 성벽을 둘러싼 유프라테스강의 수량을 줄이기 위해 수많은 수로를 냈다.[17] 가을은 수량이 가장 낮은 시기라, 페르시아 군대는 쉽게 유프라테스강을 건너 바빌론을 침공할 수 있었다. 페르시아 제국의 왕 키루스는 전쟁을 치르지 않고 바빌론을 함락시켰다.

「키루스 원통비문」 아카드어 원문 자역,[18] 번역 그리고 해석

다음은 「키루스 원통비문」의 번역이다. 제1~14행은 나보니두스와 그의 아들 벨사살 왕에 대한 비난과 마르둑 신의 분노와 키루스 대왕의 등극을 기술하였다.

제1~14행: 벨사살 폭정과 마르둑 신의 분노

1. [ì-nu ᵈAMR.UTU] LUGAL DINGIR.MEŠ AN-e u KI-tì x[..šá ina] x-si-šú ú-nam-mu-[ú (…)] x-ni-šu

2. […ra-pa-á]š uz-nam×x×[…ḫa-a-a-iṭ(?) ki]-ib-ra-a-tì

3. […ṣi-it] lìb-bi-šu GAL ma-ṭu-ú iš-šak-na a-na e-nu-tu ma-ti-šú

4. […ta]m-ši-li ú-ša-áš-ki-na ṣe-ru-šu-un

5. ta-am-ši-li é-sag-íl i-te-[pu-uš-ma …]-tì a-na ŠEŠ.AB.KI ù si-it-ta-a-tì ma-ḫa-za

6. pa-ra-as la si-ma-a-ti-šu-nu ta-[ak-li-im la-me-si…la] pa-liḫ ú-mi-šá-am-ma id-de-né-eb-bu-ub ù a-na ma-ag-ri-tì

7. sat-tuk-ku ú-šab-ti-li ú-la-[ap-pi-it pél-lu-de-e…iš]-tak-ka-an qé-reb ma-ḫa-zi pa-la-ḫa ᵈAMAR.UTU LUGAL DINGIR.MEŠ ig-mur kar-šu-uš-šu

8. le-mu-ut-ti URU-šu [i]-te-né-ep-pu-uš UD-mi-ša-am-ma ×x […UN].MEŠ-šú i-na ab-ša-a-ni la ta-ap-šu-úḫ-tì ú-ḫal-li-iq kul-lat-si-in

9. a-na ta-zi-im-ti-ši-na ᵈEn-líl DINGIR.MEŠ ez-zi-iš i-gu-ug-ma […] ki-su-úr-šu-un DINGIR.MEŠ a-ši-ib líb-bi-šu-nu i-zi-bu at-ma-an-šu-un

10. i-na ug-ga-ti-ša ú-še-ri-bi a-na qé-reb šu-an-na KI

^dAMAR.UTU t[i-iz-qa-ru ^den-líl DINGIR.]MEŠ us-sa-aḫ-ra a-na

nap-ḫar ^da-ád-mi ša in-na-du-ú šu-bat-su-un

11. ù UN.MEŠ KUR šu-me-ri ù URIM^{ki} ša i-mu-ú ša-lam-ta-áš

ú-sa-aḫ-ḫi-ir ka-bat-[ta-áš] ir-ta-ši ta-a-a-ra kul-lat ma-ta-

a-ta ka-li-ši-na i-ḫi-it ib-re-e-ma

12. iš-te-ʹe-e-ma ma-al-ki i-šá-ru bi-bil lìb-bi-ša it-ta-ma-

aḫ qa-tu-uš-šu ^mku-ra-áš LUGAL ^{URU}an-ša-an it-ta-bi ni-bi-it-

su a-na ma-li-ku-tì kul-la-ta nap-ḫar iz-zak-ra šu-um-šú

13. ^{kur}qu-ti-i gi-mir um-man-man-da ú-ka-an-ni-ša a-na

še-pi-šu UN.MEŠ sal-mat SAG.DU ša ú-ša-ak-ši-du qa-ta-a-šú

14. i-na ki-it-tì ù mi-šá-ru iš-te-né-ʹe-e-ši-na-a-tì ^dAMAR.

UTU EN.GAL ta-ru-ú UN.MEŠ-šú ep-še-e-ti-ša dam-qa-a-ta ù

lìb-ba-šu i-ša-ra ḫa-di-iš ip-pa-li-is

1. [신들의 왕인 마르둑 신이… 하늘과 땅을 창조하고, 그 백성들 가운데 군대를…]

2. [귀가 넓은(지혜로운)…] 사방에…

3. 그들 가운데 형편없는 자가 국가를 치리하는 책임을 맡았을 때,

4. 그는 그들 대신에 가짜를 설치하였다.

5. 그는 가짜 에상길라 신전을 만들었고 우르와 제의도시에 [가짜를 설치하였다.]

6. 그들에게 적당하지 않은 제의, 즉 청결하지 않은 음식제물들과… 결례되는 [제물을] 매일매일 가져왔다. (신에 대한) 모욕으로

7. 그는 매일 드리는 제사를 중단하였다. 그는 의례에 개입하고 신전

안에서 [⋯] 시작하였다.

8. 그는 매일 자신의 도시에 악을 행했다⋯ 그의 [백성⋯] 그는 휴식이 없는 강제노동으로 그들을 파괴시켰다.

9. 모든 신을 총괄하는 엔릴 신이 그들의 불평에 매우 분노하였다. [⋯] 그들의 영토. 그들 가운데 거했던 신들이 자신들의 신전을 떠났다.

10. 그리고 신들은 그(나보니두스)가 그들을(다른 신들을) 그(바빌론 신전) 안으로 들어가게 만든 것에 분노하였다. 신들을 총괄하는 엔릴인 높으신 마르둑 신은 후회하였다. 그는 신전들이 폐허가 된 정착지를 보고 마음을 바꿨다.

11. 수메르와 아카드 사람들은 시체처럼 되었다. 그는 그들을 불쌍히 여겼다. 그는 모든 사람을 검토하고 조사하였다.

12. 그는 사방을 조사한 후에 의로운 왕, 그가 선호하는 자를 손으로 잡았다. 그는 그의 이름을 불렀다. '키루스, 안샨의 왕.' 그는 그의 이름을 불러 온 세상의 왕이 되었다.

13. 그는 구티움 땅과 모든 움마-만다(메디아)를 그의 발 앞에서 굴복시켰다. 키루스는 머리가 까만 모든 백성을 의롭고 정의롭게 다스렸다.

14. 마르둑 신은 그에게 승리를 주었다. 마르둑, 위대한 주, 자신의 백성을 지키는 자는 그의 선행과 바른 마음을 기쁜 마음으로 보았다.

(해설)

「키루스 원통비문」은 나보니두스의 실정으로 시작한다. 바빌론 제국은 신정사회였기 때문에, 매일매일 바빌론 신전에서 마르둑 신에게 드리는 의례는 국가행정의 기반이었다. 그는 달신을 섬기는 여사제의 아들로 태어나, 바빌론을 아들 벨사살과 어머니에게 맡겨두고 아라비아반도 테이마에서 신전을 건설하고 10년간 거주하였다. 그는 마르둑 신을 위한 매일 의례를 중단시키고 의례에 어울리지 않는 음식과 제물을 바쳤다.

바빌론 사제들은 나보니두스의 이런 행위를 신성모독으로 여겼다. 그는 바빌론 시민을 강제노역에 동원해 민심은 점점 흉흉해졌다. 엔릴 신은 원래 수메르시대 모든 신들을 관리하는 신이었으나, 위 「비문」에선 마르둑의 별칭으로 등장한다. 마르둑 신은 '엔릴 신이 지녔던 권한' 즉 우주 통치권을 쥔 최고신이다. 나보니두스는 달신 형상을 바빌론 신전 안으로 들여와 마르둑 신과 그를 모시는 사제들을 분노케 만들었다.

마르둑 신은 바빌론 시민들의 불행을 불쌍히 여겨, 나보니두스 왕을 대신할 새로운 왕을 찾았다. 마르둑 신이 키루스를 선택한 이유는, 바빌론 백성에 대한 연민(憐憫) 때문이다. 연민은 신들이 인간과 관계를 맺는 연결고리다. 이 「비문」에서 마르둑 신의 카리스마는 수메르와 아카드인이 나보니두스와 그의 아들 벨사살의 폭정으로 고통을 받고 있는 바빌론 백성에 대한 자비로 나타난다. 키루스는 마르둑 신의 '자비'를 그들에게 '의로움(kittum)'과 '정의로움(mišārum)'으로 돌려주었다.

제12행에 나오는 '손을 잡았다'는 표현은 신이 왕을 선택할 때 사용하는 정형화된 문구다. 마르둑 신은 '안샨의 왕'인 키루스를 선택하여 온 세상의 왕으로 세웠다. 키루스는 구티움(엘람)과 움마-만나(메디아)를 정복하였다. '머리가 까만 민족'은 원래 수메르인이 자신을 가리키던 '운-삭-기-가(UN.SAG.GI.GA)'를 번역한 용어다. 이 민족은 수메르인들이 거주하던 메소포타미아 하부에 거주하던 민족들을 총칭하는 용어다.

제15~19행: 키루스의 바빌론 정복

15. a-na URU-šu KÁ.DINGIR^{meš.ki} a-la-ak-šu iq-bi ú-ša-as-bi-it-su-ma ḫar-ra-nu TIN.TIR^{ki} ki-ma ib-ri ù tap-pe-e it-tal-la-ka i-da-a-šu

16. um-ma-ni-šu rap-ša-a-tì ša ki-ma me-e ÍD la ú-ta-ad-du-ú ni-ba-šu-un ^{giš}TUKUL.MEŠ-šu-nu sa-an-du-ma i-ša-ad-di-ḫa i-da-a-šu

17. ba-lu qab-li ù ta-ḫa-zi ú-še-ri-ba-áš qé-reb šu-an-naki URU-šu KÁ.DINGIR^{meš.ki} i-ti-ir i-na šap-ša-qí ^{md}AG.NÍ.TUKU LUGAL la pa-li-ḫi-šu ú-ma-al-la-a qa-tu-uš-šú

18. UN.MEŠ TIN.TIR^{ki} ka-li-šu-nu nap-ḫar ^{kur}šu-me-ri u URIM^{ki} ru-bé-e ù šak-ka-nak-ka ša-pal-šu ik-mi-sa ú-na-áš-ši-qu še-pu-uš-šu iḫ-du-ú a-na LUGAL-ú-ti-šú im-mi-ru pa-nu-uš-šú-un

19. be-lu ša i-na tu-kul-ti-ša ú-bal-li-tu mi-tu-ta-an i-na pu-uš-qu ù ú-de-eg-mi-lu kul-la-ta-an ta-bi-iš ik-ta-ar-ra-bu-šu iš-tam-ma-ru zi-ki-ir-šu

15. 마르둑 신은 키루스에게 바빌론으로 들어가라고 명령하였다. 그는 키루스가 바빌론으로 원정을 떠나게 하였다. 그는 키루스 옆에서 동반자처럼, 친구처럼 함께 걸었다.

16. 강물처럼 셀 수 없는 그의 막강한 군대는 완전무장한 채, 그 옆에서 행군하였다.

17. 그는 키루스를 전쟁이나 전투 없이 바빌론으로 입성하게 만들었다. 그는 바빌론을 어려움에서 건져냈다. 마르둑 신은 자신을 존경하지 않는 나보니두스를 그의 손에 넘겼다.

18. 바빌론의 모든 백성, 수메르와 아카드의 모든 나라, 그리고 통치자들은 그에게 절하고 그의 발에 입 맞추었다. 그들은 그의 왕권에 기뻐했고 그들의 얼굴들은 빛났다.

19. 주인의 도움으로 죽은 자들이 살아나고 노역과 어려움으로부터 모두 해방되었다. 그들은 그를 즐거운 마음으로 맞이하고 그의 이름을 찬양하였다.

(해설)

키루스가 신바빌로니아 제국의 수도인 바빌론을 정복한 이유를 설명한다. 그 이유는 마르둑 신의 명령이었기 때문이다. 키루스와 마르둑 신은 마치 친구처럼 동행했다. 키루스는 막강한 바빌론을 전쟁이나 전투 없이 점령하였다. 나보니두스의 폭정과 실정 때문에 고통당하던 바빌론 백성들은 키루스를 환영했다. 그는 나보니두스를 체포하였고 백성들을 노역으로부터 해방시켰다. 바빌론 정복자 키루스는 바빌론 백성들에게 자비를 베푼다. 그는 나보니두스가 이들에게 부과한 노역을 거두었다.

제20~22a행: 키루스의 명칭들

20. a-na-ku mku-ra-áš LUGAL kiš-šat LUGAL GAL LUGAL dan-nu LUGAL TIN.TIR^ki LUGAL ^kurš u-me-ri ú ak-ka-di-i LUGAL kib-ra-a-ti er-bé-et-tì

21. DUMU ^mka-am-bu-zi-ia LUGAL GAL LUGAL ^{uru}an-ša-
an DUMU.DUMU ^mku-ra-áš LUGAL GAL LUGAL ^{uru}an-ša-an
ŠÀ.BALA.BALA mši-iš-pi-iš LUGAL GAL LUGAL uruan-šá-an
22a. NUMUN da-ru-ú ša LUGAL-ú-tu ša ^dEN u ^dNÀ ir-a-mu
pa-la-a-šu a-na tu-ub lìb-bi-šú-nu iḫ-ši-ha LUGAL-ut-su

20. 나는 키루스, 세계의 왕, 위대한 왕, 강력한 왕, 바빌론의 왕, 수메
르와 아카드의 왕, 사방의 왕이다.
21. (나는) 안샨의 왕인 캄비세스의 아들이자 위대한 왕, 안샨의 왕인
키루스 1세의 손자이며 위대한 왕, 안샨의 왕인 테이스페스 자손이다.
22a. (나는) 벨(마르둑) 신과 나부 신이 사랑하며, 그들이 기뻐하는 영
원한 왕가의 자손이다.

(해설)
키루스는 자신을 자신이 정복한 바빌론, 수메르 그리고 아카드의 왕일
뿐만 아니라 온 세계의 왕으로 스스로 칭한다. 그는 자신의 가계를 기
록한다. 그의 아버지는 캄비세스, 그의 할아버지는 키루스(1세), 그의 증
조부는 테이스페스다. 그는 자신이 정복한 바빌론의 주신인 마르둑과
그의 아들인 나부 신을 섬기는 자로 소개한다.

제22b~28a행: 평화의 왕

22b. e-nu-ma a-na qé-reb TIN.TIR^{ki} e-ru-bu sa-li-mi-iš
23. i-na ul-si ù ri-ša-a-tì i-na É.GAL ma-al-ki ar-ma-a šu-

bat be-lu-tì ^dAMAR.UTU EN.GAL lìb-bi ri-it-pa-šu ša ra-im

TIN.TIR^{ki} ši-ma-a-tiš iš-ku?-na-an-ni-ma UD-mi-šam a-še-

ʾa-a pa-la-ah-šú

24. um-ma-ni-ia rap-ša-tì i-na qé-reb TIN.TIR^{ki} i-ša-ad-di-

ha šú-ul-ma-niš nap-ḫar ^{kur}[šu-me-ri] ù uri^{ki} mu-gal-li-tì ul

ú-šar-ši

25. URU^{ki} KÁ.DINGIR.RA^{ki} ù kul-lat ma-ha-zi-šu i-na ša-li-

im-tì áš-te-ʾe-e DUMU.MEŠ TIN.TIR[^{ki}...] ša ki-ma la lìb-[bi]

DINGIR-ma ab-šá-a-ni la si-ma-ti-šú-nu šu-ziz-zu!

26. an-hu-ut-su-un ú-pa-áš-ši-ha ú-ša-ap-ti-ir sa-ar-

ma-šu-nu a-na ep-še-e-ti-[ia dam-qa-a-ti] ^dAMAR.UTU EN

GAL-ú iḫ-de-e-ma

27. a-na ia-a-ti ^mku-ra-áš LUGAL pa-li-ih-šu ù mka-am-bu-

zi-ia DUMU si-it lìb-bi-[ia ù a]-na nap-ḫar um-ma-ni-ia

28a. da-am-qí-íš ik-ru-ub-ma i-na šá-lim-tì ma-ḫar-ša ta-

bi-iš ni-it-ta-[al-la-ak

23. 내가 바빌론에 평화롭게 들어갔을 때, 나는 궁궐 안에서 즐겁게 왕으로서 자리를 잡았다. 위대한 주인 마르둑 신이 나에게 바빌론 사랑을 나의 운명으로 정해주셨다. 나는 매일 그를 경외하며 찾는다.

24. 나의 막강한 군대는 바빌론에 평화롭게 입성하였다. 나는 그 누구도 수메르나 아카드에 거주하는 자에게 겁주는 것을 허락지 않았다.

25. 나는 바빌론 도시와 그 안에 모든 신전들의 안녕을 보살폈다. 바빌론 사람들은 신들의 바람도 아니고 이들에게도 어울리지 않는 강제

노역을 견뎌야 했다.

26. 나는 그들의 피로를 덜어주고 노동으로부터 해방시켰다. 위대한 주인 마르둑 신은 나의 선행을 기뻐하셨다.

27. 마르둑 신은 그를 경외하는 왕인 나, 키루스와 내 아들인 캄비세스 그리고 내 모든 군대를 축복하셨다.

28a. 그 결과 우리는 그 앞에서 행복하게, 온전하게 지낼 수 있었다.

(해설)

키루스 대왕이 바빌론에 입성했을 때, 그를 누구보다도 환영한 자는 마르둑 신이다. 그는 매일매일 마르둑 신을 위해 제사를 드렸다. 키루스와 그의 군대는 바빌론에 평화롭게 들어가 정착한 후, 특단의 조치를 내린다. 그는 칙령을 내려 수메르와 아카드에 거주하는 피정복자들을 괴롭히지 못하도록 명령했다. 그는 바빌론 시민들을 위해 바빌론과 바빌론 안에 있는 신전들을 수리하였다.

제28b~33행: 조공과 종교개혁 단행

28b. i-na qí-bi-ti-šú] ṣir-ti nap-ḫar LUGAL a-ši-ib BARA2. MEŠ

29. ša ka-li-iš kib-ra-a-ta iš-tu tam-tì e-li-tì a-di tam-tì šap-li-tì a-ši-ib na-[gi-i né-su-tì] LUGAL.MEŠ ᵏᵘʳa-mur-ri-i a-ši-ib kuš-ta-ri ka-li-šú-un

30. bi-lat-su-nu ka-bi-it-tì ú-bi-lu-nim-ma qé-er-ba šu-an-naᵏⁱ ú-na-áš-ši-qu še-pu-ú-a iš-tu [šu-an-na]ki a-di ᵘʳᵘaš-

šur^{ki} ù MÙŠ.EREN^{ki}

31. a-kà-dè^{ki kur}èš-nu-nak ^{uru}za-am-ba-an urume-túr-nu bàd-an^{ki} a-di pa-at ^{kur}qu-ti-i ma-ha-za [e]-ber-ti ÍD.IDIGNA ša iš-tu pa!-na-ma na-du-ú šu-bat-su-un

32. DINGIR.MEŠ a-ši-ib lìb-bi-šú-nu a-na áš-ri-šu-nu ú-tir-ma ú-šar-ma-a šu-bat da-rí-a-ta kul-lat UN.MEŠ-šú-nu ú-pa-ah-hi-ra-am-ma ú-te-er da-ád-mi-šú-un

33. ù DINGIR.MEŠ ^{kur}šu-me-ri ù URI^{ki} ša ^{md}AG.NÍ.TUKU a-na ug-ga-tì EN DINGIR.MEŠ ú-še-ri-bi a-na qé-reb šu-an-na^{ki} i-na qí-bi-ti ^dAMAR.UTU EN GAL i-na ša-li-im-tì

28b. 그의 숭고한 말로, 왕좌에 앉은 모든 왕들은

29. 세상 널리, 위 바다에서 아래 바다까지, 멀리 떨어진 지역의 사람들, 서쪽(아모르)에서 천막에 살고 있는 왕들, 이들 모두는

30. 내 앞으로 많은 조공을 가져와 바빌론에서 나의 발에 입 맞추었다. 바빌론에서, 아수르, 수사

31. 아가데, 에쉬눈나, 잠반, 메-투르누, 데르, 구티움 지역 그리고 티그리스강 저편에 있는 성소들까지, 이들의 신전들은 오래전부터 방치되었다.

32. 나는 그 안에 모셨던 신들을 원래 자리로 되돌렸고 그들을 위한 영원한 신전들을 만들었다. 나는 모든 백성들을 모아, 자신의 원래 거주지로 돌려보냈다.

33. 그리고 나보니두스가 신들의 주인을 화나게 만들었다. 그는 바빌론으로 들여왔던 수메르와 아카드의 신들을 안전하게 원래의 자리로

되돌렸다.

(해설)

키루스 대왕은 온 세상의 왕이 되어, 자신이 정복한 나라들을 효과적으로 통치하기 위해 조공을 받았다. 그들은 바빌론으로 와, 이슈타르 성문을 지나 왕좌에 앉아 있는 키루스를 알현하고 그의 발에 입 맞추었다. 그는 그 대가로 메소포타미아 전역에 위치한 성전을 수리하거나 재건하였다. 그는 또한 네부카드네자르 2세가 바빌론으로 끌고 들어온 다른 나라 포로들을 해방시켰다. 이들 가운데 유대인도 포함되었을 것이다.

제34~45행:「키루스 기도문」과 바빌론 재건축

34. i-na ^{may}š-ta-ki-šu-nu ú-še-ši-ib šú-ba-at tu-ub lìb-bi 「ut」 kul-la-ta DINGIR.MEŠ ša ú-še-ri-bi a-na qé-er-bi ma-ḫa-zi-šu-un

35. UD-mi-ša-am ma-ḫar ^{d}en ù ^{d}AG ša a-ra-ku UD.MEŠ-ia li-ta-mu-ú lit-taz-ka-ru a-ma-a-ta ^{d}u-un-qí-ia ù a-na ^{d}AMAR.UTU EN-ia li-iq-bu-ú ša mku-ra-áš 「aš」 LUGAL pa-li-hi-ka u ^{m}ka-am-bu-zi-ia DUMU-šú

36. ×[…]-ib šu-nu lu-ú×x×x×x UN.MEŠ TIN.TIR^{ki} ik-tar-ra-bu LUGAL-ú-tu KUR.KUR ka-li-ši-na šu-ub-ti né-eh-tì ú-še-ši-ib

37. […KUR.]GI.MUŠEN 2 UZ.TUR.MUŠEN ù 10 TU.GUR4. MUŠEN.MEŠ e-li KUR.GI.MUŠEN UZ.TUR.MUŠEN ù TU.GUR4.

MUŠEN.MEŠ

38. [⋯UD.]-mi-šam ú-ta-ah-hi-id BÀD im-gur-den-líl BÀD
GAL-a ša TIN.TIR^ki [ma-as]-sar-ta-šú du-un-nu-nù áš-te-ʾe-
e-ma

39. [⋯] ka-a-ri a-gur-ru šá GÚ ha-ri-si ša LUGAL maḫ-ri
i-pu-[šu-ma la ú]-šak-li-lu ši-pi-ir-šu

40. [⋯] la ú-ša-as-hi-ru URU] a-na ki-da-a-ni ša LUGAL
ma-aḫ-ra la i-pu-šu um-man-ni-šu di-ku-ut [ma-ti-šu i?-na]
qé-reb šu-an-naki

41. [⋯] i-na ESIR.HAD.RÁ.]A ù SIG4.AL.ÙR.RA eš-ši-iš e-pu-
uš-ma [ú-šak-lil ši-pir-ši]-in

42. [⋯] GIŠ.IG.MEŠ GIŠ.ERIN.MAḪ].MEŠ ta-ah-lu-up-
tì ZABAR as-ku-up-pu ù nu-ku-še-[e pi-ti-iq e-ri-i e-ma
KÁ.MEŠ]-ši-na

43. [ú-ra-at-ti ⋯] ši-ti-ir šu-mu šá ^mAN.ŠÁR.DÙ.IBILA LUGAL
a-lik maḫ-ri-[ia šá qer-ba-šu ap-pa]-al-sa!

44. [⋯]×x×[⋯]-x-tì

45. [⋯ a-na d]a-rí-a-tì

34. "내가 그들의 거룩한 성소에 안장시킨 모든 신들이시여!

35. 마르둑 신과 나부 신에게 매일 부탁하여 내가 장수하게 하소서!
이들이 나의 선행을 언급하게 하소서! 나의 주인, 마르둑에게 다음과
같이 말하십시오. "당신을 경외하는 키루스와 그의 아들 캄비세스가

36. 먼 훗날까지 우리 신전을 관리하고 바빌론 시민들이 나의 왕권을

강복하게 하소서. 나는 모든 나라들을 편하게 지내도록 만들었다."

37. 나는 매일 드리던 기러기, 거위 그리고 비둘기 제물 숫자를 늘려, [x]마리 기러기, 두 마리 거위 그리고 열 마리 비둘기로 늘렸다.

38. 나는 바빌론의 위대한 성벽인 '두르-임구르-엔릴', 그 방어성벽을 강화하였다.

39. 이전의 왕이 건축하기 시작하여 완성하지 못한 벽돌로 지은 항구 벽을…

40. 어떤 이전의 왕도 만들지 못한 바깥에 위치하여 [도시를 둘러싸지 못한…] 바빌론으로 일꾼들을…

41. 역청과 벽돌을… 나는 새롭게 건설하여 그들의 일을 완수하였다.

42. 청동으로 입힌 웅장한 백향나무 성문들, 문지방들 그리고 구리로 만든 문을 세우는 소켓을 모든 문간에 고정하였다.

43. 나 이전에 이 일을 완수한 왕인 아슈르바니팔 왕의 이름이 적힌 「비문」을 내가 그 가운데 보았다.

44. […]

45. […] 영원히.

(해설)

키루스 대왕은 마르둑 신과 나부 신에게 자신의 장수를 기원하는 기도를 드린다. 그는 바빌론 신전에 드리던 조류 제물 수량을 대폭 늘렸다. 그는 바빌론 성벽인 '두르-임구르-엔릴'을 강화하고 항구를 보호하는 벽을 완성하였다. 또한 도시를 둘러싼 성벽을 보수하였다. 그는 청동으로 입힌 백향나무로 만든 거대한 성문과 구리로 만든 성문 소켓까지 언급한다. 키루스는 자신이 바빌론 성문을 보수하는 동안에 아시리아 제국의 왕 아슈르바니팔의 이름이 적힌 「비문」을 보았다고 말한다.

'키루스 칙령'

「키루스 원통비문」의 내용은 충격적이다. 바빌론 제국의 수도가 바빌론 시민의 자발적인 항복으로 순조롭게 이루어졌기 때문이다. 키루스 대왕은 이전에 잡혀온 포로들을 해방시키고, 허물어진 바빌론 성과 성문을 재건했을 뿐만 아니라, 그 안에서 행해지던 마르둑 신을 위한 제의도 강화하였다.

「키루스 원통비문」의 내용은 키루스가 자신의 업적을 과대평가하는가? 아니면 역사적 진실인가? 키루스는 자신이 점령한 나라 국민의 안녕과 인권을 보장한 통치자인가. 만일 동시대 기록으로 유사한 내용을 지닌 문헌이 다른 문명권에서도 발견되었다면, 「키루스 원통비문」의 내용은 키루스의 일관된 정책에 대한 기록이 사실임을 알게 된다.

「에스라서」 제1장 1~4절은 바빌론에서 포로생활을 하던 유대인을 해방시켜 예루살렘으로 돌아가도록 허용하는 「키루스 칙령」 내용이다. 「이사야서」 제45장 1~7절은 유대인의 야훼가 키루스를 선택하여 '메시아'로 지정했다는 충격적인 기록이 등장한다. 이 두 기록은 「키루스 원통비문」의 내용이 사실이었다는 증거다.

『구약성서』 「에스라서」 제1장 1~4절은 다음과 같다.

1. 페르시아 왕 고레스(키루스)가 왕위에 오른 첫해다. 주께서는, 예레미야를 시켜서 하신 말씀을 이루시려고, 페르시아 왕 고레스의 마음을 감동시키셨다. 고레스는 온 나라에 명령을 내리고, 그것을 다음과 같이 조서로 써서 돌렸다.

2. "페르시아 왕 고레스는 다음과 같이 선포한다. 하늘의 주 하나님이 나에게 이 땅에 있는 모든 나라를 주셔서 다스리게 하셨다. 또 유대에 있는 예루살렘에 그의 성전을 지으라고 명하셨다."

3. 이 나라 사람 가운데서, 하나님을 섬기는 모든 사람은 유대에 있는 예루살렘으로 올라가서, 그곳에 계시는 하나님, 곧 주 이스라엘의 하나님의 성전을 지어라. 그 백성에게 하나님이 함께 계시기를 빈다.

4. 잡혀온 하나님의 백성 가운데서, 누구든지 귀국할 때에 도움이 필요한 사람이 있으면, 그 이웃에 사는 사람은 그를 도와주어라. 은과 금과 세간과 가축을 주고, 예루살렘에 세울 하나님의 성전에 바칠 자원예물도 들려서 보내도록 하여라.

위 내용은 '키루스 칙령'이라고 불린다. 학자들은 이 칙령이 기원전 522년에 내려졌다고 추정한다. 위에서 읽은 「키루스 원통비문」 내용과 유사하다. 바빌로니아 제국은 기원전 586년 예루살렘을 함락해 그 주민들을 바빌론으로 끌고 왔다. 키루스가 539년 바빌론을 탈환하고 그곳에 있었던 유대인을 해방시켜 예루살렘으로 돌아가도록 허용하였다. 그는 다시 이 칙령을 내려, 바빌로니아 왕 네부카드네자르가 파괴하였던 예루살렘을 재건하도록 한다. 키루스는 페르시아 제국의 보물창고가 있는 에크바타나에서 자신들의 자금으로 예루살렘을 재건하도록 독려하였다.

'메시아 키루스'

유대인이 내린 키루스에 대한 평가는 충격적이다. 『구약성서』 「이사야서」는 세 명의 저자가 서로 다른 시기에 저술했다. 「이사야서」 제40~55장은 바빌론에 포로로 잡혀온 저자가 이사야 이름을 빌려 기록했다.「이사야서」제45장 1절에 키루스에 대한 내용이 등장한다.

(1) 주께서 '기름 부어 세우신 이(메시아)'에게 말씀하신다. "고레스에게 말한다. 내가 그의 오른손을 굳게 잡아, 열방을 그 앞에 굴복시키고, 왕들의 허리띠를 풀어놓겠다. 그가 가는 곳마다 한 번 열린 성문은 닫히지 못하게 하겠다. 고레스는 들어라."

제2행 이후에 신이 키루스 대왕을 선택한 이유가 등장한다. 이 글의 저자는 키루스를 '기름 부어 세우신 이'로 부른다. '기름 부어 세우신 이'를 히브리 원어로 바꾸면 '메시아(Meshiah)'다. 키루스는 바빌론에 유배 중인 유대인들을 해방시켰을 뿐만 아니라 제국의 보물창고를 동원하여 예루살렘을 재건하였다. 만일 키루스의 칙령이 없었다면, 유대교도 그리스도교도 역사에 등장하지 않았을 것이다. 바빌론에 포로로 잡혀간 한 무명 유대인이 키루스를 '메시아', 즉 구원자로 불렀다. '메시아'라는 용어는 후에 예수에게 붙여진 이름이다. 전통적으로 학자들은 이 구절의 진위성을 의심했다. 유대인과 그리스도교인 모두가 이방인인 페르시아 제국의 창건자를 '메시아'로 불렀기 때문이다. 당시 문헌과 고고학적 증거들은 키루스가 해방자이며 '메시아'로 존경받았다는 사실을 입증한다.[19]

키루스 대왕의 무덤

'샬림투'는 아카드어로 공동체의 안녕을 의미한다. 인류 최초의 제국을 건설한 페르시아 제국의 왕 키루스의 정신이다. 그는 「키루스 원통비문」에서 나보니두스가 강제로 지방에서 강탈해온 신상들과 보물들을 원래 있어야 할 자리로 돌려놓았다. 키루스는 바빌론이나 예루살렘의 정복

「키루스의 무덤」

이란, 파사르가데

자가 아니라, 해방자로 그들의 안녕을 위해 도시 재건과 신전 건축을 위해 재정적인 지원을 아끼지 않았던 '메시아'였다.

키루스 대왕의 무덤은 자신의 메디아의 왕이며 자신의 외할아버지인 아스티아게스를 물리친 파사르가데(Pasargadae)에 있다. 무덤의 외형은 거의 완벽하게 보전되어 있다. 무덤은 두 부분으로 구분된다. 하층부는 높이가 5.5미터인 모두 6개의 사각 계단형으로 이뤄져 있고, 그 위에 높이 5.5미터인 석실이 놓여 있다. 꼭대기 석실에는 창문이 달린 이중문이 안으로 설치되었다. 지금은 텅 비어 있는 그 안에 키루스의 금빛 관과 그의 시신이 있었을 것이다. 기원전 325년 세계 제패에 나선 알렉산드로스 대왕이 이곳에 찾아와 무덤이 도굴된 것을 보곤 분개했다고 전한다. 그리스 역사학자 아리아노스가 쓴 『알렉산드로스 원정기』에 따르면 알렉산드로스는 이미 도굴된 곳임에도 불구하고 무덤 근처에 있던 키루스의 궁궐에서 6만 톤의 금괴를 가져갈 수 있었다고 하니 그 규모를 가늠하기가 쉽지 않았다. 키루스는 이런 도굴을 예견이라도 하듯이 다음과 같은 구절을 무덤 안에 적었다고 전한다. "인간들아! 나는 페르시아 제국을 건설한 캄비세스의 아들 키루스다. 나는 아시아의 주인이다. 나와 내 기념 건물들에 원한을 품지 말아라."

키루스의 무덤은 크기나 장식 등에서는 세계제국 창건자라는 위엄을 느낄 수 없을 만큼 수수하다. 그러나 건축양식에서는 흥미로운 사실을 발견할 수 있다. 동양과 서양의 건축양식이 잘 반죽된 듯 조화를 이루고 있다. 메소포타미아에서는 돌이 귀하기 때문에 일찍이 진흙벽돌로 건물을 지었다. 벽돌을 굽듯이 진흙을 다져 견고성과 내구성을 높였고, 역청을 이용해 계단식으로 건물을 지었다. 이러한 건축양식을 '지구라트(ziggurat)'라 부른다. 그러나 페르시아에는 돌이 비교적 많은데도

3,000년간 내려온 메소포타미아 신전 건축 양식이 그대로 등장하고 있다. 여섯 개의 계단으로 주추를 이루는 지구라트는 근처의 유적지 '초가잠빌'이나 메소포타미아의 '우르' 지방에서도 흔히 발견된다.

키루스 무덤은 메소포타미아 예술의 축소판이다. 밑받침이 고대 오리엔트의 건축양식이라면, 석회암 석실은 서양의 건축양식이다. 기원전 547년 리디아와 이오니아 정벌 후, 이곳에서 석공들을 데려왔다. 키루스는 이들의 건축양식대로 석실을 건축하였다. 기원전 1100년 아나톨리아(현재 터키)에서는 그리스로부터 온 이오니아 사람들을 중심으로 새로운 문화가 태동하기 시작했다. 이들은 아나톨리아에서 히타이트·아시리아·페니키아·이집트 사람의 문화와 접촉하여, 새로운 문명인 이오니아 문명을 태동시킨다.

위대한 철학자 탈레스와 역사학자인 아낙시만드로스·아낙시메네스를 배출해내고 과학적인 관찰을 중심으로 그들만의 건축 양식을 이루어내는데, 이것이 바로 이오니아식이다. 이런 양식을 잘 나타내주고 있는 에페소스에 있는 아르테미스의 신전 양식이 바로 고레스의 무덤 석실에 축약되었다.

고대 오리엔트와 서양이 수천 년 동안 나름대로 키워온 이질의 문화가, 기원전 6세기 키루스 무덤에서 만난 것이다. 양쪽의 문화가 절제된 형태 속에, 이토록 절묘한 조화를 이뤄냈다는 사실에서, 당시 페르시아 제국에선 동서교류가 활발하게 이뤄졌을 뿐만 아니라, 그 문화들이 페르시아 제국에서 어우러져 새로운 세계문화로 꽃피웠다는 것을 알 수 있다. 키루스 무덤은 그의 정신인 '샬림투'의 발현이다. 리더는 타인의 안녕을 자신의 안녕으로 상상하고 실제로 실행에 옮기는 자다.

6

페리클레스의 자비,
카타르시스(Catharsis)

"당신은 시민들의 정신적인 고양을 위해
노력합니까?"

'카타르시스'(κάθαρσις, Catharsis, 그리스어), '배설; 정화'

기원전 4세기에 등장한 아리스토텔레스는 파격적인 생각으로 세상을 바꾼다. 그는 자신의 스승 플라톤처럼 세상을 유식과 무식, 선과 악, 신과 인간, 이데아와 현상과 같이 서로 융합할 수 없는 두 개의 범주로 보지 않았다. 동물적인 인간이 신적인 인간이 되기 위한 과정을 그리스어로 '프락시스(praxis)', 즉 '연습'이라고 정의했다. 연습이란 피안에 존재하는 이상을 내가 존재하고 있는 지금 – 여기에서 구현하려는 노력이다.

개인이 과거의 자신으로부터 탈출하여 미래의 자신으로 변모하려는 과정을 방해하는 괴물이 있다. 그 괴물은 나를 과거의 자신에 안주시키려는 욕망이다. '카타르시스'는 그런 괴물이 내 안에 존재한다는 사실을 인정할 때, 등장하는 정신–생리적 현상이다. 그리스어로 '카타르시스'란 그 괴물을 살해하는 것이 아니다. 그 괴물은 더 이상 나의 방해꾼이 아니라 오히려 희망찬 미래로 인도해주는 안내자가 된다. '카타르시스'는 흔히 '정화' 또는 배설'로 번역된다.[11] 아리스토텔레스는 『시학』에서 그리스 비극 공연의 궁극적인 기능을 '카타르시스'라고 말했다. '카타르시스'는 원래 '월경(月經)'이다. 아리스토텔레스는 이 생명 탄생과 연관된 원초적인 단어를 정신적이며 문학적인 은유로 전환하였다. 인간이 자연스럽게 배설해야 할 감정의 찌꺼기를 버리는 정신적인 '목욕재계'가 카타르시스다.

'아레테'

'노블레스 오블리주(noblesse oblige)'라는 문구는 "고귀한 신분을 지닌 자는 사회를 위해 헌신해야 하는 의무가 있다"라는 뜻이다. 인간은 사회가 그(녀)에게 부여한 부·권력·명성을 통해 고귀한 신분을 얻는다. 고귀한 신분을 획득한 자는 공동체 안에서 다른 사람들보다 사회-경제적 혜택을 누리기 때문에, 그 혜택을 공동체를 위해 사용해야 할 의무가 있다. 이 문구의 주어와 목적어를 도치하여 "자신의 공동체를 위해 최선을 다하는 사람만이 고귀하다"로 해석할 수도 있다. 누가 고귀하며, 누가 명성을 획득하는가?

고대 그리스인은 '고귀함'을 '아레테'라고 불렀다. '아레테'는 공동체가 개인에게 부여한 신분의 높이가 아니라, '자신에게 주어진 신분에 대한 탁월한 발휘'를 의미한다. 인간들은 이 세상에 다른 신분으로 태어났지만, 그들에게는 도시라는 공동체 안에서 자신에게만 어울리는 탁월함이 있다. 그 탁월함이 '아레테'다.

그리스인은 공동체를 이끌어가는 리더의 가장 중요한 자질을 아레테로 여겼을 뿐만 아니라, 그가 다스리는 도시의 모든 사람에게 아레테의 중요성을 일깨워주는 자로 판단하였다. 기원전 6세기 고대 그리스는 150개 이상의 도시국가로 이루어져 있었다. 페르시아 제국은 지중해 세계를 장악하였다. 그리스인은 기원전 8세기부터 경제적인 자유를 찾아 자발적으로 소아시아(터키) 해변으로 건너가 집단거주지를 건설한다. 이들은 자연스럽게 기원전 6세기에 이란에 등장한 페르시아 제국과 충돌한다.

페르시아 제국은 막강한 왕권과 군사력으로 5세기 초에 이미 중앙아시아·중동·소아시아·이집트 지역을 점령하여 23개 나라를 통치하는 제국이 되었다. 페르시아 제국이 그리스인의 해변도시들을 무력으로 점령하여 자신들의 통치 안으로 편입시키려 하면서 갈등이 발생했다. 이들의 분쟁은 왕정을 중심으로 발전한 국가주의와 개인을 중심으로 생기기 시작한 민주주의의 충돌이었다.

고대 그리스에서 지도자는 아레테를 어김없이 발휘한 자들 중 투표를 통해 선출되었다. 이런 과정을 통하지 않고 자신의 왕권을 자식에게 물려주는 행위를 '야만'이라고 비난하였다.

그리스인은 개인이 지닌 최선인 아레테의 발휘를 원천적으로 봉쇄하고, 세습에 의한 왕에게 충성을 서약하는 정치체계는 취약하다고 판단하였다. '야만인'은 자신만의 고유한 아레테가 무엇인지 모르는 인간이다. 고대 그리스인에게 아레테는 자기에게 주어진 상황에서의 '최선'을 의미한다. 굴뚝의 아레테도 있고, 황소의 아레테도 있고, 사람의 아레테도 있다. 아레테는 그것이 무엇을 묘사하느냐에 따라 의미가 달라진다. 왜냐하면 사물이나 사람에게는 자신에게 고유한 아레테가 있기 때문이다.

아레테의 원래 의미는 '자신의 삶을 우주의 질서에 맞게 연결시킨 것'이다. 아레테는 자신의 최선을 발견하고 발휘하려는 마음가짐이다.

헬레니즘과 헤브라이즘

서양사상의 두 기둥인 그리스의 헬레니즘과 이스라엘의 헤브라이즘은 서로 현격하게 다른 인간의 모습을 소개한다. 그리스 철학으로 대변되는 사상이 헬레니즘이고 『성서』를 기반으로 한 이스라엘의 사상이 헤브라이즘이다. 헬레니즘은 철학·예술·과학 등 인류문화의 근간을 창조하였고, 헤브라이즘은 유대교·그리스도교·이슬람교로 상징되는 종교를 창안하였다.

그리스인에게 인간은 철학자 아리스토텔레스가 정의한 것처럼 '도시 안에 사는 동물'이다. 인간은 '도시'라는 공간 안에서 살 때, 비로소 인간이 되어간다고 믿었다. 인간은 도시 안에 거주하면서 도시가 제공하는 문화를 통해 야만의 상태에서 벗어나 인간다운 인간이 된다. 호메로스의 서사시 「일리아스」는 도시라는 문화의 가치가 무엇인지 알려준다. 그리스의 여러 도시와 섬에서 자발적으로 모인 그리스 연합군들은 트로이를 점령하기 위해 연합한다. 트로이 점령이라는 하나의 목표로 혈연-지연과 상관없는 그리스인들이 공공의 적을 물리치기 위해 하나로 뭉친다. 이들은 하나의 추상적인 공동체를 만들기 위해 상호 간의 차이점을 줄이고 공통점을 부각시키며, 이것을 중재할 리더를 선임한다. 만일 인간이 도시에서 살지 않고 도시가 필요하지 않다면, 그(녀)는 신이거나 짐승이다.

호메로스의 또 다른 서사시 「오디세이아」는 도시에서 사는 인간이 영원한 행복을 누리는 신보다 더 위대하다고 주장한다. 오디세우스는 10년간의 트로이 전쟁을 마치고 고향으로 돌아가는 긴 여정을 시작하였다. 그는 바다의 요정 칼립소가 다스리는 신비한 섬 오이기아섬에 난파되어 머물렀다. 오이기아는『성서』의 에덴동산과 같은 장소다. 칼립소는 오디세우스를 사랑해 만일 그가 오이기아섬에서 그녀와 함께 산다면, 그는 신이 되어 영원히 행복을 누릴 것이라고 유혹한다.

오디세우스는 그녀의 제안을 거절한다. 그 이유는 인간으로 누릴 수 있는 최고의 가치는 자신이 거주하는 공동체 사람들이 허락하는 명예의 획득이기 때문이다. 그는 자신의 고향 이타카로 돌아가, 자신을 기다리는 아내와 아들뿐만 아니라 이타카 시민들을 만날 것이다. 이들은 고향으로 돌아와 다시 왕이 된 오디세우스에게 충성을 맹세하고, 그는 명예를 누릴 것이다. 그리스인은 신으로 영원히 사는 것보다, 인간으로 명성과 명예를 얻고 순간을 사는 것을 선호했다. 헬레니즘은 공동체주의를 신봉한다.

헤브라이즘을 간직한 유대인의『성서』(그리스도교의『구약성서』)에는 헬레니즘과는 다른 인간을 소개한다. 신은 인간을 창조하여 에덴동산에 놓는다. 신은 아담을 창조한 후에, 홀로 있는 인간이 불쌍해보여, 그의 짝 이브를 창조한다. 아담과 이브는 에덴동산에서 완벽한 삶을 즐긴다. 이곳은 먹을 것을 위해 일할 필요도 없고 그 땅을 지키기 위해 누구와 전쟁을 할 필요도 없다. 오디세우스가 천신만고 끝에야 자신의 고향 이타카로 돌아와 도시를 재건하지만, 아담과 이브는 에덴동산에서 태어나 동산 밖으로 나갈 필요가 없었다.

이들은 신이 금지한 '선과 악을 구별하게 하는 과실'을 먹고, 에덴동산에서 추방당한다. 이제 에덴동산은 그들이 영원히 돌아갈 수 없는 금지의 땅이다. 아담과 이브는 낙원에서 쫓겨난 후에, 농사를 짓고 가축을 기르며 도시를 건설한다. 「창세기」의 바벨탑 이야기에서, 문명의 상징인 도시 건설은 신에 대한 도전이며 타락이다. 인간의 불행은 도시를 건설하면서 시작되었다. 인간은 도시문명이 불러일으키는 '악'을 제거해야 이상적인 삶을 살 수 있다. 헤브라이즘은 서구문명에 개인주의와 허무주의를 선물하였다.

'아리스토크랫'

영어단어 '아리스토크랫(Aristocrat)'은 흔히 '귀족'으로 번역되는데, 숨겨진 본래 의미는 '자신에게 주어진 의무를 깨닫고, 그것을 발휘하기 위해 최선을 다하는 사람'이다. 그리스 철학자 플라톤은 아레테를 '인간 노력의 탁월함'으로 발전시킨다. 그는 아레테를 가르칠 수 없다고 말한다. 이것은 자신의 개성을 발견하고 발휘하기 위한 연습을 통해 서서히 등장하기 때문이다.

운동선수에게 가장 중요한 것은 최선을 다하겠다는 결심이다. 자신이 무엇을 이루어야겠다는 확신, 이를 지속적으로 완성해나가려는 겸손에서 아레테는 탄생한다. 그리스 교육체계는 암기가 아니라 참여다. 매일매일 체육관에서 육체를 연마하며 그동안 알지 못하던 세계로 진입하기 위해 자신의 무식을 인정하는 비판적인 사고를 연마하여 정신적인 최선을 지향한다. 거기에는 사지선다가 없다. 시험에서 중요한 것은 좋은 성적이 아니라 경쟁이다. 이들은 올림픽 경기를 통해 경쟁하는 것처럼, 시·산문·연극·음악·그림·연설 등 경연을 통해 아레테를 연마했다.

아리스토크랫은 다른 사람의 입장에서 자신을 바라보는 연습을 연마한다. 타인의 다양한 마음을 진실로 이해하고 그들 입장에서 세상을 바라보는 연습이 바로 공부다. 이런 공부를 많이 한 사람들은, 다른 사람들의 희로애락을 자신의 것처럼 상상하고 느낄 수 있는 능력의 소유자다. 이에 따라 공동체는 그를 지도자로 인정하여 자연스레 그를 '선'과 '존경'의 화신으로 여긴다.

그리스어로 '티메(time)'는 아레테가 가져다주는 명예(名譽)다. 오랜 훈련을 통해 아레테에 이른 이에게 공동체는 공적으로 명예를 추서한다. 개인이 아무리 탁월하다 할지라도 도시라는 공동체 안에서 인정을 받아야 한다. 명예는 한 개인이 자신의 고유 임무를 훌륭하게 완수하길 시도할 때, 공동체 구성원이 그에게 주는 신의 선물이다.

민주주의의 탄생

고대 그리스 아테네는 기원전 500년경 이전에 존재하지 않았던 새로운 정치제도인 '민주주의'를 실험하기 시작하였다. 새로 등장한 이 제도는 불안정했다. 철학의 시조인 소크라테스, 그의 수제자들인 플라톤과 크세노폰은 아테네 민주주의의 실효성을 의심하고 비판하였다. 크세노폰이 저자는 아니지만 그의 이름으로 출간된 『아테네 정체에 관하여』라는 소책자에서 크세노폰은 아테네 민주주의를 민중을 위한 정치체계로 규정하면서 '최선의 질서' 추구에는 관심이 없다고 평가한다.[2]

아테네 민주주의, 아니 인류가 구축한 최초의 민주주의라는 정치체계의 확립은 페리클레스(기원전 495~기원전 429)라는 리더를 통해 소개되었다. 그는 아테네 민주주의를 창안하고 정착시켰다. 기원전 5세기 이전 정치체제는 엄격한 위계질서를 기반으로 한 왕정이다. 페리클레스가 구축한 민주주의는 아테네 출신 남성 어른들만 참여할 수 있었다. 이들은 자신의 재산 정도와 사회적 계급에 상관없이 도시국가의 중요한 결정에 실질적으로 참여하여 영향력을 행사했다. 아테네의 여성·어린아이·외국인 거주자·노예는 정치에 참여할 수 없었기 때문에 오늘날 시점으로 보면 아쉬운 점도 있었다. 오늘날 우리가 누리는 자유와 평등을 기반으로 형성된 자유민주주의는 프랑스혁명 이후 만들어졌다.[3]

민주주의는 아테네와 주변 그리스 도시국가들에서 200년 동안 실행되다 사라졌다. 민주주의 불씨가 다시 타오른 것은 2,000년 후에 취약한 모습으로 다시 등장하였다. 프랑스혁명과 미국혁명으로 다시 불붙은 민주주의는 어린아이를 제외한 모든 구성원에게 정치참여를 부여했다.

오늘날 '민주주의'라는 정치형태는 고대 그리스의 직접 민주주의와는 달리 간접적이다. 고대 그리스와 오늘날 미국만 민주주의라는 이념으로 국가가 형성되고 200년 동안 지속되었다. 고대 그리스는 기원전 4세기 알렉산드로스 왕이 등장하여 왕정시대로 회귀하였다. '민주주의'라는 용어를 사용하는 대부분의 국가들도 그 정치 형태는 신권정치와 왕권정치를 벗어나지 못한다.

민주주의가 안정적인 정치제도로 정착하고 모든 시민을 위한 정치제도가 되기 위해서는 다음 세 가지가 필요하다.

첫째는 자발적인 참여와 숙고다. 의견을 수렴하고 숙고한 모든 사람들이 수용할 수 있는 제도다. 제도는 수많은 시행착오를 거쳐 서서히 정착된다. 둘째는 그 민주주의의 원칙을 잘 이해하는 시민집단이다. 시민들은 학교 교육을 통해 폭넓은 교양과 다양한 세계관을 배우고, 미디어를 통한 시민교육으로 숙고하는 인간이 된다. 민주주의의 성공은 숙고하는 개인의 숫자에 달려 있다. 숙고하는 개인은 민주주의의 근간이다. 세 번째는 높은 수준의 리더십이다. 리더는 위급한 사태에 직면하여, 다양한 사람의 지혜를 경청하고 공동체를 위한 최선의 방안을 시민들에게 설득하는 자다. 이 세 가지 정치제도 중 가장 중요한 요소는 리더십이다.[4]

아테네 민주주의의 시작

프랑스 철학자 볼테르(Voltaire, 1694~1778)는 서양 역사상 가장 위대한 네 문명을 나열한다. 페리클레스 주도의 아테네 문명, 카이사르(Gaius Julius Caesar, 기원전 100~기원전 44)와 아우구스투스 황제가 이끈 로마 문명, 이탈리아의 르네상스 그리고 루이 14세(Louis XIV)가 주도한 프랑스 문명이다.[5] 이 가운데서도 페리클레스의 아테네 문명은 그 전에 존재하지 않았던 '민주주의'라는 개념을 만들어내고, 이것을 실험한 최초의 국가이기 때문에 특별하다.

아테네 민주주의가 등장하기 전, 문명들은 세습군주와 이들에게 정당성을 부여하는 사제계급이 통치하는 왕정이다. 기원전 18세기에 기록된 바빌로니아의 「함무라비 석비」에 등장하는 바빌론 시민 구분은 왕정시대 백성의 구분을 선명하게 드러낸다. 바빌론 시민의 10퍼센트는 왕족·귀족·사제로 구성되었다. 이들을 아카드어로 말하면 '아윌룸(awīlum)', 즉 '자유인'이다. 이들은 대부분의 토지를 소유한 유지계급이다.

두 번째 계급은 '소작농'이다. 이들은 바빌론 시민의 70퍼센트로 귀족들로부터 농토를 빌려 농사를 지었다. 이들은 아카드어로 '무슈케눔(muškēnum)'이라고 부른다. 이들은 귀족들에게 곡식과 빌린 농토에 대한 이자를 바쳤다.

세 번째는 '노예' 계급이다. 바빌론이 이웃 도시와 벌인 전쟁에서 잡아온 포로들이나, 소작농이었지만 일정량의 곡식을 소출하지 못하거나 세금을 지불하지 못하면 노예 신분으로 전락한다. 이들은 아카드어로 '와르둠(wardum)'이라 불렀다. 바빌론의 사회구조는 수메르·이집트·바빌로니아·히타이트·고대 이스라엘·아테네 문명이 등장하기 전 대부분의 왕정국가의 기본형태다.

중장보병과 밀집대형

고대 그리스어로 경쟁을 '아곤(Agon)'이라고 부른다. '아곤'은 전차와 승마 경주일 수도 있고 공적 의례에서 펼치는 음악이나 문학 혹은 연극을 통한 각축일 수도 있다. '아곤'은 종교 축제, 특히 해마다 열리는 디오니소스 축제 때 무대에 올리는 비극 경연대회이기도 하다.[6] 아테네 시민과 심판관은 공연된 여러 편의 비극 가운데 가장 독창적인 작품을 선정한다. 경쟁은 문학과 예술 분야에서 두드러져 예술가와 시인을 자극하였고 개인은 자기 분야에서 최고 권위자가 되기 위해 스스로 연마하였다. 미케네 문명이 기원전 13세기에 사라지고 암흑기가 도래하면서 왕들은 사라지고 도시를 차지하는 정치 지도자들이 등장하였다.

기원전 7세기 그리스는 해상무역을 통해 중소토지소유 농민들이 부를 축적하기 시작하였다. 이들은 스스로 자신의 재산을 지키기 위한 무기를 구입하여 무장하였다. 이들의 무기 소유로 전통적인 귀족들의 정권독점이 불가능해졌다. 아테네 자유 시민들이 주동이 된 자발적인 군인과 군대가 등장한다. 이들이 아테네 민주주의의 중추인 중장보병들이다. 이들은 '호플라이트(Hoplites)'라고 불렸다. 호플라이트가 모인 집단이 '팔랑크스', 즉 '밀집대형'이다.[7]

중장보병들은 이전의 귀족처럼 타는 말이 없어도, 자발적으로 자신의 재산을 보호하기 위해, 투구·갑옷·목과 가슴을 보호하는 경갑·직도·방패·창으로 무장했다. 중장보병들은 대부분 농사를 짓는 농부였다. 그러나 유사시 다른 도시 또는 다른 나라와 벌이는 전쟁에 자발적으로 참여하여 자신의 재산을 보호하였다. 이들은 자신의 재산을 유지하고 보호하기 위해, 그들이 속한 공동체의 안녕을 위해, 기꺼이 참전하였다.

'호플라이트'는 이들이 왼손으로 드는 '호플론(hoplon)'이라는 '방패'

에서 파생된 단어다. 호플론은 나무로 만들고 표면 전체나 테두리를 얇은 청동으로 씌운다. 방패의 지름은 90센티미터이며 무게는 7.3킬로그램이나 나간다. 방패는 적의 창이나 화살이 관통할 수 없도록 2.5센티미터에서 3.8센티미터 정도로 두껍다. 방패는 한쪽 안에 둥그렇게 파인 구조로 손잡이가 두 개 달려 있다. 보병은 자신의 팔뚝으로 가운데 손잡이를 걸어 방패가 움직이지 않게 만들고, 왼손으로 가장자리 손잡이를 잡는다.

다른 문명들의 왕이나 군주는 자신의 부와 권력으로 사병을 조직하거나 용병들을 고용하여 전쟁을 감행하였다. 그러나 기원전 5세기 아테네의 중장보병들은 전문적인 용병이 아니라, 보수를 받지 않는 시민 병사들로, 전쟁 후에는 자신의 고향으로 돌아가 농사에 종사하였다.[8]

이들은 공공의 안정과 이해를 위해 독립적으로 자원한 군인이다. 이들은 전쟁 중에 밀집대형에서 자신의 역할을 스스로 담당한 것처럼, 평화로운 시절에는 아테네 정치에서 자신의 역할을 분명히 인식하고 있었다. 이런 방식으로 아테네는 민중이 대거 정치에 참여하였고, 정치에 참여하는 것이 자신과 공동체의 이익을 위해 필수적이었다. 이러한 도시국가에는 복잡한 관료제도가 필요 없었다. 페르시아 제국과 같이 커다란 조직을 관리하고 감찰할 인원이 필요 없기 때문이다. 이런 관료 조직을 지탱할 자원도 최소한으로 줄일 수 있었다.[9]

대부분 도시국가는 정기적인 세금을 징수하지 않았다. 이들에겐 사제가 필요 없었고, 당연히 사후세계에 대한 관심도 적었다. 이처럼 다양하고 역동적이며 세속적이고 자유로운 환경에서 처음으로 사변적인 철학이 등장했다. 이 세계관은 과학과 철학의 핵심인 관찰과 이성을 기반으로 생겨났다.

페리클레스 가문

페리클레스(기원전 495~기원전 429)는 아테네 명문가에서 태어났다. 페르시아 전쟁의 영웅인 아버지 크산티푸스(Xanthippus)와 아테네 정치의 명문가인 알크마이온 집안 출신인 어머니 아가리스테(Agariste) 사이에서 태어났다. 어떤 학자들은 페리클레스를 민중 선동주의자라고 폄하하기도 한다. 그는 아테네 민주주의의 한 시민이자 '스트라테고스(Strategos)'라는 직함을 지닌 장군이었다. 아테네에는 권한이 동등한 열 명의 스트라테고스가 있었다. 이들은 사적인 용병을 부릴 수 없었고 모든 결정은 아테네 시민들의 모임인 '에클레시아(Ekklesia)'라는 민회에서 투표를 거쳐야만 했다.[10]

오늘날 민주주의 국가의 대통령이나 총리의 권한과 비교하면 페리클레스의 권한은 거의 없는 셈이었다. 그는 자신의 뜻을 펼칠 수 있는 정당이나 지역 기반도 없었다. 그는 매년 장군으로 다시 선출되기 위해 대중의 지속적인 평가와 경쟁자들의 정치적 도전을 감수해야 했다.

그리스 역사가 투키디데스(Thukydides, 기원전 460~기원전 400)는 페리클레스가 혁혁한 공을 세웠던 펠로폰네소스 전쟁(기원전 431~기원전 404)과 그 시대에 관한 자세한 기록을 통해 그를 평가했다.[11] 이 기록을 통해 재구성된 페리클레스는 당시뿐만 아니라 오늘날에도 리더의 전형이 되었다. 그는 위대한 민주주의를 자신의 삶으로 보여준 시민이었다. 페리클레스의 리더십을 통해 아테네는 인류 역사상 도달한 적이 없는 부와 명성을 획득하였다. 그가 구축한 육군과 해군의 막강한 군사력은 역사상 가장 위대한 도시인 아테네를 통해 꽃을 피웠다.

페리클레스는 로마의 카이사르나 아우구스투스처럼 전쟁에 참여하여 선봉장에 서는 야전사령관이었다. 그는 실제 참전 경험을 통해 자신

「페리클레스 동상」

그리스 시대 조각을 모방한 로마 시대 조각상.
로마, 바티칸 박물관

그리스어로 "페리클레스, 크산티푸스의 아들, 아네테인"이라고 새겨져 있다.

의 이상을 확인하고 확장하여 아테네 민주주의를 확립하기 위해 과감한 개혁을 단행하였다. 그는 또한 르네상스 시대 메디치가의 로렌초나 영국의 엘리자베스 1세(Elizabeth I, 1533~1603)의 시대처럼 예술적이고 지적인 창의성이 분출되도록 아테네인을 자극하여 인간의 최선이 각 분야에서 마음껏 발휘되는 장치를 마련하였다. 그는 아테네의 아크로폴리스(Acropolis)를 신전과 동상들로 채웠다.[12] 특히 그는 천재적인 건축가와 조각가를 심사숙고하여 선발했고, 이들을 후원하여 도시 아테네를 박물관으로 재탄생시켰다.

시민교육자, 페리클레스

페리클레스는 그리스 대중문화의 시작이자 정점이라 할 수 있는 그리스 비극이라는 장르를 개척하였다. 그는 약관의 나이에 그리스 비극작가 아이스킬로스의 작품 「페르시아인들」을 후원하여 무대장치와 배우의 의상과 월급을 지원하였다. 그는 인류 역사상 최고의 비극작가라고 칭송받는 소포클레스(Sophoklēs, 기원전 496~기원전 406)와 친구였다. 소포클레스의 비극 작품인 『오이디푸스 왕』을 보면서 오만을 통해 타락하는 인간의 운명에 대해 깊이 고민했다.

또한 그는 페르시아와 치른 세 차례의 전쟁으로 초토화된 아테네를 재건하였다. 그는 위대한 건축가이자 친구인 페이디아스(Pheidias)에게 파르테논 신전을 기획하고 건축하도록 맡겼다. 그뿐만 아니라 최초의 도시기획자인 밀레토스의 히포다모스(Hippodamos)를 시켜 도시를 격자계획(格子計劃)으로 조성하였다.[13] 이는 도시계획의 전형이 되었다.

그는 역사의 아버지인 헤로도토스의 친구였고 여가 시간에는 당대의 학자들인 제논(Zenon, 기원전 495~기원전 425), 아낙사고라스(Anaxagoras,

기원전 500~기원전 428), 프로타고라스(Protagoras, 기원전 485~기원전 414)와 대화하였다. 그의 예술과 인문에 대한 후원으로 아테네에 내재한 잠재력이 천재들을 통해 분출됐다. 아테네는 페리클레스를 통해 서양문명의 시발점이 되었다.

페리클레스는 절대 권력을 휘둘러 아테네 민주주의를 만들지 않았다. 정교한 정치제도는 자유를 기반으로 서서히 형성되기 때문이다. 그는 자유민주주의 사회가 직면할 수밖에 없는 문제를 끊임없이 고심하였다. 참주나 독재자는 자신의 목적을 이루기 위해 사병이나 용병을 이용한다. 스파르타와 같은 전제국가는 시민들이 자신들의 사적인 삶을 포기할 수밖에 없었다. 페리클레스는 그리스 비극공연이라는 시민교육을 통해, 아테네 시민들의 자발적이며 적극적인 참여를 유도하여 문화를 통한 개인의 성장을 끌어올렸다.[14]

페리클레스는 아테네 시민의 개인 이익이 자신이 속한 공동체 이익과 밀접하게 엮여 있으며, 아테네가 번성하지 않으면 그 안에 거주하는 개인도 성공할 수 없다고 가르쳤다. 아테네 시민의 위대함은 아테네 도시국가의 위대함을 통해서만 이룰 수 있다.

그는 폭력과 공포가 아니라 생각의 힘으로 새로운 사회, 새로운 국가를 건설하고 싶었다. 페리클레스는 생각 수련을 통해 높은 수준의 사상을 포착하고 무엇보다도 자신의 인격을 신장시켰다. 그리고 자신의 생각을 아테네 시민들에게 감동적으로 전달했다. 그는 시민들의 동의를 얻기 위해서 수사학 능력을 배양하였다.

고대 그리스인들은 중요한 정책을 공개 토론을 통해 정했다. 대중연설은 지도자의 가장 중요한 자질이었다. 페리클레스는 자타가 공인하는 최고의 연설가였다. 플루타르코스(Plutarchos, 46~120)의 『영웅전』에 유명한

레슬러이며 정치지도자가 페리클레스를 평가하는 구절이 등장한다.

"페리클레스는 최고의 지성과 권력을 지닌 신적인 플라톤의 어휘를 사용하고 수사에 있어서 그에게 유리한 것들을 끌어들여, 다른 사람보다 자신이 탁월하다는 사실을 여실히 보여주었다."[15]

대부분의 정치가는 대중의 욕망과 편견에 부합하거나 부추기는 말을 통해 인기를 얻는다. 페리클레스는 해마다 자신의 신임을 대중에 물어야 하는 취약한 상황임에도 민중에게 아첨하거나 그들의 편견에 편승하지 않았다. 그는 아테네 시민들이 당면한 현실이 아무리 절망적이라 할지라도 있는 그대로 전달했고, 자신과 함께 대처해나가자고 설득했다. 그는 아테네 시민 스스로가 만든 공포를 초월하자고 설득했고, 단기간의 이익에 탐닉하지 말자고 촉구하였다. 그는 필요하다면 시민들을 꾸짖었고 그들의 화도 감수하였다. 토론이 민주주의 정책 결정의 중요한 보루이기 때문에, 민주시민은 현실을 있는 그대로 직시하는 직언을 들어야 한다.

페리클레스는 또한 다른 민주주의 지도자들처럼 대중정치의 소용돌이 속에서 험난한 세월을 보냈다. 다른 동료들은 그를 민주적인 참주 혹은 민중 선동주의자라고 폄하하였다. 그리스 희극작가들은 그를 원형극장에서 조롱하였고, 그의 불쑥 튀어나온 머리를 흉봤다. 사람들은 심지어 페리클레스의 친구들을 추방하고 온갖 비방을 일삼았다. 그는 이 모든 모함을 이겨냈지만, 자연재해를 통한 총체적 난국을 경험하였다. 페리클레스가 주장한 전쟁 참여가 역병으로 이어져 아테네 시민 3분의 1이 죽은 것이다. 아테네인은 그를 전쟁 패배와 역병의 원인으로 규정하고 그를 추방하였다. 특히 반민주적이었던 철학자 플라톤은 『고르기아스』

에서 그를 과소평가한다.

"아테네인은 자신들이 더 악했기 때문에 페리클레스에게 벌을 내리지 않았다. 페리클레스는 말년에 그들을 '숭고하고 선하게' 만들었지만, 그들은 그를 배임으로 고소하고 그를 거의 살해했다. 왜냐하면 그들은 페리클레스가 비열한 사람이라고 생각했기 때문이다."[16]

플라톤의 이런 평가는 페리클레스와 민주주의에 대한 평가에 지대한 영향을 미쳤다.

민주주의의 핵심, 시민교육

페리클레스는 민주주의의 성공을 시민교육에서 발견하였다. 페리클레스는 아테네 민주주의의 기반은 시민들의 물질적인 풍요에 걸맞은 정신적이고 영적인 시민의식이라고 판단하였다. 아테네가 기원전 5세기 인류 최초로 '민주주의'란 개념을 만들어내고 그 제도를 과감하게 실행하게 된 원동력은 무엇인가? 민주주의는 어떤 천재들의 상상력의 결과인가? 이전엔 한 번도 존재하지 않았던 혁명적이고 파격적인 정치 형태가 실행되기 위해서는 어떤 과정과 절차가 필요했나? 민주주의라는 고귀한 가치와 제도는 시민들의 자발적 참여와 높은 수준의 교양이 필수적이다. 민주주의가 한 사회에 정착하기 위해서는 성숙한 시민의식이 필수적이다.

종교 축제를 정치행위로 탈바꿈시키다

페리클레스는 그리스의 디오니시아 종교축제를 기원전 5세기 아테네에 등장한 '민주주의'를 위해 정교한 정치교육으로 탈바꿈시켰다. 기원전 6세기 아테네 참주였던 페이시스트라토스(Peisistratus, 기원전 600~기원전 527)는 디오니시아를 도시의 축제로 제정하였다. 아테네는 이제 왕정시대를 종결하고 유능한 지도자가 등장하여 최고 권력자에게 통치권을 이양하는 참주시대로 진입하였다. 페이시스트라토스와 그의 두 아들 히파르코스와 히피아스는 참주시대 지도자들이다.

당시 아테네는 평지에 거주하는 지주계급인 페디에이스(Pedieis)와 해변에 거주하며 해상무역에 종사하는 파랄리오이(Paralioi)들이 정치적 주도권을 잡고 있었다. 페이시스트라토스는 참주로서 자신의 권력을 강화하기 위해 가난하지만 다수였던 히페라크리오이(Hyperakrioi), 즉 '산지에 사는 이들'의 전폭적인 지지를 받았다. 이들이 바로 아테네 민주주의의 주역들이 된다.[17]

페이시스트라토스는 자신의 권력을 강화하기 위해 매년 모든 도시 주민들이 참석하는 종교 축제를 도입하였다. 그는 아테네 시민들의 정신을 고양하기 위해 문화혁명을 일으켰다. 그는 아테네 시민들에게 오래전부터 회자되던 노래를 하나의 민족서사시로 완성하였다. 그 민족서사시가 바로 호메로스의 『일리아스』와 『오디세이아』다.[18]

호메로스는 기원전 750년경 아테네인에게 수백 년 동안 구전으로 내려온 노래를 페니키아 문자를 이용한 새로운 문자인 그리스 문자로 기록하였다. 아테네인의 정체성은 혈연이 아니라 동일한 이야기들의 기억으로 형성되기 시작하였다. 『일리아스』와 『오디세이아』에 등장하는 전설적이면서 감동적인 이야기를 공유하는 사람들이 아테네 시민이 됐다.

페리클레스는 페이시스트라토스가 구축한 종교 축제를 민주주의를 위한 도구로 삼았다. 그는 처음부터 아테네에서 정치가로 등장하지 않았다. 그는 디오니소스 축제라는 아테네 시민의 종교의례에서 종교적이며 예술적인 연극을 후원하는 제작 책임자였다. 아테네는 왕 대신 귀족계급인 아홉 명의 아르콘들이 통치하였다. 그들은 자기들 가운데 극작가와 작품을 무대에 올리기 위해 필요한 재정적 후원자 세 명을 지명했다. 이들은 세 명의 극작가와 함께 이들의 작품을 무대에 올리기 위해 필요한 합창단과 배우를 공급하였다.

이들은 후대인 르네상스 시대 메디치가문이 수행한 노블레스 오블리주의 역할을 담당하였다. 이들은 아테네에서 가장 부유한 자들로 '코레고스(Choregos)'라고 불렸다. 코레고스는 합창단과 배우·지휘자의 임금은 물론, 이들의 의상·무대장치 등 제반 비용을 책임졌다.

기원전 472년, 비극시인 아이스킬로스가 디오니시아 비극경연대회에 참여하여 다른 비극시인들과 경쟁하였다.[19] 비극시인들은 모두 세 편의 비극으로 구성된 「트리올로지」와 해학극 「사티로스(Satyros)」를 공연하여 평가를 받았다.

아이스킬로스 작품의 코레고스는 스물일곱 살 난 페리클레스였다. 그해에 아이스킬로스의 「트리올로지」와 「사티로스」는 1등을 차지하였다. 이 네 편의 연극 중 지금까지 남아 있는 작품은 「페르시아인들」뿐이다. 「페르시아인들」은 인류가 남긴 최초의 비극 대본이다.

공정한 경쟁

고대 그리스인은 가장 감동적인 비극을 무대에 올리기 위해 '공정한 경쟁'이라는 도구를 사용하였다. 앞서 언급했듯이, 고대 그리스어로 '경쟁'을 '아곤'이라고 부른다. '아곤'은 이 당시 시작된 올림픽 경기·전차 경주·합창 경연 그리고 비극 경쟁에 모두 사용된 핵심 단어다. 오늘날 예를 찾자면, 올림픽 경기, 포뮬러 원 자동차 경기, 노벨문학상을 타기 위한 경쟁, 오페라와 발레 경연대회다. '공정경쟁'은 이 행사들을 지탱하는 보이지 않는 원칙이다. 누구나 사회적 지위와는 상관없이 참여하여, 자신의 최선을 무대에 올린다.

공정한 경쟁을 통해 고대 그리스가 정치적으로 발견한 것이 바로 '민주주의'다. 20세기 초까지 거의 모든 국가가 왕정국가였는데, 아테네인은 이미 기원전 5세기에 새로운 정치제도를 실험하고 있었다. 그 근간이 바로 공정한 경쟁이다.

'레이투르기아'

페리클레스가 코레고스로서 아테네의 거의 모든 시민이 관람하는 비극공연을 위한 제반 비용을 지급했다. 그는 일찍이 아버지로부터 유산을 물려받아 독립했다. 당시 아테네에는 세금이 없었다. 심지어 전쟁 중에도 세금징수가 없었다. 아테네는 디오니소스 축제의 비극 공연을 위한 비용과 전쟁 준비 비용 등 공적인 비용을 아테네의 가장 부유한 사람들에게 요구했다. 그들은 이 요구에 응하는 것을 자신들의 의무라고 여겼다. 가문으로부터 많은 재산을 물려받은 사람들은, 그들의 부를 보호해준 도시와 시민들을 위해, 그 재산을 다시 희사하여, 도덕적 의무를 완수하였다.

이 의무를 그리스어로 '레이투르기아(Leiturgia)'라고 부른다. '레이투르기아'는 축자적으로 '대중(Litos)을 위한 서비스(Ergos)'란 뜻이다. 아테네의 부유층은 자신의 재산을 아테네가 원하면 기꺼이 희사하는 전통이 있었다. 이들은 아테네의 문화를 위해 비극 공연·음악 경연·시 낭송 경연 등의 비용을 댔고, 유사시 '삼중노선'과 같은 전함을 마련하기 위해 기꺼이 '레이투르기아'를 짊어졌다. 이들은 자신들의 부를 대중과 아테네를 위한 신의 선물로 여겨 기꺼이 희사하였다. 이들은 기꺼이 레이투르기아를 실행하였고 아테네는 이들에게 명예와 명성을 선사하였다. 이 전통은 제정 로마 시대에는 부유층의 과도한 의무가 되면서 점점 본래 의미가 퇴색하였다.

당시 기록에 따르면 아테네에는 종교 축제, 특히 디오니소스 축제를 위해 120명 정도가 레이투르기아의 비용을 담당했다. 오늘날 종교 의례를 의미하는 영어단어 '리터지(Liturgy)'도 레이투르기아에서 유래했다.

아이스킬로스

최초의 그리스 비극작가 아이스킬로스(Aeschylos, 기원전 525~기원전 456)와 정치가 페리클레스(Perikles, 기원전 495~기원전 429)는 민주주의 정착을 위한 교육과정을 만들었다. 바로 비극 경연과 비극 공연이다. 경연을 통해서는 공정성을 가르쳤고, 공연을 통해서는 자비를 가르쳤다. 비극 공연에 참여하여 그 주인공과 함께 눈물을 흘리는 것이 가장 중요한 교육과정이었다. 이들은 이 경험을 통해 군복무와 시민으로 도시정치에 참여하는 등 성인으로서 감수해야 할 도덕적이며 감정적인 성숙을 연마하였다.

페리클레스는 아이스킬로스의 비극 「페르시아인들」의 코레고스가 되어 자신의 이름을 아테네 시민들에게 알리기 시작한다. 미래 아테네의 지도자가 될 페리클레스는 이 기회를 자신을 위한 최고의 투자로 삼았다. 페리클레스는 살라미스 전쟁에는 나이가 어려서 참전하지 않았다. 그 전쟁의 영웅은 테미스토클레스(Themistocles, 기원전 528~기원전 462)다. 페리클레스의 아버지 크산티푸스도 살라미스 전쟁에 참전했지만, 테미스토클레스의 명성에 견줄 수가 없었다. 그러나 기원전 473년에 테미스토클레스는 도편제를 통해 추방되었기 때문에 그다음 해인 기원전 472년에 상연된 「페르시아인들」에서는 자연히 그 영광이 자신의 아버지와 자신에게 돌아갈 수밖에 없다는 사실을 알았다.

대부분 그리스 비극들은 호메로스의 『일리아스』와 『오디세이아』에 등장하는 신화적인 인물에 관한 내용이다. 그러나 아이스킬로스의 「페르시아인들」은 신화적 내용이 아니라 당시 아테네인이 8년 전, 즉 기원전 480년에 참전했던 살라미스 전쟁 이야기를 다뤘다. 「페르시아인들」은 살라미스 전쟁에 참전한 페르시아 왕 크세르크세스(Xerxēs)의 어머니 아토사가 페르시아 제국의 수도 수사(Susa)에서 절규하는 모습과 패잔병의 모습으로 겨우 돌아온 크세르크세스의 비참한 모습을 그린다.[20]

특히 크세르크세스의 아버지 다리우스는 혼(魂)으로 등장하여, 페르시아 제국의 패전 원인을 '오만'이라고 진단한다. '오만'은 성공과 안정에 안주하는 사람에게 반드시 엄습하는 괴물로, 오만한 영웅과 제국을 파괴한다.

비극 「페르시아인들」의 가르침

그리스인은 모든 인간이 이 세상에 다른 신분으로 태어났지만, 그 신분은 도시라는 공동체에서 '아레테'를 실현하기 위한 바탕이라고 생각했다. '아레테'는 그리스어에서 '선/탁월함/남성다움/힘, 용기/덕/성격, 명성, 영광/위엄'이란 의미뿐만 아니라 '기적/경의/경배의 대상'이란 의미도 있다. 지도자는 '아레테'를 어김없이 발휘한 자들 중 투표를 통해 선출되는 것이라고 여겨졌다. 고대 그리스인들에게 아레테는 자기에게 주어진 상황에서의 '최선'을 의미한다. 사람에게는 자신에게 고유한 아레테가 있다. 아레테의 원래 의미는 '자신의 삶을 우주의 질서에 맞게 연결시킨 것'이다. 인간 자신이 시·공간적으로 존재하는 이유를 묵상을 통해 깨달아 그런 삶을 추구하는 것을 아레테라고 부른다.

페리클레스와 아이스킬로스는 비극 공연을 통해 아테네에 자리 잡기 시작한 민주주의의 정착을 궁리하였다. 아테네 원형극장에 마라톤 전쟁과 살라미스 전쟁에 참전한 거의 2만 명 가까운 참전용사들이 관람을 위해 자리를 잡고 앉았다. 이 비극 공연 관람은 아테네 시민이라면 반드시 해야 하는 종교 의례였다.

비극 공연은 시작되었다. 첫 장면이 열리자 맨 처음에는 두 전쟁에서 전사한 유가족이 자신들 아버지의 투구와 창을 들고 엄숙하게 행진한다. 이 행진을 '파라도스(Parados)'라고 부른다. 관객들은 이들의 행진 모습을 보면서 전쟁에서 전사한 사랑하는 이들을 기억하며 울었다.[21] 맨 앞에는 아이스킬로스와 페리클레스가 앉았다. 그들 옆에는 유가족들이 자리 잡았다. 이제 그리스 비극 「페르시아인들」이 시작되었다.

아테네인들은 자신들이 페르시아 군대와 함대를 물리치는 전투 장면이 펼쳐질 것이라고 기대했다. 그러나 이들의 기대와는 달리 첫 장면은 마라톤 평원이나 살라미스해협이 아니라 자신들이 전혀 상상하지도 못하고 가본 적이 없는 페르시아 제국의 수도 '수사'였다. 페르시아 보초들이 초조하게 서서 봉화를 기다린다. 봉화를 통해 살라미스 해전의 승전 소식을 애타게 기다리고 있었다. 아테네 시민들은 이 장면을 보고 실망하며 웅성거리기 시작했다. 자신들이 원하는 장면은 아테네 군인들이 페르시아 군대를 전멸시키는 모습이다. 페르시아 군대의 용병들은 돈을 위해 '왕 중 왕'인 크세르크세스를 위해 싸운다. 그러나 아테네 군인들은 숭고한 '자유'를 위해 살라미스 해전에 참가한다. 살라미스 전쟁의 영웅, 테미스토클레스는 아테네 시민들에게 다음과 같이 외친다.

고대 그리스 에피다우로스 원형극장

극장 '시어터(Theatre)': 자기 자신을 제삼자의 눈으로 보는 장소.

비극 경연을 통해 공정성을 가르쳤고,
비극 공연을 통해 자비를 가르쳤다.
시민의 '공감' 교육을 통해 민주주의가 정착되었다.

"그리스의 아들들이여! 진격하라!

우리의 조국을 자유롭게 하여라!

우리의 자식들, 우리의 아내들,

조국의 신들의 성전과 조상의 무덤을 자유롭게 하여라!

우리는 지금 모든 것을 걸고 싸우는 것이다."

「페르시아인들」, 제402~405행)

아테네 관객들은 테미스토클레스의 우렁찬 목소리를 숨죽여 들으며 가만히 눈물을 흘렸다. 그들은 이미 살라미스 전쟁 이야기와 그 결과를 알았지만, 무대 위 배우의 목소리로 2만 명의 아테네 시민과 함께 경청하면서 아테네인이란 무엇인지, 아테네가 지향하는 가치가 무엇인지, 그리고 아테네가 어렵게 만들어 실험하고 있는 민주주의가 무엇인지 깊이 묵상하기 시작하였다.

민주시민의 기초 공감을 가르치다

그다음에 등장하는 인물은 살라미스 전쟁을 일으킨 크세르크세스의 어머니 아토사다.[22] 그녀가 등장하면서 아테네 시민이 조용해지기 시작하였다. 이들은 그녀의 근심 어린 표정과 몸짓, 대사에 금방 몰입되었다. 아토사는 꿈에서 크세르크세스가 말을 몰다 사고를 당하는 장면을 목격하고 불길한 징조를 느낀다. 페르시아는 객관적인 전력에서 패할 수 없는 군사 대국이었다. 그녀는 이미 고인이 된 남편 다리우스의 혼을 불러, 전쟁의 결과를 묻는다. 다리우스의 혼백이 무덤에서 일어나 아들 크세르크세스의 군대가 패망한 원인을 다음과 같이 말한다.

ὡς οὐχ ὑπέρευ θνητὸν ὄντα χρὴ φρονεῖ
ὕβρις γθεν ἐξανθοῦσ ἐκάρπωσεν στάχυι ἄ
πάθοσ ἄτης ὅθεν πὰγκλαυτον ἐξαμᾷ θέρος.

"인간은 자신을 너무 뽐내지 말아야 한다.
왜냐하면, 오만(傲慢)이란 꽃이 만개하면 미망(迷妄)이란 열매를 맺는다.
그런 후 가장 통탄할 만한 눈물을 수확하기 때문이다."

「페르시아인들」, 제820~822행)

페르시아 제국이 군사적·경제적으로 우위에 있었지만, 크세르크세스
가 '오만(傲慢)'에 빠져 무리하게 전쟁을 감행하여 패할 수밖에 없다고 질
책한다. 여기 비극을 결정하는 두 가지 단계가 등장한다. '오만'과 '미망'
이다. 인간은 불행한 결말을 스스로 자초한다. 그 첫 시발점이 바로 '오
만'이다. '오만'은 고대 그리스어로 '휘브리스(ὕβρις)'라고 부른다. 자신의
현재 상태를 객관적으로 볼 수 없어, 자화자찬과 이기심으로 가득 찬 인
간의 특징이 바로 '오만'이다. 오만은 인간을 자신의 앞에 다가오는 위험
을 인식하지 못하는 장님으로 만든다. 이 한 치 앞을 볼 수 없는 아둔함
과 미망(迷妄)이 그리스어로 '아테스(ἄτης)'다. '자만'은 자연스럽게 눈물
로 이어진다. 비극의 마지막 부분엔 겨우 살아 돌아온 크세르크세스가
흐느껴 울면서 자신의 과실을 개탄하며 외친다.[23]

"아아 아아, 삼단노선과 함께
아아 아아, 당신의 아들들이 전멸하였습니다."

「페르시아인들」, 제1075~1076행)

이 장면을 숨죽여 보던 아테네 시민들은 함께 눈물을 흘렸다. 자신들의 아버지와 아들, 형제뿐만 아니라 이들을 죽인 원수인 다리우스 왕과 크세르크세스가 슬퍼 흐느끼는 모습을 보면서, 자신도 모르게 그들의 눈에서는 눈물이 주룩 흘러내렸다. 이들은 원수 이전에 누군가의 아버지, 아들 그리고 형제였기 때문이다. 다리우스와 크세르크세스를 자신들의 아버지, 자신들의 아들로 보는 카타르시스를 경험하였다.[24] 아토사가 애통해하는 모습을 통해 자신들의 마음속 깊은 곳에 숨어 있는, 모든 인간의 마음속에 존재하는 이타심을 발동시켰다. 아테네 시민은 자신들의 현재 상태에서 벗어나 자신들도 모르게 아토사가 되었다. 이들은 또 혼으로 등장한 다리우스가 개탄하는 모습에 몰입해 다리우스가 지적한 '오만'이라는 비극의 원인을 관찰했다. 이들은 마음속으로 제국의 비극의 원천이 '오만'이라는 괴물이란 점을 깨닫는다.

그리스 비극에 등장하는 영웅들을 파국으로 이끄는 2단계가 있다. 첫째는 '오만'이다. 오만이란 자신이 누리고 있는 현재의 혜택을 자신 혼자의 힘으로 이루었다고 자만하는 마음이다. 오만한 자에게는 다가오는 병이 있다. 그것이 두 번째 단계인 '장님성'이다. 장님이란 이전에 보이던 불행의 요인들을 볼 수 없는 자다.

그리스인들은 이 연극을 보면서 스스로 오만에 빠지지 않기를 다짐했다. 페리클레스와 아이스킬로스는 무엇보다도 위대한 민주시민이 되기 위해 '공감'이라는 아레테가 필요하다고 생각했다. 아테네 시민은 비극 공연을 보면서 자신들을 페르시아 전쟁에서 승리한 용사로만 보지 않고 페르시아인, 즉 원수의 눈으로 자신들을 볼 수 있는 혜안이 생겼다. 스스로를 자기만의 이기심으로 보지 않고 제삼자의 눈으로, 더 나아가 원수의 눈으로 보는 능력을 배양하게 된 것이다.

'극장'이라는 영어단어 '시어터(Theatre)'의 원래 의미는 '자기 자신을 제삼자의 눈으로 보는 장소'다. 공감의 능력은 민주시민의 기초가 되었다. 아테네 민주주의의 시작은 아테네 모든 시민이 참여하는 공감 교육을 통해 시작되었다. 민중의 분노에 편승하는 자는 군중 선동가가 될 뿐이다. 민주주의는 시민이 가진 높은 수준의 도덕심 그리고 원수의 마음까지 헤아리는 공감의 능력 없이는 불가능하다.

아테네 시민 거의 모두가 원형극장에 모여 함께 비극작품을 숨죽여 보았다. 이들은 대부분 참전용사이다. '비극(悲劇)'이란 한자는 비극공연의 목적을 담고 있다. '슬픔'을 의미하는 '비(悲)'에는 자신이 당한 어려운 처지에 대한 감정적인 반응이나 신세 한탄을 넘어서는 숭고한 의미가 숨어있다. '자신이 아닌(非)' 타인의 슬픔을 자신의 슬픔으로 '생각하는 어진 마음(心)'이다. '비극'이란 연극공연을 통해 타인의 슬픔을 자신의 슬픔으로 만들려는 공동체적 수련이다.

아이스킬로스와 페리클레스는 인류에게 자비를 훈련할 수 있는 비극을 선물해주었다.

제3부

안목(眼目)
무엇을 볼 것인가, 어떻게 볼 것인가

"안목은 죽음의 시점에서
지금을 상상하는 용기다"

안목(眼目)

리더는 안목을 지닌 자다. 안목은 누구나 부러워하는 것을, 나도 보려는 욕심이 아니다. 안목은 남들이 지나친 것을, 남다르게 볼 수 있는 힘이다. 안목은 드러난 것을 보는 것이 아니라, 드러나지 않은 것, 은닉된 것을 발견하고 응시하는 내공이다. 2세기 그리스도교 영지주의 문서인 「도마복음서」에는 보물을 찾는 열정을 담은 어록이 있다. 「도마복음서」 어록 제2번은 은닉된 것을 발견하는 안목을 수련하는 단계를 다음과 같이 설명한다.

"무엇을 찾는 사람은, 그것을 찾을 때까지 찾는 행위를 멈추지 말아야 한다.
그들이 그것을 찾았을 때, 당황하여 혼란에 빠질 것이다.
그런 후 그들이 (한동안) 혼란에 빠진 상태를 유지하면, 자신들이 발견한 세계를 보고 놀랄 것이다.
그러면, 그들은 만물을 지배할 것이다."

안목은 일상의 사소함과 단순함 속에서 가장 아름답고 거룩한 것을 찾는 능력이다. 안목을 얻기 위해 오랫동안 수련하지 않는 사람들은, 환경을 탓하고 운명을 탓한다. 자신의 불운을 불러온 장본인은 자신뿐이다. 안목을 지닌 자는 보고 또 보는 사람이다. 그 반복적인 응시를 통해 대중이 볼 수 없는, 공동체가 가야 할 길을 선명하게 보는 자다. 그는 듣고 또 듣는 사람이다. 반복적인 자기 청취를 통해, 내면에서 미세하게 흘러나오는 '확신의 목소리'를 경청하는 자다.
리더는 안목을 통해 볼 수 없는 것을 보고, 들을 수 없는 것을 듣고, 느낄 수 없는 세계를 상상하는 예술가다.

안목을 지닌 리더

리더는 과거에 연연해하지 않는다. 아니, 자신의 삶에서 과거를 제거했기 때문에 기억할 수도 없다. 그것은 마치 꽃을 찾아 훨훨 날아가는 나비가, 애벌레시절을 기억하지 못하는 것과 마찬가지다. 그것은 마치 내가 세상으로 나오기 전에 10개월 정도 있었던 어머니 배 속에 대한 기억이 없는 것과 같다. 전혀 새로운 상태로 진입한 인간은 과거라는 편견과 자신의 발전을 저해하는 습관을 끊은 지 오래다. 과거라는 추상이 만들어낸 유물이 교리(教理)이며 이념(理念)이다. 인간은 자신이 동의한 적도 없고 고백한 적도 없는 과거의 교리와 이념의 노예가 되어, 현실을 있는 그대로 보지 못한다. 먼 옛날 자신과 상관없는 사람들이 모여, 자신들이 직면한 문제를 풀기 위해 만들어놓은 '임시방편(臨時方便)'을 우리는 금과옥조(金科玉條)로 장식하여 우상처럼 떠받든다. 우리는 그들이 만들어놓은 색안경을 착용하여 세상을 보려 한다.

리더는 색안경을 벗어던지는 자다. 그(녀)는 오늘 여기에 자신의 눈앞에 등장한 당면한 문제를 자신의 두 눈으로 직시하고 그 해결점을 찾을 수 있는 자다.

리더는 안목(眼目)을 지닌 자다. '안목'이란 자신에게 당장 떨어진 문제를 해결하기 위한 최선의 방안을 떠올리는 능력이다. 인생은 언제나 해결책이 없어 보이는 두 갈래 길의 연속이다. 시인 로버트 프로스트의 「가지 않는 길」이란 시의 내용처럼, 두 길이 좋아 보여, 두 길 다 걸어보지 않고는, 어느 길이 더 나은 길인지 미리 추측하기는 힘들다.

그러나 그(녀)는 자신과 자신이 속한 공동체가 가야 할 길을 안다. 자신이 이끄는 대중의 의견은 항상 분분하고 동시에 상충된다. 대중은 서로 부딪치는 자신들의 이익을 위해서만 움직이기 때문이다. 다수가 원한다고 그 방안이 옳을 수 없고, 소수가 주장한다고 그 방안이 틀린 것은 아니다. 그는 당면한 문제에 대해 깊이 숙고할 수 있는 시간과 공간을 마련하여, 깊은 성찰을 통해 그 방안을 도출시켜야 한다. 지혜로운 침묵이 그를 인도할 것이다. 지혜로운 침묵을 통해 산출되는 신의 선물이 '안목'이다.

안목에 대한 탁월한 비유가 복음서에 등장한다. 한 농부가 그 누구도 발견하지 못했던 '천국(天國)'을 발견하였다. 예수는 천국에 대한 비유를 「마태복음」 제13장 44절에 다음과 같이 간략하게 설명한다.

"천국은 마치 밭에 숨겨진 보물과 같다. 사람이 이를 발견하면, 숨겨두고 기뻐한다.
그리고 집으로 돌아가서 자기의 소유를 다 팔아 그 밭을 산다."

농부는 자신이 밭을 갈다 쟁기에 걸린 물건이 돌인지 아니면 보물인지 처음에는 알지 못한다. 자신의 밭에서 그런 보물이 발굴될 수 있다고 생각하는 사람은 많지 않다. 사람들은 흔히 소중하고 귀한 것은, 내부가 아닌 외부에 있다고 세뇌당해왔다. 우리 교육은, 인생을 행복하게 살기 위한 생존-장비는 '내 안에 잠재된 어떤 것'이 아니라 타인과의 경쟁에서 이겨 습득되는 저 밖에 존재하는 재화, 명성, 혹은 힘이라고 설교한다.

교육이란 영어 단어 '에듀케이트(educate)'의 어원이 가리키듯이, 교육이란 '인간의 내면에 잠재된 어떤 것'을 '밖(e-)'으로 '인도하는(ducare)' 체계적인 훈련이다. 내가 내 마음속에서 발견한 것이 세상에서 가장 소중하다고 여기는 마음이 '보물(寶物)'이다. 그 보물은 자기 신뢰이며 자기확신이다. 이것은 일시적이고 이기적인 오만과는 다르다. 자신의 마음속에서 보물을 발견한 사람은, 다른 사람도 보물을 가지고 있다고 역지사지(易地思之)하여 타인에게 친절하고 겸손하다. '안목'이란 자신이 발견한 원석을 갈고닦아 이 세상에 존재한 적이 없는 다이아몬드를 만드는 정성이다.

안목은 누구에게나 열려 있지만 아무도 보지 못하는 보물을 인식하고 발견하고 소유하는 실력이다. 농부가 보물을 발견한 장소는 금은방이 아니라, 자신이 땀과 눈물을 통해 생계를 유지하는 일상인 밭이다. 그는 자신이 사시사철 땀을 흘리는 노동의 현장인 밭에서, 숨겨진 보물을 발견하였다. 보물은 원래 숨겨져 있기 때문에 값비싸다. 보물이 흔하다면, 그 가치를 잃는다.

농부에게 밭이란 그의 '일상(日常)'이다. 일상은 보통사람들이 어제 하던 일의 반복이며 그냥 지나치는 모든 것들이다. 안목의 대상은 '일상'이며, 리더는 그 일상을 남다르게 본다. 안목은 위대한 작곡가나 화가의 작

「안개바다 위에 있는 방랑자」

카스파르 다비트 프리드리히,
유화, 1818, 94.8cm×74.8cm,
독일 함부르크 미술관

품에 대한 전문적인 감정사가 해석에 사용하는 도구만이 아니다. 안목은 일상에서 남들이 보기에는 하찮아 보이는 단순하고 사소한 것들을 유심히 그리고 인내를 가지고 보려는 의지다. 매일매일 다가오는 일상을 생경하고 낯설게 보는 연습을 통해, 자신의 인생에 대한 탁월한 안목을 지닐 수 있다.

자, 여기 안목의 숭고함을 그린 그림이 하나 있다. 카스파르 다비트 프리드리히(1774~1840)는 「안개바다 위에 있는 방랑자」(1818)라는 그림으로 리더의 안목과 결기를 숭고하게 표현하였다. 학자들은 최근에 뒷모습만 보이는 이 모델이 누구인지 알아냈다. 그는 나폴레옹과 전쟁을 벌인 프러시아의 프리드리히 빌헬름 2세를 위해 전쟁에 참가하다 전사한 특수요원 대령 프리드리히 고트하르트 폰 브린켄(Friedrich Gotthard von Brincken)이다. 그는 평상시 독일 드레스덴 남동쪽에 우뚝 솟은 엘베산맥을 관리하던 산림청 최고관리였다. 그는 1814년 프러시아-나폴레옹 전쟁에서 전사하였다. 이 그림은 폰 브린켄에 대한 웅장한 비문인 셈이다.

폰 브린켄은 짙은 녹색 외투와 긴 부츠를 착용했다. 그는 안개가 낀 산맥들을 조용하게 내려다보고 있다. 오른손으로 바위 위에 걸쳐놓은 지팡이가 그의 몸을 지탱한다. 그는 경치에 몰입하여 황홀경을 경험하고 있다. 그는 검고 갈라진 바위 위에 올라가, 끝없이 펼쳐진 경치를 온몸으로 포옹하고 있다. 이 그림 전체의 중심점은 그림 정중앙에 위치한 그의 가슴이다. 그의 가슴은 이 그림의 중심일 뿐만 아니라 우주의 중심이다. 프리드리히는 논리, 이성, 질서를 기반으로 한 18세기 계몽주의를 무너뜨린 1789년 프랑스혁명의 정신을 담았다. 작가와 예술가는 인간의 가슴속 깊은 곳으로 들어가 자신들의 창작의 영감이 되는 감성, 상상력 그리

고 숭고함을 발굴해냈다. 그는 폰 브린켄의 뒷모습을 그렸다. 폰 브린켄
은 이 그림을 보는 우리다. 프리드리히의 제2의 자신인 폰 브린켄, 폰 브
린켄이 된 우리, 그리고 우주가 합일(合一)되는 순간을 그렸다. 리더는
자신만의 일상이라는 거룩한 산에 올라 남다른 안목을 훈련하는 자다.
그리고 그 안목을 자신의 몸에 지닌 자다.

7

파슈파티의 안목, 요가(Yoga)

"당신은 매일 더 나은 자신을 위해
수련하고 있습니까?"

'요가'(योग, Yoga, 산스크리트어), '고삐'

고대 인도인은 누구나 자신의 내면에 그 사람이 추구해야 하는 이상적인 '자신'이 숨겨져 있다고 믿었다. 이 진정한 자신은 산스크리트어로 '푸루샤'다. 푸루샤는 이데아에 존재하는 추상적인 개념이 아니라, 자신의 삶 속에서 특별한 훈련을 통해 발현되어야 할 내면의 빛이다. 이들은 자신 안에 숨겨진 푸루샤를 발견하고 발동하고 발휘하기 위한 특별한 훈련을 마련하였다. 이 영적인 운동이 '요가(Yoga)'다. 원래 요가는 아리아인이 전쟁에 나갈 말을 훈련시키기 위해 목에 채우는 '멍에'를 뜻했다. 요가란 자신도 모르게 습관이 된 생각·말·행동에 멍에를 채우는 훈련이다.

훈련(訓鍊)

위대한 리더는 자신에게 가장 엄격하다. 자신이 흠모하는 원대한 자신을 자신이 존재하는 역사적 시점에서 만들어내고, 그런 모습에 도달하기 위해 부단히 노력 중인 사람이다.

세상에는 두 가지 종류의 인간이 존재한다. 한 부류는 '훈련 중인 인간'이며 다른 부류는 '훈련을 하지 않는 인간'이다. 훈련 중인 인간은 자신이 되고 싶은 더 나은 자신을 위해 매일매일 조금씩 전진한다. 원하는 자신이 되는 과정이 곧 훈련이다. 훈련은 원대한 목표를 향해 가는 과정에서 반드시 버려야 할 자신의 나쁜 습관을 발견할 수 있는 유일한 수단이다.

오랜 기간의 훈련 없이 마라톤에 참가하는 자는 어리석다. 그는 마라톤을 완주할 의지가 없거나, 자신이 완주할 수 있다는 허황된 꿈을 꾸는 자다.

서양에서는 오랫동안 우주 안에 존재하는 모든 것들을 인위적으로 둘로 나누어 분석하였다. 신과 인간, 천국과 지옥, 남자와 여자, 정신과 육체, 겉과 속, 생각과 행동 등이 이분법적인 사고에서 나오는 불완전한 개념들이다.[1] 기원전 6세기 에페소스 철학자 헤라클레이토스(Heracleitos of Ephesos, 기원전 540~기원전 480)는 이런 이분법적인 세계관을 부정했다. 그는 "πάντα ῥεῖ(판타 레이)"라고 말했다. 이 문장의 의미는 "모든 것이 흘러간다"다. 플라톤은 『크라틸로스』 제402a행에서 이 문장을 다음과 같이 해석한다.

"헤라클레이토스는 어디에선가 다음과 같이 말했다. '모든 것은 움직이고 어느 것도 가만히 있지 않는다.' 그것은 강물의 흐름과 같다. 그는 말하기를 '당신은 같은 강에 두 번 들어갈 수 없다'고 말한다."[2]

우주 안에 존재하는 만물은 변하기 마련이다. 어제의 모습을 그대로 간직할 수 없다. 우리는 세계를 쉽게 이해하기 위해, 서로 대립되는 개념 안으로 모든 것을 포함시킨다. 그러나 인류의 성현들이 남긴 경전이나 신화를 가만히 들여다보면, 대립되는 항들은 이해를 돕기 위한 편의상 구분일 뿐이다. 성현들은 놀랍게도 정신과 육체를 하나로, 생각과 행동을 같은 것으로 여긴다. 정신의 표현이 육체이며, 생각의 자연스런 결과가 행동이다.

만일 정신과 육체가 괴리되고 생각이 행동으로 표현되지 않는다면, 그것은 거짓이다. 고대 그리스 단어 'λόγος(로고스)'는 인간의 이성이자, 인간의 삶을 변화시키는 역동적인 에너지다.[3] 고대 히브리 단어 '다바르(dabar)'는 '말'이면서 동시에 '행동' '사건'이란 의미다.[4] 말이 곧 사건이며 사건은 말을 통해 시작된다.

훈련이란 시간의 흐름 속에서 자신의 생각을 장악하고, 그 생각으로 육체, 정신 그리고 영혼을 개선하는 과정이다. 자신의 정제된 생각을 행동으로 표현하고 침묵이 만들어낸 말을 사건으로 실현시키는 과정이다. 인간은 훈련을 통해 자신이 지니고 있는 동물적인 본능을 승화하여 신적인 속성을 발현시킨다. 훈련을 통해 매일매일 변하지 않는 사람은 과거의 자신에 스스로를 감금시켜놓는 것이기에 죽은 자나 마찬가지다.

훈련이란 개념을 적나라하게 표현한 조각상이 있다. 기원전 4세기 헬레니즘 시대에 만들어진 「쉬고 있는 권투선수」란 동상이다. 알렉산드로스의 오리엔트와 지중해 세계의 정복은 세상을 이해하는 새로운 사상을 탄생시켰다. 독일 역사학자 요한 구스타프 드로이젠(1808~1894)은 알렉산드로스가 페르시아 제국을 물리치고, 그리스에서 인도까지 거대한 제국을 하나의 이념으로 통일시켰다고 진단하였다. 알렉산드로스는 동서를 포괄하고 초월하기 위해 차용한 그리스 언어·문화·관습·정치체계를 '헬레니즘'이라고 불렀다.[5]

알렉산드로스는 그리스 문화의 중심인 아테네에서 태어나지 않았다. 그는 변방인 마케도니아 출신이었다. 그는 변방에서 그리스 고전문화가 아테네와 스파르타의 내전인 펠로폰네소스 전쟁을 통해 쇠퇴하는 것을 목격하였다. 알렉산드로스는 소크라테스와 플라톤의 이원론적인 세계구분을 허물어 새로운 세계관을 모색하였다.

알렉산드로스는 그리스 아테네 문화를 전파하기 위해, 이집트의 알렉산드리아·팔레스타인의 안티오크·셀레우키아(바그다드의 남쪽)를 헬레니즘의 정신을 담은 도시로 건설하였다. 알렉산드로스가 전파한 헬레니즘은 그리스 고전문화와 페르시아 제국 문화의 융합이었다. 헬레니즘은 알

「쉬고 있는 권투선수」

조각가 미상, 기원전 330, 청동,
로마 팔라초 마시모 알레 테르메.

완벽을 추구하는 인간

렉산드로스가 정복한 모든 지역에서 동일하게 등장하는 일률적인 문화가 아니다.

헬레니즘은 각 지역에서 서로 다르게 등장하지만, 그 근본 바탕은 그리스 언어와 사상이다. 헬레니즘·고대 그리스 문화·페르시아 제국의 경제-정치제도·개별지역의 고유문화가 한데 어우러져 만들어낸 하이브리드다. 알렉산드로스가 죽은 후, 그의 후계자들은 헬레니즘 문명 정책을 거절하고 다시 개별 문명, 특히 이전의 개별 지역 중심인 과거 '오리엔트 문명'으로 회귀하였다. 헬레니즘은 더 이상 발전하지 못하고 로마 제국에 주도권을 빼앗겼다.

「쉬고 있는 권투선수」는 헬레니즘 문화의 핵심인 '연습'의 표현이다. 플라톤의 제자 아리스토텔레스는 이데아와 현상, 하늘과 땅, 신과 인간을 하나로 통합시키는 철학을 발전시켰다. 그는 헬레니즘의 근간이 된 사상을 그리스어로 '프락시스(praxis)'라고 불렀다. '프락시스'는 이데아의 세계에 존재하는 이상을 지금 여기에서 구체적으로 실현하려는 노력인 훈련이자 연습이다. 연습을 통해 이상이 현실이 되고 현실이 이상이 된다.

고대 그리스 고전시대 조각들이 인간의 몸을 완벽하게 이상적으로 표현했다면, 헬레니즘 시대 조각은 완벽을 추구하는 인간의 적나라한 모습을 그대로 표현하였다. 다부진 상체, 상처투성이 얼굴, 일그러진 귀, 주저앉은 코, 앞니가 빠져 움푹 들어간 입술. 이 모두가 상대방과의 경기에서 최선을 다한 전형적인 권투선수의 위용이다. 그는 링 위에 올라가 권투 경기를 훌륭하게 치를 수 있었다. 그가 매일매일 훈련했기 때문이다. 연습은 곧 실전이며 실전이 곧 연습이다.

연습

아리스토텔레스는 인간의 활동을 『니코마코스 윤리학』 제5권 106단락에서 다음 세 가지로 구분하였다. 관조(觀照, theoria, 테오리아), 창작(創作, poiesis, 포이에시스), 연습(演習, praxis, 프락시스) 등이 그것이다.[6]

관조란 사물과 사람에 대한 깊은 생각이다. 깊은 생각에서 도출되는 결과물이 이론이다. 창작이란 깊은 생각을 실제로 구현하는 활동이다. 시를 구상하고 실제로 글로 옮기는 작업을 창작이라 부른다. 창작자의 머리에만 존재하던 것을 실제로 밖으로 도출하여, 모든 사람이 감상할 수 있는 작품으로 만들기 때문이다.

연습은 창작과 다르다. 연습은 연습 자체가 목적이고 창작은 별도의 목적을 위한 행위다. 인간이 어떤 것을 선택하여 실행에 옮길 때, 그가 이루고자 하는 목표가 있다. 아리스토텔레스는 덕을 실천하는 사람은 덕을 실행하기 위해서 행동하지 않는다고 말했다. 연습은 어떤 일을 행하는 과정 그 자체가 목적이다.

20세기 정치철학자 한나 아렌트(Hannah Arendt)는 『인간의 조건』에서 '프락시스'를 정치행위로 연결시킨다. 아렌트는 가족(오이코스)을 생존을 위해 필요한 기본 조직으로 인정하였다. 그러나 그는 고대 그리스의 '도시'를, 자발적인 참여를 통해 공동선을 추구하는 이상적인 집단으로 해석하였다.[7]

노동과 일은 필요에 의해 하는 행위이며, '(정치적인)행위'는 그것 자체로 숭고한 연습이자 행위다. 노동은 사적인 영역에서 생존을 위한 행위이지만, 정치적인 행위는 자유와 행복을 위한 공적인 행위다. 인간이 자유를 획득하기 위해서, 공적인 영역인 도시에서 설득과 숙고를 통해 인간은 시민이 된다. 아렌트는 아리스토텔레스의 '조온 폴리티콘(zoon politikon)', 즉 '(도시 안에 거주하는)정치적 동물'로서의 인간을 최선의 인간이라고 평가하였다.

'나는 그다'

기원전 4세기 인도에 새로운 사상이 등장했다. 저 너머 세계에 존재하는 우주의 원칙이 인간 삶의 몸, 정신, 영혼에 실질적으로 구현되는 체계적인 운동이 등장하였다. 바로 '요가'다. 인도인은 세상의 모든 집착으로부터 자신을 해방시키려 부단히 수련하였다. 이들은 단순히 명상과 금욕 생활만으로는 해탈할 수 없다고 진단하였다. 정신적인 고양은 육체적인 훈련을 통해서 강화된다는 사실을 깨달았다. 오늘날 세계 곳곳에서 유행하고 있는 새로운 훈련법인 '요가'가 등장한 것이다.[9]

요가는 인도의 가장 위대한 업적 가운데 하나다. 요가는 인간의 마음을 정복하기 위한 정신적인 훈련이었다. 『리하드아란야카 우파니샤드』에는 우주창조에 관여한 신화적인 최초의 존재인 비라즈(Viraj)와 개인의 자아가 하나라고 기록돼 있다. 이 경전은 기원전 700년경에 집대성된 것으로 추정된다.

"태초에 우주는 인간의 모습을 한 비라즈밖에 없었다. 그는 깊은 사색에 빠져 사방을 찾았으나, 자신밖에 찾을 수 없었다. 그가 처음으로 말했다. '나는 그다.' 그러므로 그는 '나'라고 불렸다."

(『리하드아란야카 우파니샤드』, 1.4.1)

우주에 존재하는 하나의 원칙은 '나는 그다'다. 태초에는 1인칭과 3인칭의 구별이 존재하지 않았다. 자아가 제3자이며, 곧 우주다.

파탄잘리의 『요가수트라』

역사적인 존재로서의 자아가 우주적인 자아, 본래의 자아로 합일되는 훈련이 요가다. 요가는 원래 사람들의 스트레스를 풀어주고 걱정을 덜어주고 스스로 건강을 찾도록 도와주는 건강 프로그램이 아니었다. 오히려 그 반대다. 자신 안에 숨겨진 진정한 자아를 일깨우기 위한, 자신도 모르게 자신 안에 쌓인 적폐들, 즉 편견·이기심·무식에 대한 체계적인 공격이다. 요가는 훈련을 통해 현재의 자아에서 벗어나 우주적인 자아이며 신적인 자아와 합일하는 영적인 훈련이었다.

요가의 핵심내용을 체계화한 사람은 파탄잘리(기원전 48~기원후 49)다. 파탄잘리는 인도의 요가 전통을 다음 두 가지 측면에서 혁신하였다.

첫째, 요가는 원래 기원전 12세기 인도로 이주해 온 아리아인들이 전쟁에 동원되는 전차를 끄는 말을 조련하기 위한 훈련이었다. 요가는 기원전 12세기경, 아리아인이 전쟁에 나갈 동물들을 조련하기 위한 '밧줄'이나 '고삐'를 의미한다. '멍에'를 의미하는 영어단어 '요크(yoke)'는 요가 어원의 의미를 담고 있다. '요가(yoga)'는 인도유럽어 어근 *yuk-에서 왔다. '멍에'라는 영어 단어 'yoke'는 이 어근에서 파생하였다.

그러나 *yuk-는 초기 아리아인이 야생마(野生馬)를 조련해 준마(駿馬)로 만들기 위해 훈련하는 과정을 의미한다. 이 과정에서 가장 중요한 훈련은 불필요한 생각-말-행동을 제어하고 자신에게 고유한 임무를 위해 몰입하는 것이다. 이 몰입을 상징하는 것이 말의 '고삐'이며 소의 '멍에'다. 말은 전차 앞에서 자신의 힘을 최대한 발휘해야 한다.

마찬가지로 인간의 모든 최선을 한데 모아 집중하여 나를 움직이게 하는 수련이 바로 요가다. 아리아인은 말을 제어하는 훈련에서 힌트를 얻어 자신을 훈련시키는 것을 요가라고 불렀다.[10]

둘째, 파탄잘리는 요가를 형이상학적인 체계에서 인간의 몸·마음·정신을 모두 훈련시키는 전인적인 훈련으로 탈바꿈시켰다. 요가는 꾸준한 훈련을 통해, 자신이 되고자 하는 자아를 향해 매일매일 정진하는 프로그램이다. 인간은 오래된 자아로부터 해탈하여 우주적인 자아, 원래의 자신과 합일을 연습한다.

파탄잘리는 구전되어온 '해탈'을 위한 다양한 훈련을 모아 정리하였다.[11] 그는 이 요가에 관한 글을 정리하였고 5세기경 그를 추종하는 학자들이 네 권의 책으로 집대성하였다. 『요가수트라』는 196개의 경구로 구성된 네 권의 책이다.[12]

첫 번째 책은 51행으로 구성된 『사마디 파다(Samadhi Pada)』다. 요가 수련자가 잡념을 제거하고 삼매경으로 진입하는 방법을 제시한다.[13]

두 번째 책은 55행으로 구성된 『사다나 파다(Sadhana Pada)』다. '사다나'는 '훈련'이라는 뜻으로 요가를 실제 훈련하는 방법을 제시한다. 특히 요가수련의 종류를 담은 크리야 요가와 요가의 여덟 가지 단계인 아시탕가 요가가 포함되어 있다.

세 번째 책은 56행으로 구성된 『비부티 파다(Vibhuti Pada)』다. '비부티'는 '힘' 또는 '발현'이라는 의미로 요가 훈련이 가져오는 효과를 설명한다.

네 번째 책은 34행으로 구성된 『카이발야 파다(Kaivalya Pad)』로 무아를 경험하는 해탈을 설명한다.

삼매(三昧)

요가의 궁극적인 목적은 '해탈'이다. 인간이 자신도 모르게 몸과 마음에 배인 욕심으로 가득한 자아로부터 탈출한 후에, 본연의 자아이며 우주적인 자아를 되찾는 여정이다. 요가 수련자는 이 훈련을 통해 지금의 자아와 해탈의 자아를 일치시킨다. 이 일치를 '사마디(samādhi)'라고 부른다.

'사마디'란 단어는 '함께'의 의미인 접두어 '사(sa)', '마음'을 의미하는 '마(mā)', '적재적소에 두다'라는 의미를 지닌 동사 '디(dhi)'로 구성되었다. '디'는 아주 오래된 인도-유럽어 어근 '데흐(*dʰehₐ)'에서 파생했다. '데흐'는 '적재적소에 두는 배열'이라는 뜻이다. '데흐'라는 개념은 우주 창조 이야기의 핵심이다. 신은 천체를 그들이 당연히 있어야 할 장소에 두었다. 태양과 달, 지구는 인간이 기억할 수 없는 까마득한 과거로부터 그 장소에서 자신에게 주어진 길을 자전하고 공전한다. 지구 안에 존재하는 만물도 생성과 소멸을 반복한다.

인도-유럽어 어근 '데흐'는 고대 그리스어에서 '신(神)'을 의미하는 '쎄오스(theos)'가 되었다. 신은 천체를 적재적소에 배치하는 존재이며, 그 안에 존재하는 만물을 위해 정해진 시간을 배열한 자다. '쎄오스'는 이런 배치와 배열을 '결정적인 시간'과 '결정적인 장소'를 통해 완수한다. '결정적인 시간'과 '결정적인 장소'를 고대 그리스어로 '카이로스(kairos)'라고 부른다.

'디'는 요가가 추구하는 가장 중요한 개념인 주체와 객체의 경계가 허물어져 하나가 되고, 주체가 스스로에게 동일하면서도 다른 객체를 만들어, 그 주체와 자신 안의 객체가 신비한 합일을 이루는 경지를 의미한다. '사마디'는 내가 너와 하나가 되고 내가 내 앞에 보이지 않는 그것과 일치하는 경지다. '사마디'란 단어가 중국어로 번역되면서 그 음가를 빌려 '삼매(三昧)'가 되었고, '삼매'라는 한자가 한국에 들어와, 우리도 이 단어를 '삼매' 또는 '삼매경'이란 단어로 사용하게 되었다. 삼매경은 요가 수

행자가 발견해야 할 자신의 마음속에 존재하는 전혀 알려지지 않는 경내로 진입하는 훈련이다.

2세기 그리스 지리학자 프톨레마이오스(Claudios Ptolemaeos, 85~165)는 당시 로마와 지중해 전역을 지도에 담는다. 그는 이 지도에 '알려지지 않은 땅'이란 의미를 지닌 '테라 이코니타(terra incognita)'라는 용어를 사용하였다. 이 땅은 그 누구도 가본 적이 없고, 가보았다는 기록도 존재하지 않지만, 반드시 있어야만 하는 지역이다. 그곳은 마치 인간의 과학이 아무리 발전한다 할지라도, 우리가 확인한 우주는 빙산의 일각이라는 고백과 연결된다. 우주가 무한하다면, 우리가 확인한 우주의 행성들은 우주의 극히 일부일 수밖에 없다. 요가 수련자는 우주와 같이 광활한 자신의 마음에서 자신이 발을 들여놓은 적이 없는 '알려지지 않은 땅'으로 들어간다.

삼매경(三昧境)은 특별한 마음의 장소다. 불교 사찰이나 이슬람 사원은 외부의 공간과는 구별된 장소에 있다. 이것이 '경내(境內)'다. 경내로 진입하기 위해서는 몸을 정결하게 씻고 경내에 어울리는 의상을 입고, 신발을 벗어야 한다. 신발은 '경외(境外)'의 상징이며 요가를 수련한 적이 없는 자연 상태의 오래된 자아다. 경내와 경외를 구별하는 문지방은 오랫동안 자신을 수련한 자들만이 건너갈 수 있는 표식이다. 삼매경은 내 마음속에 존재하지만, 가본 적이 없는 공간이다. 그곳은 위대한 나 자신을 발견할 수 있는 거룩한 장소다.

요가는 모든 인간의 마음속 깊이 존재하는 거룩한 경내로 진입하기 위한 훈련이다. 삼매경은 오랫동안 수련한 자들에게 주어지는 선물이다. 그것은 마치 궁수의 수련과 같다. 궁술을 처음 배우는 사람은 커다란 과녁을 조준한다.

시간이 지나면서 궁수의 실력이 쌓이면 두 가지 변화가 일어난다. 궁수와 과녁의 거리가 짧아지고, 과녁이 점점 커진다. 오랜 수련을 거쳐 올림픽 대회에 나갈 정도의 실력을 얻은 궁수는 25미터 떨어진 거리에 위치한 과녁을 세밀하게 볼 수 있는 시력을 지니게 된다. 궁술 훈련 전에는 볼 수 없는 과녁의 가운데를 훈련을 통해 마치 눈앞에 있는 것처럼 인식한다. 요가는 이전에도 존재했으나 볼 수 없었던 장소로 진입하는 훈련이다.

푸루샤

자신이 열망하는 '또 다른 위대한 자신'을 가장 잘 설명해주는 단어가 하나 있다. '푸루샤(puruṣa)'다. 푸루샤는 고대 인도에서 사용하던 언어인 산스크리트어로 '진정한 자신'이란 의미다. 기원전 6세기 서양에서는 두 가지 다른 인간에 관한 심오한 관찰이 있었다. 소아시아 밀레토스를 중심으로 활동한 고대 그리스 철학자들은 우주의 원칙을 찾기 위해 눈을 외부로 돌려 '자연'을 관찰하였다. 이와는 달리 고대 인도에 새롭게 등장한 상키아(Samkhya)라는 사상을 만든 수련자들은 자신의 눈을 인간의 내부로 돌렸다. 이들은 무엇보다도 자신의 내면에 감추어진 빛을 찾아 나섰다. 그 빛을 감추거나 어둡게 만드는 자신의 욕망이나 허상을 직시하였다.

'푸루샤'는 이전 인도철학에서 '우주의 원칙(『리그베다』)'이나 '추상적인 자아(『우파니샤드』)'였다. 그러나 상키아 수련자에게 푸루샤는 '인간 각자의 본연의 자신'이다. 모든 인간에게 자신만의 고유하며 영원한 자아인 푸루샤가 있다. 푸루샤는 자신과는 상관없는 우주의 원칙이나 추상적인 자아가 아니라, 자신 안에 존재하는 내면의 빛이다. 상키아 철학자들은 자신 안에 숨겨진 푸루샤를 발견하고 발동시키기 위해서 훈련이 필요하다고 생각했다. 이들은 이 내면의 빛을 발견하기 위한 영적인 운동을 '요가'라고 불렀다. 요가는 인도가 인류에게 선사한 위대한 선물이다. 인간은 자기 중심적인 욕심이 실타래처럼 어지럽게 얽혀 있어서 푸루샤의 존재를 까맣게 잊어버리고 산다.

'파슈파티 인장'

요가는 힌두교라는 종교가 등장하기 이전, 인류의 오래된 수련방법이었다. 인류 최초의 정교한 도시를 구축한 기원전 26세기 모헨조다로에서 발굴된 인장이 요가의 기원을 증언한다. 모헨조다로의 통치자로 보이는 사람의 인장이다.

1922년에 영국 고고학자 존 마셜이 기원전 2600년경으로 추정되는 인더스 문명을 파키스탄 신드에서 발굴하였다.[14] 모헨조다로 도시문명의 체계와 정교함은 동시대 메소포타미아와 이집트의 도시문명을 능가한다. 이 인장은 지하로 3.9미터 깊이에서 발굴되었다.

모헨조다로 발굴을 주도한 고고학자 매케이(E.J.H. Mackay)는 이 인장을 420번으로 번호를 매기고 기원전 2350년에서 기원전 2000년 사이로 제작 연대를 추정하였다.[15] 겉이 미끌미끌한 암록색 동석(凍石) 위에 새겨진 이 인장은 크기가 가로 3.56센티미터에 세로 3.53센티미터, 두께가 0.76센티미터로 몸에다 지니거나 목에 걸 수 있는 정도로 조그마한 크기다.

이 인장 중앙에 설치된 단(壇)에 한 중요한 인물이 앉아 있다. 마셜은 이 인장을 산스크리트어로 '파슈파티(pashupati)'라고 불렀다. 번역

「파슈파티 인장」

암록색 동석 인장, 기원전 2350~기원전 2000,

3.56cm×3.53cm,

모헨조다로에서 발굴

하자면 '동물들의 주인'이라는 의미다.[16] 마셜은 이 인물을 힌두교 시바 (Shiva) 신의 원형으로 해석하였다. 시바는 악을 파괴하는 신으로 우주를 창조하고 보호하고 변화시키는 최고의 신이다. 그는 흔히 카일라시 (Kailash)산에 거주하는 요가 수련자의 상징이기도 하다. 시바는 '모든 동물들을 관장하는 주인'이며 파슈파티와 이 인장은 인도문명의 기원을 푸는 열쇠다.[17]

파슈파티는 시바신의 화신이며 동시에 모헨조다로를 치리하는 왕이다. '파슈파티 인장'은 그가 인도에 만들 문명과 그 문명의 정신적인 근간인 요가 사상을 그대로 담았다.

이 인장을 만든 예술가는 둘레를 톱으로 자른 후 칼이나 정으로 다듬은 후, 연마재로 정교하게 갈았다. 이 부조는 섬세한 정으로 조각되었다. 파슈파티는 가만히 앉아 있다. 그는 허리를 꼿꼿이 세우고 정면을 응시하고 있다. 그는 동물들의 공격에도 아랑곳하지 않고 오히려 눈을 지그시 감았다. 삼매경으로 이미 들어갔는지 눈이 팔자(八字)로 평온하게 처져 있다. 자신이 있어야 할 본연의 장소에 안주하면서, 그의 귀도 아래로 처져 있고 코도 길게 늘어져 있다.

파슈파티의 귀에 대한 다른 설명도 있다. 마셜은 이 모양을 귀가 아니라 왼쪽과 오른쪽도 살피는 얼굴들 모습으로 보았다. 파슈파티는 세 얼굴을 지녔다. 그의 얼굴은 정면을 향하고 있을 뿐만 아니라 오른쪽과 왼쪽 모두를 경계한다. 그는 눈을 감고 있지만, 마음은 첨예하게 깨어 있고 사방에서 일어나는 일을 인식하고 있다. 동시대 메소포타미아 「앗다 인장」에서도 신과 인간의 경계에서 신의 명령을 인간에게 전달하는 존재인 '이시무(Isimu)'도 이중 얼굴을 가지고 있다. 한순간도 놓치지 않고 신의 소리를 잡으려는 모습이다.

그런 의미에서 인간의 귀는 얼굴의 축소판으로 사방에서 일어나는 일들을 감지하는 유일한 기관이다. 그의 입은 여전히 오랫동안 그랬던 것처럼, 굳게 다물고 침묵을 수련한다. 할 말이 없어 입을 다문 것이 아니라, 자신의 말을 되새기기 위해 침묵한다. 그러나 그가 입을 열어 말을 하면, 침묵의 수련이 전달되는, 포용하면서도 정곡을 찌르는 말을 한다. 그의 얼굴은 평온해 보이지는 않지만 달관한 표정이다.

파슈파티는 느슨한 큰 팔찌를 두 개씩 양팔에 걸었다. 정중동(靜中動)을 수련하는 자신의 움직임을 감지하기 위해서다. 어깨에서 팔목까지 타투로 장식되어 있다. 그는 부동자세가 움직임을 가능하게 하는 원동력임을 깨달았다.[18] 그는 가슴과 목이 'V'자로 장식된 옷을 입었다. 극도로 절제된 모습을 작은 선 조각으로 표시한 것 같다.

그의 두 팔은 자신이 좌정한 땅을 향해 무한하게 펼쳐 있다. 두 팔은 힘없이 처져 있는 것이 아니라 자연스럽게 허공에 자리를 잡고 가지런히 양 무릎 위에 올려져 있는 것이다. 그는 수련을 통해 극도로 단순하고 절제된 인위적인 자세를 자연스런 모습으로 승화시켰다. 양손의 엄지는 약간 벌렸다. 그의 배를 가로로 가르는 굵은 선이 있고 정가운데 선이 가부좌를 수련하고 있는 두 발 사이를 향하고 있다. 굵은 선은 자신의 몸을 움직이지 않도록 동여맨 동아줄이다.[19]

발의 모습도 초현실적이다. 양발의 바닥과 발뒤꿈치가 수직으로 만난다. 발가락은 곧게 뻗은 채, 자신이 좌정한 제단 위에 서 있다. 그는 이 절체절명의 순간에 한 치의 움직임도 없이 발가락으로 서 있다.[20]

이때 요가 수련을 방해하는 동물들이 등장하였다. 이 동물들은 인간의 눈과 귀를 자극하고 겁을 주고, 스스로에게 집중하지 못하게 하는 소리와 이미지의 상징이다. 오른편에는 벵골 호랑이와 코끼리가 새겨져 있다. 호랑이는 앞발을 치켜들고 무시무시한 발톱으로 위협하며 입을 벌려 큰 소리로 포효한다. 날카로운 이빨로 파슈파티를 금방이라도 물 자세다. 호랑이의 얼굴은 거의 인간의 모습을 하고 있다. 이 순간에도 파슈파티는 움직임이 없다. 그의 팔찌도 우주가 멈춘 듯, 가만히 서 있다. 그런 정도의 포효는 파슈파티의 마음을 진정시켜주는 명상음악이 된다.

호랑이 위엔 코끼리가 정반대 방향을 향해 크게 울음소리를 내고 있다. 호랑이와 코끼리 사이에 파슈파티의 몸종이 이 광경을 관찰한다. 파슈파티 왼편에 코뿔소와 물소가 달려오고 있다. 아래 있는 물소도 벵골 호랑이처럼 머리를 쳐들고 포효한다. 코뿔소와 물소 위에도 오른편에 등장한 인물과 비슷한 파슈파티의 몸종이 맨 위에 새겨져 있다.

단은 직사각형 사방탁자로 양쪽은 그 상하가 뾰족하게 처리된 'I'자 모양 다리가 있다. 이 인물은 이곳에 특별한 공간인 '제단(祭壇)'을 만들어 수련한다. 자신의 몸을 그 위에 올려놓아, 자신을 훈련시키고 고양한다. 그는 스스로 '희생 제물'이 되었다. 그 제단 밑 중앙에는 두 마리 야생 사슴 또는 야생 염소가 큰 뿔을 휘저으며 뒤를 바라다본다. 파슈파티는 혼돈의 상징인 야생을 정복하여, 온전히 자신 안에 존재하는 '푸루샤'에 몰입한다.

파슈파티는 머리에 왕관을 쓰고 있다. 왕관은 마치 왼편에 있는 물소의 거대한 뿔과 유사하다. 둥글게 휜 뿔이 파슈파티의 머리 위에서 만나 마치 연꽃처럼 모아졌다. 뿔은 신성의 상징이며 동시에 왕권의 상징이다. 메소포타미아의 신성의 상징인 '메(ME)'처럼, 파슈파티의 왕관도 뿔의 힘을 빌려왔다.

파슈파티는 모헨조다로를 치리하는 통치자로 신성의 상징인 뿔 왕관을 머리에 쓰고, 신이 되었다. 이 인장의 맨 위에 아직도 판독되지 않는 원-인디아어 문자(Proto-Indic Script) 다섯 개가 있다.

헬싱키대학교의 아스코 파르폴라(Asko Parpola)는 이 문자를 판독하는 데 기원전 3100년부터 문자를 사용하기 시작한 이란의 엘람문자와 원-인디아어 접촉에서 실마리를 풀려고 시도했다. 하지만 아직까지 풀리지 않았다.[21]

『바가바드 기타』와 요가

인도의 제2대 대통령인 사르베팔리 라다크리슈난(1888~1975)은 이렇게 말했다. "고대 그리스인은 인류에게 지적인 가치를 선물했고, 로마인은 정치체계를, 유대인은 도덕적 가치를 그리고 인도인은 영적인 가치를 선물하였다." 문명의 문법은 자신이 선택한 최선을 지향할 때, 서서히 등장한다.

인도의 유구한 역사를 보면, 인도인들은 '신'이라고 부르는 최고의 현실을 지금 여기에서 실현하기 위해 노력한 인간들을 찬양하였다. 종교는 실현(實現)이며 신은 최선(最善)이다.

영국 역사가 아널드 토인비는 세계문명들을 연구하면서, 인도는 종교에 있어서 천재라고 평가하였다. 여기서 종교는 개별 종교 혹은 교리가 아니라, 종교 그 자체다.

힌두교는 인도인이 말하는 '종교'의 의미를 표시하기에는 너무 협소하다. 인도인은 종교를 '사나타나 다르마(Sanātana dharma)'라고 부른다. '사나타나'는 '영원한; 변함이 없는'이란 의미이며, '다르마'는 '우주의 질서에 맞게 조절한 공동체나 개인의 원칙'이다. '사나타나 다르마'는 현실의 근간이며, 인간 삶의 기초가 되는 영원한 원칙이나 가치를 이른다. 그것은 교리·국가·문화 그리고 시대를 초월한다. '사나타나 다르마'는 인도

신비주의의 요람인『우파니샤드』에 처음 등장한다.

『우파니샤드』는 무명의 현자가 초월적인 존재와의 직접적인 만남을 기록한 경전이다. 『우파니샤드』는 숭고하고 독자들에게 영감을 주지만, 현실적이지 않다. 그것은 현자들이 깨달은 내용을 전달하지만, 그 내용을 읽은 독자들이 어떻게 변화했는지 알려주지 않는다.

'사나타나 다르마'의 핵심은 '종교는 개인의 경험에 근거해야 한다'는 것이다. 종교의 내용은 그것을 신봉하는 삶 속에서 서서히 드러나고 완성되는 것이다.

『바가바드 기타(Bhagavad Gita)』는 힌두교 서사시인 『마하바라타』 제6권 제23~40장에 등장하는 700행 노래다. 이 노래는 같은 왕조의 친척들인 판다바(Pandava)라는 오형제와 카우라바스라는 그의 사촌들 간의 전쟁에 관한 이야기다. 용사이면서 왕자인 아르주나(Arjua)는 자신의 사촌들과 전쟁을 치러야 하는 당위성을 의심한다. 그는 자신이 취해야 할 행위를 자신의 전차를 모는 스승인 슈리 크리슈나(Sri Krishna)와 나눈 대화를 통해 깨닫는다.

판다바 오형제와 카우라바스는 '의로운 전쟁(Dharma Yuddha)'을 벌였다. 아르주나는 전쟁이 불러올 폭력과 죽음에 대한 실존적인 위기를 상상하고 고민한다. 『기타』이야기 형식인 '대화(對話)'의 서술방식은 중요하다. 왜냐하면 『기타』는 명령이나 계명으로 이루어진 책이 아니다. 따라서 독자들은 이들의 대화를 통해 자신들도 자유로운 해석을 더할 수 있다.

『기타』에는 『우파니샤드』의 지혜가 크리슈나의 입으로 전달되고, 독자들의 대표인 아르주나가 그 지혜를 현실에 적용하기를 끊임없이 시도한다. 크리슈나는 요가는 '드야나(dhyana)'로 불리는 '명상'을 통해 시작한다고 말한다. 그는 요가의 특징인 명상을 『바가바드 기타』 VI.18~19에서 다음과 같이 설명한다.

18. yadā viniyataṁ chittam
    ātmany evāvatiṣṭhate
    niḥspṛihaḥ sarva-kāmebhyo
    yukta ityuchyate tadā

19. yathā dīpo nivāta-stho
    neṅgate sopamā smṛitā
    yogino yata-chittasya
    yuñjato yogam ātmanaḥ

(『바가바드 기타』, VI.18~19)

위 문장을 번역하면 다음과 같다.

18. 요가 수련자가 정신을 조절하여
    진정한 자아와 합일하면,
    그는 욕심으로부터, 모든 욕망으로부터 자유로워진다.
    그러면 그때, 그는 '훈련되었다'고 말할 수 있다.

19. 그 상태는 바람이 불지 않는 장소의 램프처럼
    깜박이지 않는다. 훈련된 마음을 지닌 요가 수련자도
    그것(램프)과 비교될 수 있다.
    그는 진정한 자아를 훈련하는 자다.

객관적 관찰자 '드라스트르(Draṣṭṛ)'

『요가수트라』 I.2는 "요가는 마음속에서 항상 일어나는 소용돌이를 소멸시키는 것이다"라고 정의한 후, '소멸'의 내용을 『요가수트라』 I.3~4에서 다음과 같이 설명한다.

3. 타다 드라스투 스바루페-바스타남(tadā draṣṭuḥ svarūpe-'vasthānam)
4. 브리티 사루프얌-이타라트라(vṛtti sārūpyam-itaratra)

이 문장을 번역하면 다음과 같다.

3. 요가의 목적인 잡념을 소멸하기 위해서, 수련하는 자는 스스로 객관적인 관찰자가 되어, 자기 본연의 모습을 찾아, 그것에 안주해야 한다.
4. 만일 우리가 그렇게 하지 못한다면, 인생이라는 소용돌이가 나를 사이비로 만들 것이다.

그는 요가의 목적을 자신의 심연에서 잠자고 있던 본연의 모습으로 정의한다. 고대 인도에서 '본연'을 이르는 다양한 용어가 있다.

힌두철학에서 '아트만(atman)'이란 용어는 가장 널리 사용되는 단어다. 파탄잘리는 『요가수트라』에서 요가의 목적은 본연의 자신을 수련하는 것이라고 주장하며, 전통적인 '아트만'이나 요가철학에서 가장 많이 통용되는 '푸루샤'라는 용어를 사용하지 않는다고 말한다.

그는 '드라스트르(Draṣṭṛ)'라는 단어를 사용한다. 이 단어는 '보다; 배우다; 이해하다'라는 뜻을 지닌 동사 '드르스(dṛś)'에서 파생된 단어로 그의미는 '심오한 통찰력으로 보는 사람, 객관적인 관찰자' 또는 '심오한 관찰'을 의미한다.

여기에서 '보는 행위'는 신체기관인 눈으로 사물을 보는 것이 아니다. 파탄잘리는 '드라스트르'를 은유적으로 사용한다. '객관적인 관찰' 또는 '객관적인 관찰자'란 그 대상이 각별하다. '객관적 관찰'의 대상은 외부가 아닌 자기 내부에 존재하는 '본연의 자기 모습'이다. 또한 자신의 '본연'을 객관적으로 보려는 수련과정, 그 자체가 목적이다.

'본연(本然)'

'객관적인 관찰'이란 다름 아닌 '본연의 모습'에 조용히 안주하고 그것을 완벽하게 구현하려는 수련이다. 파탄잘리는 '본연'을 '스바루파(svarūpa)'란 단어를 사용하여 설명한다. '스바루파'는 '스스로('스바') 취해야 할 고유의 아름다움('루파')' 또는 '자신만의 개성(個性)'이다. 그리고 '본연'을 자신의 일부로 만들려는 수련을 '조용히 안주한다'는 의미인 '아바스타나(avasthāna)'로 설명한다. '아바스타나'란 '심연으로 내려가('아바'), 그곳에 의연하게 우뚝 서려는('스타나') 수련'이다. 요가란 자신의 본연의 모습이 마음속에 존재하다는 사실을 깨닫고, 그것을 발견하여 고유한 자신을 완성하기 위한 의연한 수련이다.

그리스 철학자 플라톤은 그의 저작『국가』에서 인간이 회복해야 할 본연의 모습을 그리스어 '에이데이(Eidei)'로 설명한다. 영어 단어 '아이디어(idea)'가 이 단어에서 유래했다. '이데아'는 '보다'를 의미하는 그리스어 동사 '이데인(idein)'에서 파생했다.

파탄잘리나 플라톤 모두 본연의 모습을 '보는 행위'와 관련지어 설명한다. '이데아'는 우리가 일상에서 오감으로 '관찰'한 것들이 아니라, 가시적이며 감각적인 현상을 가능하게 하는 원래의 모습이다. 물질은 그

본래의 모습에 대한 '의견'일 뿐이다.

플라톤은 『국가』에서 '교육과 교육의 부재가 인간 본성에 미치는 영향'을 세 가지 비유를 들어 설명한다. '태양의 비유(508b~509c)' '분선의 비유(509d~511e)' '동굴의 비유(514a~520a)'가 그것이다. '동굴의 비유'는 소크라테스와 플라톤의 형인 글라우콘이 나눈 대화 중에 등장하는 이야기다.

이 이야기에 따르면 포로들이 동굴 안 깊숙이 목이 고정된 채, 동굴 안쪽 벽만 보도록 묶여 있다. 이 사람들 뒤에는 모닥불이 피워져 있다. 사람들이 모닥불과 포로들 사이에서 물건을 가지고 돌아다닌다. 포로들은 사람들이나 물건들을 직접 보지 못하고, 동굴 벽에 드러나는 그림자만 본다. 또한 사람들이 말하는 소리는 동굴 안에서 울려, 그림자들이 알 수 없는 소리로 웅성거리는 것으로 판단한다. 불이 반영되어 끊임없이 움직이는 그림자들이 포로들에겐 현실이다. 왜냐하면 그 그림자의 본연의 모습인 사람이나 물건 또는 이것들을 왜곡시키는 불의 존재를 모르기 때문이다.

'사이비(似而非)'

『요가수트라』는 '동굴의 비유'에 등장하는 불처럼 인간의 시야를 왜곡하는 방해꾼이 바로 '브리티', 즉 '소용돌이'라고 말한다. 호수 표면에서 끝없이 출렁이는 '물결'이나 '소용돌이'는 그 밑바닥에 존재하는 자신의 본연의 모습인 '드라스트르'의 관찰을 방해하거나 왜곡시킨다. 그것을 관찰하기 위해서는 이 소용돌이를 소멸시켜야 한다. 인간이 소용돌이를 없애지 못할 때, 등장하는 모습이 바로 '사이비(似而非)'다. 파탄잘리는 이것을 '사루프야(sārūpya)'라는 단어로 설명한다. '사이비'의 축자적인 의미는 '유사하나 같지 않은 것'이다. '사이비'는 자신에게 몰입하지 못하는 사람의 별칭이다. 그는 인생이란 무대에 올라서도 자신의 배역이 무엇인지 모르는 사람이다. 자신의 생각, 말 그리고 행위를 장악하는 고유한 자신이 없기 때문에, 그의 말은 핑계며 그의 행위는 흉내다.

위대한 리더는 자신의 본연을 찾아 부단히 수련하는 자다.

8

테미스토클레스의 안목, 프로노이아(Pronoia)

———

"당신에게는 미래를 예측하는
눈이 있습니까?"

'프로노이아'(πρόνοια, Pronoia, 그리스어), '선견지명(先見之明)'

'프로노이아'는 우주 안에 존재하는 만물을 운행하는 목적이다. 플라톤과 아리스토텔레스는 프로노이아를 거부하는 행위는 신에 대한 부정과 같기 때문에 신성모독이라 여겼다. 프로노이아는 누군가 자신을 공격할 것이라는 환상에 사로잡히는 '파라노이아(paranoia)'의 반대다. 리더는 사람과 사물을 겉모습뿐만 아니라, 그것들의 현상을 가능하게 한 속모습을 꿰뚫어보는 자다.

프로노이아는 해결점이 보이지 않는 암울한 상황에서 그 해결책을 발견하고, 그 실마리를 통해 결과를 예측하는 상상력이다. 또한 자신이 상상해낸 선견지명을 행동으로 옮겨 모두를 위한 최상의 결과를 도출시키는 가치다. 프로노이아는 '사건이 일어나기 전; 미리' 또는 '∼를 대신하여'란 의미를 지닌 전치사 '프로(pro)'와 '경험을 통해 아는 지식'인 '노오스(nóos)' 그리고 명사형 어미 '이아(-ia)'의 합성어다. 프로노이아는 '앞으로 일어날 사건을 미리 아는 지혜' 혹은 '신을 대신하여 사건의 전말을 아는 지혜'라는 뜻이다.

아테네와 페르시아 제국의 전투인 '살라미스 해전'에서 테미스토클레스는 아테네가 절체절명의 위기에 처한 순간에 그 누구도 볼 수 없는 참신한 전략으로 승리를 거둔다.

선견지명(先見之明)

인류 역사의 거대한 물결은 위에서 아래로 '정해진 길'로만 흘러가는가? 때로는 혜성처럼 위대한 리더가 등장하여, 아무도 상상하지 못한 물꼬를 터 '새로운 길'로 들어서는가? 인류 역사의 진보는 대중이 만드는가, 혹은 선각자(先覺者)가 등장하여 자신이 깨달은 바를 대중에게 설명하고 설득하여 그 뜻을 관철할 때 이루어지는가? 한 국가나 집단이 사라질 위기에 봉착했을 때 그것을 타개할 수 있는 방안은 무엇인가?

18세기 말 미국이라는 신생국가를 탄생시키고, 미국 「독립선언문」을 작성한 미국의 제3대 대통령 토머스 제퍼슨(1743~1826)은 고대 그리스의 정치가와 철학자를 흠모하였다. 그는 특히 강한 미국을 만들기 위해 해군 증강을 주장한 존 애덤스를 테미스토클레스와 비교하였다.[1]

고대 그리스의 살라미스 전쟁의 영웅 테미스토클레스(기원전 524~기원전 459)는 아테네를 중심으로 태어난 서양문명의 불씨를 지폈을 뿐만 아니라, 세계문명의 중심을 페르시아에서 그리스로 가져오는 데 결정적인 역할을 하였다. 테미스토클레스는 고대 페르시아 제국이 오늘날 중동과 중앙아시아를 정복한 후, 아테네와 그리스의 반도를 공격하기 시작한 기원전 5세기에 활동했던 군인이자 정치가다. 신생 도시국가 아테네가 풍전등화처럼 사라질 위기에 봉착했을 때 혜성처럼 등장한 리더다.

그는 페르시아와 그리스 도시국가 간의 전쟁들, 특히 마라톤 전투와 살라미스 해전을 승리로 이끌면서 아테네의 지도자로 등극하였다. 그리스 도시국가들이 페르시아 제국의 속국이 될 위기였다. 오늘날 그리스 문명과 그 자식들인 서양문명은 테미스토클레스의 리더십으로 태어났다고 말해도 지나침이 없다.

테미스토클레스 리더십의 근원은 '선견지명'이다. 리더의 선견지명이란, 당연한 과제를 숙고하여 최적의 대안을 떠올려 자신의 깨달음이 실현되도록 대중을 일깨우는 '설득(說得)의 기술'이다. 리더는 없던 길을 만드는, 남들이 가본 적이 없는 길을 모색하는 숙고하는 인간이다. 대중은 리더에게 자신들을 이전보다 더 나은 삶으로 인도해달라고 요청한다.

테미스토클레스는 아테네가 절체절명의 위기에 처한 순간에 그 누구도 볼 수 없는 참신한 전략을 생각해낸다. 이것을 고대 그리스어로 '프로노이아(pronoia)'라고 한다.[2] 프로노이아는 앞으로 다가올 미래 상황을 사고실험을 통해 구체적으로 상상하고, 그것에 대한 대안을 내놓는 능력이다.[3]

대중은 깊은 숙고를 통해 더 나은 자신을 상정하고, 그런 자신이 되기 위해 수련하는 자를 찾고 싶어한다. 그리고 그런 자를 기꺼이 믿는다. 문제는 리더가 자신을 깊이 관조한 적이 없고, 그 결과 현안에 대한 심오한 지혜를 가지지 못해, 스스로를 믿지 못할 존재로 만든다는 것이다. 리더는 자기 자신을 확신하기 때문에, 대중이 그를 믿는다. 이 믿음을 고대 그리스어로 '피스티스(pistis)'라고 불렀다. 이런 '자기 확신'은 이해 당사자들을 말로 설득할 수 있도록 카리스마를 선사한다. 피스티스는 자기 신뢰며 자기 확신이다. 이렇게 자기 확신을 통해 나오는 말을 고대 그리스어로 '디나미스(dynamis)', 즉 '힘'이라고 불렀다. 힘은 자기 신뢰라는 수련을 통해, 매일 조금씩 조금씩 생기는 정신적이며 영적인 근육이다.

정치혼란기

테미스토클레스가 활동한 시대는 정치적으로 혼란한 시기였다. 아테네를 지배하던 참주 페이시스트라토스는 기원전 527년에 사망하면서 권력을 자신의 두 아들인 히피아스와 히파르코스에게 이양했다. 당시 아테네 귀족들이 권력투쟁을 벌여 동생 히파르코스를 살해하자 장남 히피아스는 자신에게도 들이닥친 살해 위협에 맞서 외국 용병들을 고용한다.[4] 이때 등장한 리더가 클레이스테네스다. 그는 아테네의 전통적인 귀족 알크마이온 가문으로 기원전 570년에 태어났다. 그는 기원전 525년 참주 히피아스 통치 시기에 정치에 입문하였지만 아테네 정치인들은 그의 정치적인 영향력을 경계하며 그를 추방시켰다. 그러나 아테네 시민들은 그를 참주 히피아스를 몰아낼 유일한 리더로 여겼다. 그는 스파르타 왕 클레오메네스(Cleomenes) 1세의 힘을 빌려 히피아스를 폐위시켰다.

이들은 스파르타 클레오메네스 1세가 지지한 이사고라스를 기원전 508년에 '아르콘', 즉 최고행정관으로 옹립한다. 이사고라스는 아테네를 소수의 귀족들이 절대적인 권력을 행사할 수 있는 과거 참주정치제도로 회귀시켰다. 특히 그는 아테네 사회에 자리 잡아 정착 중이던 철학자이자 정치가인 솔론을 경계했다. 그리하여 그는 솔론이 기원전 594년에 '아르콘'으로 단행한 개혁을 무시했다. 당시 아테네 사회는 하층민의 부채가 늘어나 빈곤이 심해졌고, 농민들은 수확의 6분의 1을 소수의 귀족들에게 바쳐야 했다. 이에 솔론은 '무거운 짐 덜어내기'란 의미를 지닌 '세이삭테이아'(Seisachtheia)라는 급진적인 경제개혁을 단행한 것이다. 그는 농민들의 모든 부채를 말소시켰으며, 채무불이행으로 노예가 된 자들을 해방시켰다.

클레이스테네스가 아테네 일반시민들의 지지를 얻어 개혁을 단행하자, 이사고라스는 스파르타 왕 클레오메네스에게 그를 추방시킬 것을 부탁하였다. 스타르타 군대가 아테네를 포위하였지만, 아테네 시민들의 저항으로 스파르타와 이사고라스는 물러났다. 권력을 다시 잡은 클레이스테네스는 정치권력을 아테네 시민에게 부여하는 과감한 개혁을 시도한다. 그리고 이 정치 형태를 '데모크라시', 즉 '민주주의'라고 불렀다. 아테네 시민은 이사고라스를 폐위시키고 자신들 스스로 새로운 힘을 획득하였다.[5]

아테네 시민들이 자신들을 위해 스스로 아테네를 수호하고 권력을 쟁취한 것이다. 이들은 클레이스테네스에게 새로운 정치구조 개혁을 맡겼다. 그의 '민주주의 개혁'은 부족과 종교를 기반으로 한 전통사회를 헤쳐 새 질서를 만드는 작업이었다. 그는 아테네인이 과거에 속했던 네 개의 부족 집단을 재정비하였다. 그는 오래된 부족들을 없앤 것이 아니라 그들에게 '퓔레(phyle)'라는 이름을 붙여주었다. 그러고는 그들을 다시 열 개의 새로운 집단으로 나누었다. 그리고 각 집단의 조상이며 신화 속에 등장하는 영웅들을 열 개 퓔레의 정서적이며 정신적인 기반으로 삼게 만들었다. 클레이스테네스는 퓔레 아래에, 작은 마을들이나 도시의 한 지역을 구성하는 '딤(deme)'이라는 새로운 행정구역을 만들어두었다.

'이소노미아'

클레이스테네스는 외적인 행정개혁을 단행하면서 그것을 작동할 체계를 고안해냈는데, 이것이 '민주주의'였다. '민주주의'라는 단어는 그리스어 '데모크라티아(demokratia)'에서 유래했다. 이 단어를 직역하자면 '대중을 위한 권력'이란 의미다. 그러나 이 용어는 아테네 민주주의를 부정했던 사람들이 만들어낸 용어다. 아테네인은 자신들의 정치체계를 다른 이름으로 불렀다. 그리스 역사가 헤로도토스는 그의 책 『역사』에 아테네에서 실험하고 있는 새로운 정치제도를 '이소노미아(isonomia)', 즉 '법의 평등'이라고 불렀다.[6] 아테네 시민 누구나 동일한 법 아래 있으며, 그 법 앞에서 평등하다는 의미의 정치 제도다.

'이소노미아'는 계급을 통해 자신의 신분이 결정된 아테네 사회의 근간을 허물었다. 모든 사람은 법 앞에서 평등하며 개개인은 고유한 존엄성을 지니고 있기에 자유가 가장 중요한 가치로 등장하였다. 평등과 자유가 인간사회의 기반으로 비로소 등장한 것이다. 대부분의 나라가 19세기 말까지 세습에 의한 왕정을 유지하였지만, 고대 그리스는 이론상 모든 사람이 법 앞에서 평등하다는 정치적 혁명을 기원전 5세기에 이루었던 것이다. 바로 이 시점에 서양문명이 탄생했는데, 그중에서도 아테네는 서양문명의 핵심가치를 창출하였다.

정치 이론가 한나 아렌트는 '이소노미아'는 고대 그리스 시대부터 '정치적인 자유'의 동의어라고 주장한다. '이소노미아'는 통치하는 사람과 통치를 받는 사람 간의 구별이 없다. '이소노미아'가 가능하기 위해서는 시민 개개인이 자신의 삶을 선진적으로 숙고하고 영위할 수 있어야 한다. '이소노미아'를 반대하는 기존 정치세력들은 이 정치형태를 '대중이 다수의 힘으로 다스린다'는 의미를 지닌 '데모크라티아'라고 불러 공격

하였다.[7]

'이세고리아'

'법 앞에서 모든 사람이 평등하다'라는 이소노미아에서 가장 중요한 가치는 무엇인가? 고대 그리스인은 '이세고리아(isegoria)', 즉 '발언의 평등'이라고 여겼다.[8] 아테네 남성들은 자신이 태어난 계급과는 상관없이 시민 모임인 '민회'에서 말할 수 있는 권한을 가졌다. 당시 아테네는 남성주의 사회였다. 엄밀한 의미에서 진보된 사상이라고 말할 수는 없지만, 계급을 이론상 철폐했다는 사실만큼은 혁명적이다. 이전에는 귀족이나 금권을 장악한 사람들만이 발언할 수 있었다. 그러나 아테네 성인 남성들은 누구나 공적인 모임에서 자신의 생각을 동료 시민에게 설득할 수 있는 기회가 주어졌다. 이와 함께 개인이 상대방을 설득할 수 있는 수사적 능력이 리더의 가장 중요한 덕목으로 등장하였다. 언론의 자유는 아테네가 고안한 자치 정부의 핵심이다. 그리고 투표는 민주주의를 강화하였다.

이런 과감한 시도가 이전의 모든 정치행태를 전복시킨 것은 아니다. 특히 경제권을 쥔 귀족들은 건재했고 귀족들로 구성된 법정인 '아레오파고스(areopagos)'와 귀족들의 집인 '프라트레스(phratres)'는 여전히 남아 있었다. 아테네 일반 시민들은 여전히 귀족들에게 리더십을 요구하였다.

「크리티오스 소년」

그 당시 이소노미아와 이세고리아를 상징하는 조각상이 있다. 「크리티오스 소년」이다. 이 조각상은 기원전 5세기 아테네 민주주의를 대변하는 예술작품이다.[9] 한 조각가가 아테네의 한 청년을 조각했다. 이 조각상은

1866년 아테네 아크로폴리스의 폐기물 매장터에서 발견되었다. 페르시아 제국의 크세르크세스는 기원전 480년 아테네를 공격하여 신전 안에 있던 성물들을 파괴했다. 아테네인들은 페르시아 군대가 물러간 후, 그 성물들을 모아 한곳에 매장하였다. 이곳에서 발견된 한 특별한 조각상이 있다. 기원전 480년 제작되었다고 추정되는 「크리티오스 소년」이다.

이 조각은 신체의 각 부분이 독립적으로 존재하면서도, 유기적으로 협동하여 생동감이 넘치는 청년을 구현하였다. '홀로 서 있는 청년상'이라고 알려진 '쿠로스(Kouros)' 동상은 그리스 고졸기(古拙期) 시대(기원전 786~기원전 480) 중반에 등장하였다. 그리스 도시국가들이 이집트와 해상 무역을 시작하면서 '쿠로스' 형식이 그리스에서 등장하기 때문이다. '쿠로스'는 그리스어로 '청년'이란 의미로 아폴론 신의 별칭이었다. '쿠로스' 동상을 보는 사람은 감정이 없는 부동의 남성 동상을 응시하고 있다는 사실을 발견한다. 그는 견고하고 고집이 세고 일정하다. 쿠로스는 이집트와 그리스 신화에서 신전이나 도시를 지키는 사제의 모습이거나 신의 모습이다.

그리스인은 고대 이집트의 제26왕조인 사이스 시대(기원전 664~기원전 525) 동상을 모방해 재창조하였다. 이들은 이집트 동상들과는 달리, 신들의 속성을 올림픽 경주의 선수의 몸에서, 가장 진화된 인간의 몸에서 찾았다. 그리스의 고졸기 시대에서 고전기시대(기원전 510~기원전 323)로 넘어오면서, 정형화된 틀 안에서 인간의 자유를 지향하는 새로운 예술이 등장하였다. 「크리티오스 소년」은 그리스 고전기 이전 조각품인 경직되고 비개성적인 '쿠로이(kouroi)'와는 대조적이다. 이 조각품은 그리스의 고전 예술 양식을 창시한 미론(Myron)의 스승인 크리티오스의 작품이라고 추정되어왔으나, 증거는 희박하다.

「크리티오스 소년」

기원전 480, 대리석, 86cm, 아테네, 아크로폴리스 박물관

「크리티오스 소년」은 아테네 르네상스를 예견하는 작품이다. 그리스인은 개인의 자발적인 참여와 그 참여가 만들어내는 조화로운 정체인 민주주의를 상상하였다. 그들은 불완전한 일상을 초월하고 시련을 두려워하지 않는 인간의 모습을 이 동상으로 표현하였다. 이오니아인은 소아시아에서 페르시아 제국의 통치에 반란을 일으켰지만 기원전 494년 밀레토스가 함락되면서 비참하게 물러갔다. 그러나 기원전 490년 마라톤 전쟁과 기원전 480년 살라미스 전쟁의 승리로 아테네 르네상스는 시작되었다. 그리스 고졸기의 종말과 그리스 고전기의 시작을 알리는 「크리티오스 소년」은 이상적인 인간이 아니라 현실적인 인간을 표현하였다.

대리석으로 조각된 「크리티오스 소년」은 이제 민주주의를 통해 발화된 아테네 고전문명의 시발점이다. '콘트라포스토'라는 인체 입상의 특징을 처음으로 표현했다. 인체의 중앙선을 S자형으로 그리며 상반신의 무게를 지탱하여 직립하는 다리인 지각(支脚)과 뒤꿈치를 살짝 들고 무릎을 구부린 다리인 유각(遊脚)을 각각 표현하였다. 전체적으로 좌우비상칭(左右非相稱)이지만 묘하게 균형이 잡혀 인체의 정중동(靜中動)과 긴장·이완의 대비가 신비하게 표현되었다. 이 조각상은 힘이 넘치고 실물처럼 표현되었다. 신체의 모든 부분이 모두 각각의 특징을 잘 드러내면서 조화를 이룬다.

「크리티오스 소년」 조각상은 아테네를 구성하는 시민의 다양성과 복잡성, 일체감을 표현한다. 이 새로운 형식의 조각은 얼마 가지 않아 아테네와 그리스 조각의 기준이 되었을 뿐만 아니라 르네상스를 거쳐 오늘날 조각 예술의 기준이 되었다. 아테네 민주주의는 여전히 머리 역할을 하는 리더가 필요했다. 「크리티오스 소년」을 만든 조각가는 앞으로 펼쳐질 아테네 민주주의의 모습을 이 작품을 통해 표현하였다. 장차 다가올 시대를 정확하게 상상할 수 있는 안목은 리더의 카리스마다. 그의 선택과 집중은 그를 따르는 모든 사람의 등불이 된다.

테미스토클레스의 배경

테미스토클레스는 「크리티오스 소년」에서 구현된 아테네 정신을 기원전 5세기 초 페르시아와 벌인 전쟁에서 발휘하였다. 그의 아버지 네오클레스는 허울만 귀족일 뿐 플루타르코스가 저술한 『영웅전』의 말을 빌리자면 "아무도 알아주지 않는 사람"이었다. 그의 어머니에 대해서는 두 가지 설이 있다. 한 전설에 따르면 그의 어머니는 트라키아 출신 아브로토논이며, 또 다른 전설에 따르면 소아시아 할리카르나소스 출신 에우테르페다.[10]

여기서 한 가지 분명한 사실은 테미스토클레스가 아테네 귀족 가문 출신이 아니었다는 점이다. 그는 아테네 성 외부의 이민자 거주지인 키노사르게스에서 어린 시절을 보냈다. 그는 아테네 성벽 너머에 사는 귀족 자제들을 설득하여 키노사르게스에서 함께 놀며 사회적이며 인종적인 경계를 자연스럽게 허물며 지내는 경계인으로 성장한다.

플루타르코스는 테미스토클레스가 어려서부터 리더가 되기 위해 자신을 수련했다고 전한다. 전통적인 귀족 교육을 받지 못했지만 자신의 연설을 효과적으로 전달하기 위해 수사학 연습에 매진하였다. 플루타르코스는 그가 남긴 말을 전한다.

"나는 피리를 연주하는 방법을 모른다. 그러나 나는 아테네를 위대하게 만들 수 있는 방법은 알고 있다."

설득의 기술

테미스토클레스는 아테네 공동체의 최선을 위해 반드시 완수해야 할 임무를 선견지명으로 깨달은 자다. 그는 자신의 생각을 행동으로 옮기기 위해, 아테네 시민과 귀족을 설득하였다. 설득은 인간만의 문화다. 인간은 혼자서는 살 수 없는 사회적 동물이다. 우리는 누군가와 눈을 마주 보고 표정과 몸짓, 말로 다른 사람과 소통한다. 인간은 소통을 통해 공동체의 정체성을 만든다. 타자와의 공동 행위를 통해 도시 안에서 함께 산다는 공통 정체성을 형성한다. 공동체의 행위는 구성원들의 염원이 담긴 특별한 도구를 통해 표현된다. 이 도구를 '이야기'라고 한다. 이야기의 생명은 이야기 그 자체에 있지 않고 이야기 속에 숨은 의도에 있다. 그것은 바로 '설득'이다.

기원전 5세기, 고대 그리스인은 인류 역사상 처음으로 '민주주의'를 실험하면서 특별한 기술을 가진 아테네의 지도자를 선출했다. 민주주의를 지탱하는 역동적 원칙은 공평한 경쟁을 통해 지도자를 선택하는 투표였다. 지도자는 시민들에게 자신이 가장 탁월하다는 것을 보여줘야 했다. 리더의 가장 중요한 덕목은 대중에게 자신이 가장 유능한 리더라는 사실을 알리는 연설(演說)이다.

연설 능력은 지도자의 가장 중요한 자질이다. 선진교육은 폭넓은 독서, 토론 그리고 글쓰기를 통해 자신의 고유한 생각을 효과적으로 전달하도록 리더를 훈련시킨다. 후진국은 개인의 탁월함이나 수사학적인 능력을 제대로 평가하지 못한다. 대다수가 수사학 능력이 중요하다는 사실을 배운 적도, 경험한 적도 없기 때문이다. 이들은 지도자를 뽑을 때, 그의 고유한 수사학적 능력을 평가하지 않고, 그(녀)를 둘러싼 막연한 소문이나 헛된 기대감에 기초해 선택한다. 신분에 상관없이 자신의 능력으로 최고 지도자가 될 수 있는 유일한 능력이 바로 설득의 기술인 수사학이다.

기원전 5세기 말, 아테네의 문명이 꽃피고 후에 등장하는 서양 문명의 규범을 창조하던 시절, 그리스에는 설득의 기술을 공부하고 가르치는 두 부류가 있었다. 한 부류는 소피스트들이고, 다른 부류는 소크라테스, 플라톤 그리고 아리스토텔레스였다. 소크라테스와 플라톤은 소피스트들을 파렴치범으로 취급했다. 그들이 사실과 진실을 왜곡해 사람들의 감정을 교란시키고 자신들이 원하는 결과를 얻기 위해 수단과 방법을 가리지 않는다고 봤기 때문이다. 그러나 아리스토텔레스는 소피스트들의 수사학적 능력을 중요한 리더의 자질로 여겼다.

수사학

테미스토클레스의 리더십은 수사학적 능력에서 발현되었다. 아리스토텔레스는 최고 지도자의 최고 덕목으로 수사학을 꼽았다. 누군가의 말처럼 "철학이 플라톤 저작의 각주에 불과"하다면, 오늘날 수사학 이론은 아리스토텔레스가 남긴 저작에 대한 각주다. 그가 남긴 저작 『레토리게』[11]는 흔히 후대 라틴어 번역 '아르스 레토리카(Ars Rhetorica)', 즉 '수사학'으로 불렸다. 아리스토텔레스는 내용과 형식을 구분하지 않았다. 고상한 진리라도 그것이 실생활에서 구체화되지 않는다면, 그것은 허상이다.

수사학에서도 마찬가지다. 연설자가 전달하려는 내용과 전달 방법은 분리될 수 없다. 이때 내용을 '로고스(logos, 분별과 이성)', 내용이 전달됐을 때 표출되는 감정을 '파토스(pathos, 주관적 정념)'라고 한다. 로고스가 중요하지만, 자신이 의도한 감정적 반응인 파토스를 유발하기 위해 효과적인 언변이 그 못지않게 중요하다.

아리스토텔레스는 플라톤의 제자이지만, 스승과는 다른 철학적 견해를 가졌다. 그는 파토스를 극대화하기 위한 연설의 스타일이나 방법을 고대 그리스어로 '렉시스(lexis)'라고 불렀다. 렉시스는 로고스를 통해 공감을 형성한다. 어떤 사람이 자신이 진리라고 확신한 의견을 아무리 주장해도, 솜씨가 없다면 누구도 설득할 수 없다. 로고스의 목적은 상대를 설득하는 것이다. 자신의 로고스가 상대방에게 전달되는 순간 렉시스가 되어 상호이해라는 지평을 연다. 플라톤의 로고스는 인간의 정치적인 삶에서 힘을 발휘하지 못하고 정치담론이나 이론으로 사라질 뿐이다.

그러나 아리스토텔레스에게 로고스는 형이상학적 개념일 뿐만 아니라, 실질적인 사건이다. 그의 로고스 이론은 그의 제자인 알렉산드로스의 '신왕사상'이나 그리스도교의 성육신 교리의 기초가 되었다. 로고스가 시민들에게 전달되어 공감을 일으키는 렉시스가 될 때 권력이 발생하는 것이다.

로마의 정치가이자 연설가인 키케로는 수사학을 예술의 경지로 올려놓았다. 르네상스 시대 인문주의는 키케로가 제시한 수사학의 부활이라 해도 과언이 아니다. 그는 수사학이 윤리학과 정치학의 기반이라고 했다. 한 주제에 대해 서로 다른 의견을 제시하고 자기 주장의 우월성을 변호하는 토론은 시민문화를 지탱하는 기둥이다. 연설가는 수사학적 담화를 통해 청중으로부터 자신이 속한 사회의 존경받는 일원이자 지도자라는 명예를 얻는다. 키케로는 젊은 시절에 저술한 『착상에 관하여 (De Inventione)』에서 지도자의 가장 중요한 덕목을 웅변술이라고 주장한다. 로마 수사학자 쿠인틸리아누스는 전 12권으로 구성된 『웅변교수론(Institutio oratoria)』에서 아리스토텔레스의 로고스와 렉시스를 새로운 방식으로 결합한다. 그는 그리스어 로고스를 라틴어 '레스(res)'로, 그리스어 렉시스를 라틴어 '웨르바(verba)'로 번역했다. 그는 인간의 말이 의미를 지니려면 '내용'과 '표현 방식'이 정교하게 결합되어야 한다고 주장한다.

'수사학의 세 장식'

자신이 전달하려는 내용이 의미를 지니기 위해 가장 중요한 요소는 무엇인가. 자신의 수사가 사실에 그치지 않고 사람들에게 회자되고 그들의 삶을 획기적으로 변화시키기 위해서는 몇 가지 장식이 필요하다. 군인이나 무기는 전쟁을 승리로 이끌기 위한 장식들이다. 이런 장식들이 없다면 전쟁을 치를 수 없을 것이다. 수사학에는 세 가지 장식이 있다.

첫 번째 장식은 '시의적절성(時宜適切性)'이다. 그 담론이 필요한 절대적인 시간과 장소가 있다. 시의적절성을 뜻하는 고대 그리스어는 '카이로스'다. 카이로스는 일반적인 시간이 아니라 모든 것을 결정하는 절대적인 시간이다. 연설자의 말이 효과적으로 영향을 미치려면 그것을 실행하는 절체절명의 기회를 포착해야 한다.

고대 그리스어에는 '시간'을 의미하는 두 가지 단어가 있다. 하나는 양적인 시간을 의미하는 '크로노스(chronos)'다. 크로노스는 누구에게나 골고루 주어지는 시간이다. 어떤 사람도 크로노스를 멈출 수 없다. 그러나 인간이 개입해 그 시간을 양적인 시간이 아니라 질적인 시간으로 만들었다. 그렇게 만들 수 있는 장식이 바로 '결정적인 순간'을 뜻하는 '카이로스'다. 연설가와 작가는 자신의 글이나 연설이 그 시대가 요구하는 가장 적절한 시간에 실현되는지를 고민해야 한다. 만일 자신과 대중이 모두 요구하는 카이로스를 찾지 못한다면 자신의 글이 아무리 훌륭하다 할지라도 기억해주는 사람이 거의 없을 것이다.

수사를 성공적으로 이끌기 위한 두 번째 장식은 '청중이해(聽衆理解)'다. 모든 의도된 담론은 누가 그 연설을 듣고 그 글을 읽느냐에 따라 수정돼야 한다. 다시 말하면, 청중이나 독자의 성격이 담론의 내용을 결정하고 수정하기도 한다. 청중에 따라 담론의 형식이나 내용까지 수정하는 방식은 진리 자체를 탐구하고 전달하려는 철학적인 주장과는 전혀 다르다. '진리'란 누구나 인정할 수밖에 없는 분명한 것이 아니다. 그것은 보이지 않는 천상에 존재하는 이데아가 아니라, 지상의 구체적인 시간과 공간에 존재해 누군가가 최선을 다해 솜씨 있게 설득하는 과정에서 서서히 모습을 드러내는 것이다.

르네상스의 주역이 된 네덜란드 인문주의자 데시데리위스 에라스뮈스는 중세에서 벗어나려는 유럽인을 위해 획기적인 사건을 준비한다. 그는 새로운 시대를 열 유럽 지식인을 일깨우기 위해, 그들이 '진리'라고 지탱해온 『라틴어 신약성서』의 핵심 구절을 전혀 다르게 해석했다. 그는 그 진리가 제롬에 의해 번역된 '의견'에 지나지 않는다는 것을 증명하기 위해, 예수가 공적인 삶을 시작하면서 외친 "회개하라!"라는 문장을 다시 번역했다. 라틴어로는 '아기테 파이니텐티암(agite paenitentiam)'이 그것이다. 번역하자면 "고해성사하라!"다. 중세시대에 인간은 스스로의 힘으로는 자신의 죄를 신으로부터 용서받을 수 없는 존재였다. 그(녀)는 사제에게 가서 고해성사를 통해 신에게 용서를 받았다.

에라스뮈스는 이 구절을 그리스어로 찾아 읽었다. "메타노이에테(metanoiete)!" 번역하자면 "마음을 바꿔라!"다. 『신약성서』가 기록된 그리스 원전에서 예수가 선포한 이 구절을 들은 유럽 지식인들은 충격에 빠졌다. 인간 스스로 신과의 만남을 통해 구원될 수 있다는 사실을 『성서』 번역을 통해 처음으로 인식했기 때문이다.

에라스뮈스의 르네상스 운동은 후에 마르틴 루터의 종교개혁으로 이어졌고, 프랑스·독일·네덜란드·영국과 같은 근대국가의 성립에 큰 영향을 미쳤다. 에라스뮈스는 '청중'인 유럽 지식인들의 바람을 정확히 읽었다. 그는 오래된 전통을 허물고 새로운 전통을 세울 『성서』 원전을 발견하였다. 그는 이 그리스어 원전을 번역해 직접 유럽인에게 소개함으로써, 유럽을 다시 태어나게 하는 르네상스와 종교개혁의 거룩한 씨앗이 되게 하였다.

담론을 효과적으로 주장하기 위한 세 번째 장식은 적격성(適格性)이다. 적격성이란 문학에서 등장인물이나 연설자의 행동과 말이 적절하게 표현되는 것을 뜻한다. 수사학 전체를 조정하는 개념이다. 연설자가 자기 생각을 적절하게 전달하지 못하면 그 연설은 실패할 수밖에 없다. 적격성은 연설이나 글을 작성하는 자가 오랜 시간을 통해 습득한 사회적·미적·윤리적 품성을 통해 드러난다. 이 품성은 그의 말이나 글을 통해 전달된다. 적격성은 청중이나 독자에게 자기 생각을 효과적으로 전달하기 위한 적절한 언어학적 수단으로 알레고리·비유·우화와 같은 장르를 사용한다. 수사학을 학문적으로 처음 주장한 아리스토텔레스는 담론을 제기하는 자의 내적인 힘이 설득의 핵심이라고 주장한다. 담론을 제기하는 자의 세 가지 내공을 통해, 담론을 접하는 독자나 청중은 담론 제공자가 의도한 '믿음'을 갖게 된다.

첫 번째 내공은 '인격'이다. 자신의 생각을 글이나 연설로 설득하는 자에게 가장 중요한 덕목은 그 사람의 인격이다. 이 인격을 고대 그리스어로 '에토스(ethos)'라고 한다. 에토스는 그 사람의 인격에서 자연스럽게 나오는 내공이다. 아리스토텔레스는 에토스가 연설자의 수사학적 전략으로 청중에게서 신뢰를 받을 수 있는 통로라고 주장한다. 에토스는 평소 습관적으로 선의를 행할 때 만들어지는 덕이다. 아리스토텔레스는 『니코마코스 윤리학』에서 에토스를 이렇게 설명한다.

"덕에는 두 가지가 있다. 하나는 지적인 덕, 다른 하나는 도덕적인 덕이다. 지적인 덕은 태어나면서부터 지속되는 가르침을 통해 늘어난다. 그러나 도덕적인 덕은 습관을 통해 생성된다. '에토스'라는 단어에서 '윤리적'이란 의미를 지닌 '에티케(ethike)'가 만들어졌다."

두 번째 내공은 '논리적인 판단' 또는 '이성'이다. 그리스어로는 '로고스'다. 모든 소통은 이성을 통해 수월하게 이뤄진다. 소통을 전달하는 자와 소통을 받는 자가 지적으로 만나는 지점이 로고스다. 로고스는 담화 내용 그 자체다. 로고스는 인간의 특징으로, 자신의 이성적인 담화로 자신의 주장을 청중에게 전달한다.

여기서 중요한 점은 연설자가 일방적으로 자기 의견을 주장하면 오히려 역효과를 초래한다는 것이다. 연설이란 말하는 사람과 듣는 사람 사이에 일어나는 정교한 소통 예술이다. 연설자는 말을 청중에게 전달하지만, 청중의 눈빛이나 표정을 통해 무언의 요구를 한다. 그럴 때 연설자는 자신의 말로 그에 대한 답을 그 자리에서 즉흥적으로 만들어낼 수 있어야 한다.

세 번째 내공은 '파토스'다. 파토스의 원래 의미는 '고통'인데, 청중의 고통을 자신의 고통으로 인지하면서 생기는 카리스마다. 연설의 목적은 청중을 설득하기 위해 청중을 자신이 의도하는 감정 상태로 진입시키는 것이다. 연설자는 청중이 어떤 감정 상태에 있는지 알아야 한다. 아리스토텔레스는 파토스에 대해 다음과 같이 말한다.

"감정이란 인간의 이성적인 판단력에 영향을 주고, 고통이나 쾌락에 의해 쉽게 변한다. 예를 들어 '화'라는 감정을 이해하려면 화난 사람의 마음 상태, 누구에게 화를 내는지, 무슨 이유로 화를 내는지 알아야 한다."

청중의 희로애락을 자신의 것으로 느낄 수 있는 마음은 평소에 그런 마음을 지니고 살아야 가능하다. 파토스는 다른 사람이 처한 곤경을 자신의 곤경처럼 느끼고 그 문제를 해결하려고 노력하는 마음까지 포함한다. 파토스도 에토스나 로고스와 마찬가지로 오랜 기간 무아(無我)상태를 수련한 자들에게 주어지는 신의 선물이다.

'마라톤 전쟁'

기원전 491년 페르시아 제국의 '위대한 왕' 다리우스가 그리스 도시국가들에 '흙과 물'을 구하는 사절단을 보낸다. '흙과 물'이란 페르시아 제국에 승복했다는 표시다. 다리우스는 특히 페르시아의 식민지였던 소아시아 이오니아인이 반란을 일으켰을 때 아테네가 군사적으로 개입했다는 점에 불만이 있었다. 소아시아 이오니아인은 주로 아테네와 그 주변에서 이주해 간 이민자들이다. 아테네는 자신들을 찾아온 다리우스의 사절단을 오히려 지하 구덩이에 감금시켰다. 당시 스파르타를 제외한 그리스 모든 도시국가들이 페르시아에 승복했을 때였다.

기원전 490년, 페르시아 군대는 마라톤 항구에 배 600척, 보병 2만 명, 기병 800명을 보냈다. 아테네인은 전령 페이디피데스(Pheidippides)를 시켜 스파르타에 군사 지원을 부탁했다. 스타르타인은 중요한 종교 절기 중이라는 이유로 군대 파견을 보류한다. '호플라이트'라 불리던 아테네 보병이 페르시아 군대와 홀로 맞설 수밖에 없었다. 아테네 군인은 전력이 2 대 1로 열세였지만 정면대결하기로 결정하였다. 당시 아테네 장군들은 밀티아데스·칼리마코스·아리스테이데스·크산티푸스·스테이실아오스·테미스토클레스 등이었다. 이들은 밀집대형이라는 새로운 전략과 높은 사기(士氣)만으로 불가능한 전쟁에서 승리하였다. 6,000명이 넘는 페르시아인이 전사했지만 아테네인은 192명만 죽었다.[13]

마라톤 전투에서 승리한 후 테미스토클레스는 권력을 잡기 위해 아리스테이데스와 투쟁한다. 아리스테이데스는 부유한 귀족 출신으로 존경받는 인물이었다. 반면 테미스토클레스는 자수성가한 외톨이였다. 아리스테이데스는 자신들의 창과 무기를 들고 자신들의 갑옷을 입고 참전한 아테네의 보수적인 농민들을 대변하였고, 테미스토클레스는 주로 도시 빈민 출신으로 수공업에 종사하던 테테스(thetes)라는 하류층 상인을 대변하였다. 아리스테이데스는 호플라이트 보병을 자신의 권력 기반으로 삼은 반면, 테미스토클레스는 다리우스의 아들 크세르크세스의 아테네 침공을 막기 위해서는 해군을 강화해야 한다고 주장했다.

다리우스 대왕은 마라톤 전투에서 물러간 후 다시 아테네를 공격할 수 없었다. 기원전 486년 페르시아 제국의 식민지인 이집트가 반란을 일으켜 그리스 원정을 연기할 수밖에 없었기 때문이다. 다리우스는 불행히도 이집트 원정을 준비하다 사망한다. 다리우스의 아들 크세르크세스는 왕좌를 이어받아 이집트 반란을 진압하고 아버지 다리우스가 실패한 그리스 원정을 준비한다. 그는 아버지 그늘 아래에서 자신의 위용을 드러내고 싶었다.

살라미스 해전을 예상한 예지

테미스토클레스는 마라톤 전투를 통해 페르시아 제국의 야망을 경험하였다. 더욱이 페르시아 제국의 크세르크세스 왕은 선왕 다리우스가 마라톤 전투에서 패했다는 사실을 묵과할 수 없었다. 테미스토클레스는 크세르크세스가 아테네를 재침공할 것이라는 사실을 알았다. 아마도 그 사실을 아는 유일한 아테네의 리더였다. 테미스토클레스는 전열을 재정비하여 오는 페르시아 군대를 이길 방도는 '삼단노선'이라는 배를 증강하는 방법밖에 없다고 판단하였다. 그러나 호플라이트를 중심으로 한 보병 중심의 주력부대를 운영하던 아테네에 해군을 강화하자는 주장은 설득력이 없었다.[13]

특히 그의 정적인 아리스테이데스가 보병 강화를 주장하고 있었기 때문에, 테미스토클레스의 주장은 터무니없어 보였다. 그러나 테미스토클레스는 삼단노선을 증강하지 않는다면, 아테네는 불타 없어지고 그리스는 인류 역사에서 사라질 것이라고 확신하였다. 그는 깊은 묵상에 빠져 '프로노이아'를 통해 해결책을 찾는다. 위기의 순간 해결책은 미래에 일어날 일을 선명하게 상상하고 입체적으로 구상하고 인내를 가지고 기다리는 자에게만 떠오른다.

기원전 483년 아테네 근처 라우리온(Laurion)에서 대량의 은이 매장된 광산이 발견되었다. 100달란트나 되는 은은 오늘날 수천억 원에 해당하는 재물이다. 아테네인이 은 광산을 발견했을 때 하는 일반적인 일처리 방식은 은을 채굴하여 골고루 배분하는 것이다. 테미스토클레스는 200여 척의 삼단노선을 건조하여 페르시아 제국의 재침공을 준비하자고 제안했지만 아테네 시민은 믿지 않았다. 테미스토클레스는 더 이상 페르시아 제국을 언급하지 않았다. 마라톤 전쟁에서 패한 페르시아 제국이 다시 대군을 이끌고 아테네를 공격한다는 말은 아테네인들에게 허풍처럼 들릴 수 있기 때문이다. 보병들의 힘을 얻은 아리스테이데스는 이

「살라미스 해전」

빌헬름 폰 카울바흐,

1868, 유화,

뮌헨, 바이에른주 막시밀리아네움 건물

안을 반대하면서 은을 시민들에게 나누어 주자고 주장하였다. 테미스토클레스는 아테네 시민들의 직접적인 이익에 관련된 예를 들어 다시 설득한다. 그는 아테네에서 17킬로미터 떨어져 있는 아이기나섬을 언급한다. 아이기나섬은 마라톤 전투 때 페르시아 편을 든 해상강국이다. 그는 아테네가 해상무역으로 부를 축적하기 위해서는 눈앞에 보이는 아이기나의 해군에 맞설 수 있는 삼단노선 구축이 절실하다고 다시 설득한다.

아테네 민회에 라우리온의 은으로 얻은 수익을 어떻게 나눌 것인가에 대한 안건이 상정되었다. 전통적으로 부유한 호플라이트 계급은 자신들의 삶에 직접적인 영향을 줄 수 있는 아이기나를 제어하기 위해 삼단노선을 구축해야 한다는 안에 찬성한다. 아테네의 가난한 도시빈민도 자신들에게 일거리를 주는 선박 구축에 찬성한다. 삼단노선은 당시 크루즈 미사일이었다. 배가 삼단으로 되어 있어 노를 저어 속도를 낸다. 아테네인은 삼단노선 100척을 건조하였다. 테미스토클레스의 선견지명으로, 아테네인은 자신들의 해군을 증강하여, 보병 중심의 아테네를 해병 중심의 아테네로 변모시켰다. 결국 아테네는 크세르크세스와 벌인 480년 살라미스 해전에서 승리한다.[14]

테미스토클레스의 선견지명은 자신이 처한 상황을 저 멀리서 떠올리며 자신의 모습을 객관적으로 볼 수 있는 독수리의 눈을 가진 자가 지닌 능력이다. 주관적 자아를 선명하게 보고 수련하여 자신이 속한 공동체의 공공 이익을 위해 자신이 해야 할 고유한 임무를 자신의 목숨처럼 믿고 신뢰하는 사람이 선견지명을 지닌 리더다.

리더는 스스로에게 항상 물어보아야 한다. "나는 나 자신에게 믿을 만한 존재인가?" 내가 나 자신을 못 믿는다면 누가 믿겠는가? 선견지명과 자기 확신은 그 사람에게 카리스마를 선물한다. 그것이 말의 힘이다.

9

아리스토텔레스의 안목, 프로네시스(Phrónēsis)

———

"당신의 지혜는 실현 가능합니까?"

'프로네시스'(φρόνησις, Phrónēsis, 그리스어), '실천적 지식'

아리스토텔레스는 이론적이거나 추상적인 지식이 아니라 행동으로 자연스럽게 표현되는 실천적인 지식을 선호하였다.

이와 같은 문장에서 실천적 지식은 이전 경험을 기반으로 추론되었다. 실천적인 지식과 대비되는 이론적이며 추상적인 지식이라는 서술적인 설명으로 그 대상에 대한 정보를 주고 있다.[11] '실천적 지식'이란 의미를 지닌 그리스어는 '프로네시스'다. 인간이 최선의 삶을 영위하기 위한 지식은 단순히 지적인 활동을 넘어, 실제의 삶에 적용할 수 있고 유연하고 유용한 지식이다. 아리스토텔레스는 '프로네시스'를 어떤 대상을 인식하는 지식인 '그노시스(gnosis)'와 어떤 것을 이해하기 위한 설명을 곁들인 전문적인 지식인 '에피스테메(episteme)'를 구별한다. 아리스토텔레스는 『니코마코스 윤리학』에서 프로네시스는 자신이 원하는 결과를 숙고하고 결정하는 과정에 대한 지식뿐만 아니라, 최선의 삶에 부합하는 결과를 예상하고 도출해내는 지식이라고 했다. 위대한 리더는 자신의 숭고하고 심오한 생각을 행동으로 옮겨, 자신의 개성으로 만드는 자다.

관찰

기원전 7세기경 그리스 아테네에는 '철학'이라는 생경한 학문분야가 등장하였다. 그리스 철학자 아리스토텔레스는 밀레토스의 탈레스(기원전 625~기원전 547)를 인류 최초의 철학자로 추앙하였다. 영국 철학자 버트런드 러셀은 서양철학은 탈레스에서 시작되었다고 주장하였다. 고대 그리스는 인류에게 미디어와 엔터테인먼트의 시작인 극장과 민주주의라는 정치제도뿐만 아니라 철학이라는 위대한 유산을 남겼다.

탈레스는 자연현상을 신들과는 상관없는, 객관적인 것으로 보았다. 홍수나 지진은 인간에 대한 신의 분노가 아니라, 자연스러운 현상이다. 새로 자리를 잡기 시작하는 학문분야가 그렇듯이, 그의 관찰과 정의는 대부분 오늘날의 지식 수준으로 보면 비과학적이다. 탈레스의 공헌은 그의 설명에 있지 않다. 그는 자연을 신의 피조물이자 변덕의 대상으로 보지 않고, 있는 그대로 관찰하고 기존의 관점에 의문을 던진 첫 번째 인간이다.

그리스 역사학자 헤로도토스는 탈레스를 "기술자, 천문학자, 정치가"로 기술한다. 그는 소크라테스 이전에 활동했던 '칠현인(七賢人)' 중 첫 번째 인물이다. 그는 밀레토스의 정치가로 출발하였지만, 후에 자연 현상을 관찰하는 철학자이자 과학자가 되었다.

아리스토텔레스는 탈레스를 자연철학의 창시자로 기록하였다. 그는 이집트로 여행하여 피라미드의 그림자 길이를 보고 피라미드의 높이를 정확하게 계산하였다. 이집트인은 피라미드를 건축하기 위해서 땅을 측정하였지만, 탈레스는 피라미드를 실제 크기로 측정하지 않고 그림자를 이용하여 그 높이를 계산해냈다. 수학의 한 분야인 기하학의 탄생 순간이다.

탈레스는 별의 움직임을 보고 점을 치는 점성술이 발달한 바빌로니아를 방문하였다. 바빌로니아인은 신이 천체의 움직임을 통해 인간에게 의사를 전달한다고 믿었다. 그는 천체를 자연법칙에 의해 움직이는 관찰의 대상으로 해석하는 한편, 일식의 주기를 정확하게 계산하였다. 그는 태양의 일식 시점도 기원전 585년 5월 28일로 정확히 예측하였다.[2]

그리스 역사학자 헤로도토스는 고대 그리스와 페르시아 제국과의 전쟁을 기록한 『역사』 I.74.2에서 탈레스의 일식 예측을 기록하였다. 메디아인과 리디아인은 일식 때문에 전쟁을 멈추고 평화협정을 맺었다고 다음과 같이 기록한다.[3]

"그들(리디아인과 메디아인)의 전쟁이 6년째로 접어들던 때에, 양측이 백중지세로 전투하고 있었다. 전투 중 낮이 갑자기 밤으로 바뀌었다. 밀레토스의 탈레스가 이런 일식 현상을 이오니아인에게 예언하였다. 그는 일식이 바로 그해에 일어날 것이라고 정확히 예측했었다."

탈레스는 천체의 움직임을 관찰했을 뿐만 아니라 스스로에게 질문했다. "왜 천체는 그런 방식으로 움직이는가?" 그는 천체들이 움직이는 이유를 알고 싶어했다. 대부분 사람들은 그런 움직임은 신의 의지이거나 당연한 것으로 받아들여, 질문을 던지지 않았다. 관찰은 자연스럽게 호기심으로 이어지고, 호기심은 현상의 원인과 결과를 탐구한다. 그는 만물은 공기, 불, 흙으로 변했다고 주장한다. 그는 세상을 관통하는 하나의 원칙을 발견하였다. 그의 철학-과학적 원칙은 물이다. 아리스토텔레스는 탈레스의 관찰을 『하늘에 관하여』, 294a28에서 이같이 묘사한다.

"사람들은 지구가 물 위에 있다고 말한다. 이것은 우리에게 전해 내려온 가장 오래된 견해다. 그들은 밀레토스의 탈레스가 그런 생각을 했다고 말한다. 탈레스는 지구가 나무나 나무와 같은 것처럼 물 위에 떠 있을 수 있다고 생각했다. 이와 같은 것들은 공기 위에 떠 있을 수 없다."

탈레스의 철학 전통은 소아시아 도시 밀레토스와 에페소스에서 발흥했다. 기원전 6세기 말 등장한 페르시아 제국이 이 도시들을 정복하면서, 새로운 보금자리를 찾았다. 그리스 아테네였다. 기원전 5세기 중엽 페리클레스는 아이스킬로스와 소포클레스 같은 비극작가와 함께 민주주의 정착을 위해 고심하고 있었다. 헤로도토스·데모크리토스·아이스킬로스·소포클레스·소크라테스 모두 아테네에서 살았다. 특히 프로타고라스는 『신들에 관하여』라는 글에서, 우주의 중심을 신이 아닌 인간으로 옮긴다. 프로타고라스의 관심은 인간이다. 기원전 6세기에 기록된 「창세기」 제1장은 인간이 '신의 형상'으로 창조되었다고 고백한다. 헤브라이즘 전통에서는 인간을 신의 아류, 신의 모방으로 해석하였다. 그리스인은 그 기준을 인간에 두었다. 프로타고라스는 인간을 신과의 관계를 통해 정의하지 않는다. 그는 '인간은 만물의 척도'라고 정의한다.

이상과 현실

플라톤은 아테네 민주주의의 주역인 페리클레스가 죽은 지 1년 뒤인 기원전 428년에 태어났다. 그는 스무 살 되던 해 소크라테스의 제자가 되어 그 후 10년 동안 수학한다. 소크라테스는 기원전 399년 아테네 젊은이들을 새로운 교육으로 타락시키고 아테네 신들을 신봉하지 않는다는 죄목으로 기소되었다. 그의 제자들은 간수를 매수하면서까지 그의 탈옥을 종용하였다. 그는 탈옥보다는 스스로 죽음을 택해, 자신의 신념을 위해 목숨을 바치는 첫 순교자가 되었다.

플라톤은 아테네를 떠나 남부 코린토스지협에 위치한 메가라로 이주하여 집필에 힘썼다. 그는 대화로 이루어진 35편의 저서를 남겼다. 그는 어떤 대상에 대한 인상을 근거로 한 견해와 그 대상의 실재인 '이데아'를 구분한다. 이데아는 영혼의 환생 이전에 숨겨져 있는 추상이다.

플라톤은 세상을 이해하는 안목을 두 가지로 구분하였다. 하나는 깊은 숙고를 통해 대상을 있는 그대로, 있어야 하는 그대로 파악하는 '참된 지식'과, 다른 하나는 자신의 편견이나 상대방의 직·간접적인 영향을 통해 형성된 '의견'이다. 플라톤은 '참된 지식'을 그리스어로 '에피스테메(episteme)', '의견'을 그리스어로 '독사(doxa)'라고 불렀다.[4] 플라톤은 기원전 387년 아테네로 돌아왔다. 소크라테스가 죽고 아테네 시민교육은 수사학자들의 몫이 되었다. 제논의 제자인 이소크라테스는 정치가가 되려는 명문가 자녀들에게 설득의 기술인 수사학을 가르치고 있었다. 플라톤은 수사학자들의 성공에 대항하여 이데아에서만 존재하는 참된 지식인 '에피스테메'를 '아카데미아'에서 가르쳤다.

플라톤과는 다른, 실생활에 적용되는 지식을 설파한 철학자가 등장하였다. 플라톤의 제자인 아리스토텔레스(기원전 384~기원전 322)다. 그는 저서『정치학』에서 국가의 수준은 공공의 이성과 정치적인 숙고에 달렸다고 주장하였다.[5] 인간은 이성적이며 도시라는 공간 안에서 생활하는 정치적인 동물이다. 또한 정의와 불의에 대한 자신의 정교한 의견을 발표하고 토론하는 정치적 동물이다. 그의 스승 플라톤도 인간은 도시라는 공동체 안에서만 가치가 있는 삶이 가능하다고 주장하였다.

그러나 플라톤에게 정치란 '이데아'라는 이상을 추구하는 공간이자 도구이지만, 아리스토텔레스에게 정치란 '현상'을 관찰하고 분류하여 최선을 발견하려는 인간의 지적인 활동이다. 플라톤이 보이지 않는 세계를 상상한 이상주의자라면, 아리스토텔레스는 보이는 세계를 자세히 관찰하는 과학자다.[6]

우리는 사물 안에 숨어 있는 속성을 실체와 구분하여 인식할 수 있는가? 오감으로 확인할 수 있는 실체를 배제한 추상적인 참된 지식이 별도로 존재하는가?

예들 들어, 아름다운 경치에서 아름다움을 자아내는 경치를 거치지 않고 '아름다움'이라는 속성을 경험할 수 있을까? 이때 이데아에 '아름다움'이라는 속성이 존재한다는 주장을 깬 철학자가 등장한다. 아리스토텔레스다.

외부인 아리스토텔레스

그는 기원전 384년, 소크라테스가 자신의 신념을 위해 순교한 지 15년이 지난 후 그리스 북부 마케도니아의 해안에 위치한 이오니아 도시 스타기라(Stagira)에서 태어났다. 그의 아버지는 마케도니아 왕실의 의사였다. 아리스토텔레스는 아버지로부터 과학, 특히 생물학에 대한 열정을 물려받은 자연과학도로서 학문의 길에 들어섰다. 그의 아버지는 열일곱 살 된 아들을 플라톤이 아테네에 세운 학교인 '아카데미아(Academia)'로 보냈다. 아리스토텔레스는 아카데미아에서 스승 플라톤이 죽을 때까지 20년을 수학하였다.

그는 플라톤 사후 아카데미아 원장이 되길 바랐으나 그 뜻을 이루지 못하고 아테네를 떠난다. 처음에는 소아시아 도시를 두루 다니다 자신의 고향인 마케도니아로 돌아온다. 당시 마케도니아의 필리포스 2세 왕이 귀족 자제들을 가르칠 학교를 설립하였다. 아리스토텔레스는 왕 필리포스 2세의 아들이며 장차 제국을 구축하게 될 알렉산드로스를 가르친다.

아리스토텔레스는 스승 플라톤과 거리를 두기 시작한다. 플라톤의 학문이 원형이론에 바탕을 둔 이성철학이라면, 아리스토텔레스의 철학은 경험을 바탕에 둔 경험철학이다. 플라톤이 철학자라면 아리스토텔레스는 과학자다. 이들의 사상은 다음 두 가지 분야, 즉 인식론과 정치론에서 차이를 보인다. 플라톤은 이상주의자로, 진리는 현상을 넘어선 피안의 세계인 이데아에 존재한다고 주장하였다. 진선미는 철학적인 개념으로, 우리가 살고 있는 세계에 존재하여 오감으로 확인 가능한 개별적인 예들을 존재하게 만드는 모체다. 그 가운데서도 '아름다움'은 아름다운 경치, 아름다운 가구, 아름다운 나무와 같이 개별 존재들에 특정한 속성을 부여하는 개념이다.

아리스토텔레스는 개별 존재만이 실체이며, 그 실체의 속성은, 실체를 떠나 별도로 존재할 수 없다고 생각했다. 아리스토텔레스의 주장은 언뜻 보기엔 단순하지만, 실제로는 복잡하다. 만일 개별 존재로부터 속성들을 제거하면, 그 실체는 존재하는가?[7] 플라톤이 『국가』에서 이데아를 지상에 실현할 수 있는 철인정치론을 주장했다면 아리스토텔레스는 『정치학』에서 현존하는 국가형태들을 조사하여 그 안에서 실현 가능한 최선의 정치형태를 모색하였다.[8]

아리스토텔레스는 그 후에 아테네로 돌아와 아카데미아와 견줄 만한 학원인 '리세움(Lyceum)'을 세워 후학 양성에 매진한다. 그는 자신의 제자들을 지방 도시들로 보내 정치체계로부터 동·식물에 이르기까지 모든 것에 대한 새로운 정보를 수집한다. 그는 또한 도서관을 만든다. 르네상스시대 라파엘로가 그린 「아테네 학당」이란 그림에서 아리스토텔레스는 자신 앞에 있는 세상을 잡으려 한다.

라파엘로의 「아테네 학당」

라파엘로 산치오는 당대 최고 화가였다. 교황 율리오 2세는 미켈란젤로에게 시스티나 성당 천장화를, 라파엘로에게 교황궁전의 네 방 중 첫째 방 벽화를 맡겼다. '라파엘로의 방'이라고도 알려진 '서명의 방(Stanza della Segnatura)'은 교황 율리오 2세의 서재다. 라파엘로는 교황의 서재에 어울리는 주제를 선정하여 그렸다. 라파엘로는 철학·신학·문학·법학이라는 네 가지 주제를 선정하였다. 이 네 주제는 교황이 지적으로 탐구하는 분야다. 교황을 알현하러 이 도서관에 들어선 지성인들은 이 압도적인 프레스코화로부터 영감을 받았다. 「아테네 학당」은 '신학'을 다룬 「디스푸타(Disputa)」와 '문학'을 다룬 「파르나수스(Parnasus)」에 이은 세 번째 프레스코화다. 「아테네 학당」은 「디스푸타」와 마주하고 있어 신학을 견제하려는 철학의 상징이다.

「아테네 학당」의 축은 플라톤과 아리스토텔레스다. 이 두 철학자는 전

「아테네 학당」

르네상스 화가 라파엘로,
프레스코, 1509~1511, 500cm×770cm,
사도 궁전, 로마 바티칸 성당

체를 덮고 있는 아치의 정가운데 프레스코화의 소실점, 즉 관찰자의 시선을 모으는 지점에 위치한다. 여기 붉은 천을 두른 플라톤과 하늘색 천을 두른 아리스토텔레스가 서로를 응시하고 있다. 왼편에 있는 나이 든 플라톤은 오른손 검지로 하늘을 가리키고 있다. 반면 아리스토텔레스는 오른팔을 앞을 향해 뻗었다. 이 두 사람은 각각 왼손에 자신들의 대표 저작을 들었다. 플라톤은 우주창조 이야기를 담은 『티마이오스』를 왼손으로 들어 허리에 바싹 붙였다. 아리스토텔레스는 『니코마코스 윤리학』을 들어 왼쪽 허벅지에 기댔다.

플라톤의 하늘 쪽을 향하는 손가락은 그의 '원형이론'을 상징한다. 실제 세상은 우리가 오감으로 확인할 수 있는 이 세상이 아니라 추상적인 개념으로 가득한 이데아다. 그는 어두운 동굴에서 허상을 보고 있는 어리석은 인간들에게 동굴을 탈출하여 빛의 근원인 태양을 보라고 권고한다. 이 세상은 원형을 부분적으로 혹은 왜곡해서 반영하는 허상이다. 라파엘로는 레오나르도 다 빈치의 얼굴로 플라톤을 표현하였다. 『티마이오스』는 플라톤이 기원전 367년 완성한 우주생성의 원리인 물리학·생물학·천체학을 집대성한 책이다. 우주는 최고의 이데아인 선을 구현하기 위한 창조물이다. 우주의 창조자 데미우르고스는 물질적인 우주를 창조하는 존재이지만, 보이지 않는 원형을 모방하는 조물주일 뿐이다.

아리스토텔레스의 뻗은 오른손은 그의 신념을 상징한다. 그는 진정한 지식은 상상이 아니라 경험을 통해 획득된다고 믿었다. 인간은 자신의 이론을 뒷받침할 구체적인 증거를 제시해야 한다. 그 증거들은 지금-여기에서 발견될 수 있다. 그는 스승 플라톤과는 달랐다. 자신의 철학적 시조인 소크라테스는 글을 남기지 않았다. 그는 끊임없이 질문하여 상대방을 논리적 난점으로 몰아세웠다. 그의 스승 플라톤은 소크라테스의 『대화록』을 남겼다.

아리스토텔레스는 이들과는 달리 우리가 아는 모든 학문 분야, 즉 생물학·식물학·동물학·수학·윤리학·형이상학·문학비평·정치학 분야를 학문적으로 정립하면서 후대에 기준이 될 만한 고전을 남겼다. 플라톤이 책상에 앉아 철학을 공론화하는 데 만족했다면 아리스토텔레스는 자신이 오감으로 느낀 현실을 탐구하기를 원했다.

그는 플라톤의 이론인 '원형 이론'을 거부했다. 대신 일반적인 범주를 이해하는 방법은 구체적 예시들을 탐구해야 하는 것이라고 믿었다. 고양이가 무엇인지 이해하기 위해서 고양이의 '원형'에 대해 추상적으로 생각하지 말고 길거리를 다니는 고양이를 관찰해야 한다는 주장이다. 머리는 항상 하늘로 향해 있지만 두 발은 땅에 굳건히 딛고 그는 자신의 삶에서 가능한 최선을 찾으려 노력했다. 그가 왼손에 들고 있는 『니코마코스 윤리학』은 인간이 경주해야 할 최선의 삶을 구체적으로 제시하였다.

실천적인 지혜, 프로네시스

시민들이 도시와 국가를 위한 최선을 찾는 방법은 무엇인가? 그것은 '숙고'와 '숙고를 통한 선택'이다. '숙고'와 '숙고를 통한 선택'은 아리스토텔레스 정치사상의 핵심이다. '윤리'는 개인들의 숙고를 통한 선택이며 '정치'는 도시 안에 사는 시민의 집단적이며 의도적인 선택이다. 정치는 이런 선택을 통해 모든 시민이 최선의 삶을 영위하도록 돕는 도구다. 그는 이성적인 숙고와 삶의 경험을 통해 얻어진 지혜를 그것이 원하는 결과를 산출하기에 충분하다고 주장한다.

아리스토텔레스는 지식을 세 가지로 구분한다.

첫째는 인식론적이며 과학적 지식인 '에피스테메'다. 에피스테메는 책을 통해 간접적으로 얻는 지식이다. 이 지식은 쉽게 축적되며 다른 사람들에게도 알릴 수 있는 지식이다.

두 번째는 기술인 '테크네'다. 테크네는 장난감을 만든다든지 운전할 수 있는 기술로, 자신이 스스로 수련을 통해 도달할 수 있는 지식이다.

세 번째 지식은 실제적으로 실행에 옮길 수 있는 지혜인 '프로네시스'다. 아리스토텔레스는 전통적인 지혜인 '소피아(sophia)'와, 실용적인 지혜 또는 현명함인 '프로네시스'를 구분한다. '소피아'가 자연 세계의 본질에 관해 깊이 생각할 수 있는 능력이라면, '프로네시스'는 자신이 원하는 목표나 가치가 실현될 수 있도록 그 과정 전체를 조망하는 능력이다.[9]

프로네시스, 즉 '실천적 지식'은 성공적인 리더의 가장 중요한 덕목이다. 아리스토텔레스는 『니코마코스 윤리학』에서 프로네시스를 리더 자신과 자신이 이끄는 공동체를 위한 최선이라고 말한다. 리더는 프로네시스를 통해 자신의 행동으로 실현 가능한 최선을 이끌어낸다.[10]

리더가 중요한 결정에 직면하여 내려야 할 실천적 지식의 내용은 무엇인가? 프로네시스는 숙고를 통해 찾은 '중용(中庸)'이다. 중용을 찾는 과정이 유동적이지만, 아리스토텔레스는 그 중용을 찾는 실제적인 과정을 제안한다. 그는 당면한 문제를 해결하는 데, 양 극단적인 해결책들을 먼저 제거하라고 충고한다. 그는 『니코마코스 윤리학』 2.8.1108b81~2에서 다음과 같이 말한다.

"(문제를 해결하는 데에는) 세 가지 경향이 있다. 두 가지는 악이다. 그중 하나는 과도(過度)이며 다른 하나는 부족(不足)이다. 나머지 한 가지는 덕으로 중용(中庸)을 준수(遵守)하는 것이다. 각각은 다른 두 개에 대해 대적한다. 극단적인 조치는 다른 극단과 중용에 반대이며, 중용은 다른 두 극단의 반대다."

중용은 경험을 통해 획득할 수 있는 덕이다. 아리스토텔레스는 젊은 이들이 기하학이나 수학 그리고 유사한 지식(소피아) 분야에 전문가가 될 수 있을지라도 중용을 요구하는 '실천적인 지식(프로네시스)'은 가질 수 없다고 단언한다. '실천적인 지식'은 특정한 사실에 대한 경험을 통해 나오며, 경험은 연륜의 열매이기 때문이다.

아리스토텔레스는 최선의 정치형태를 민주주의와 소수 독재정치의 중간 형태라고 말한다. 통치하는 측면에서 민주주의는 너무 조금 통치하고, 소수 독재정치는 너무 많이 통치한다. 그는 자신이 원하는 통치 형태로 아테네 민주주의가 아니라 스파르타 정치 형태를 찬양하며,『정치학』4.9.1294b15~18에서 다음과 같이 설명한다.

"이것(이상적인 정치방식)은 혼합방식이다. 민주주의의 좋은 점과 소수 과두정치의 좋은 점을 혼합하는 것이다… 이 두 극단들이 잘 혼합되어 중간에 놓인 형태다… 이것이 스파르타의 정체(政體)다."

실천적 지식이란 절대와 상대, 과학과 예술, 불변과 가변 사이에 존재하는 정교한 지점이다. 고대 히브리인과 유대신비주의인 카발라 전통의 용어를 빌리자면, 실천적 지식은 '다아쓰(daath)'이며, 불변의 지식은 '호크마(hokmah)'이고, 가변적이며 개별적인 지식은 '비나(binah)'다. '호크마'는 신이 우주를 창조할 때 맨 처음 가진 원칙이다. 호크마는 흔히 '지혜'라고 번역한다. 신은 '호크마'를 지니고 만물을 창조한다. 인간은 호크마를 통해 만물을 관통하는 혜안을 얻는다. '비나'는 개별 지식이자 분별력이다. 만물이 자신의 존재를 확증하는 개별 정보다. 만물은 각각 비나를 통해 독립적으로 존재한다.

호크마와 비나, 혜안과 분별력을 융합한 지식이 '다아쓰'다. '다아쓰'는 전체를 파악하는 지적인 능력일 뿐만 아니라 개별의 다름을 파악하는 섬세함이다. 다아쓰는 '경험하다'라는 히브리어 동사 '야다'의 명사형으로 기본적인 의미는 '경험'이다. 오랜 경험을 통해 만물에 대한 추상적인 의미뿐만 아니라 구체적인 의미를 모두 파악하는 능력이 '다아쓰'다.

에우다이모니아, 최선(最善)

『니코마코스 윤리학』은 최초의 윤리학 도서다. 아리스토텔레스는 이 난해하고 다양한 철학적 주제 가운데 인간이라면 모두가 흠모하는 한 가지 주제로 논의를 시작하였다. '에우다이모니아'다. 그는 인간을 '도시 안에 거주하는 동물'로 정의하고 인간이 추구해야 할 최선(最善)을 '에우다이모니아(eudaimonia)'라고 정의한다.

'최선'은 '나'라는 존재에 알맞은 행위를 발견하고 그 발휘를 통해 점차로 이루어지는 삶에 대한 태도다. 행복은 성취가 아니다. 자신에게 어울리는 사적이며 독보적인 목표를 설정하고, 그것을 추구하는 최선이다.

'에우다이모니아'는 '에우'와 '다이모니아'의 합성어다. '에우(eu)'는 '적재적소' '적당한' '알맞은'이란 의미다. 에우는 자신의 장점을 유지하면서도 자신이 속한 공동체를 승화시킬 수 있는 유일무이한 그것이다.

'에우'는 '나'라는 실존적인 존재에서 시작하는 개념이다. 나의 정체성에 영향을 준 지리적이며 역사적인, 가족적인 환경에서 나오는 최선이다. 내가 그것들에 속해 있다고 해서 그것의 지배를 받을 필요는 없다. 이런 자연적인 환경에 매몰되면 오만해진다. 자신이 경험한 세계를 수많은 세계의 일부라고 판단하지 않고, 유일한 세계로 주장하기 쉽다. 그 세계가 매력적이고 남들이 부러워하는 것이라 해도, 그것은 편견이며 무식일 수밖에 없다.

내가 남자이지만 남자를 초월하여 여성 입장에서 사고할 줄 알고, 내가 인간이지만 동물과 식물의 입장이 되기를 수련하고, 내가 한국인이지만 아프가니스탄인이나 아프리카 밀림인의 종교와 터부를 수용하여 역지사지(易地思之)할 수 있어야 한다. 내가 셰익스피어 문학에 심취한 이유는, "to be or not to be"를 사람들 앞에서 읊고 자랑하기 위해서가 아니라 영국 사람의 시선으로 세상을 보기 위해서이며, 내가 『논어』를 배우는 이유는 13억 인구 중국인의 눈으로 세상을 보기 위해서다. '에우'는 내게 운명적으로 주어진 환경에 살지만, 그것에 매몰되지 않고, 심지어 초월하여 내가 할 수 있는 최적화된 전략을 짜고 그것에 몰입하는 노력이다.

두 번째 단어 '다이몬(daimon)'은 '악마, 천사, 운명, 천재성' 등 서로 어울리지 않을 것만 같은 다양한 의미를 모두 품은 신비한 단어다. 이 단어의 의미는 기원전 6세기 소아시아 에페소스 출신 철학자 헤라클레이토스의 유명한 문구에서 파악된다. 그는 인간의 운명을 다음과 같이 정의하였다.

"헤 에토스 안트로포 다이몬(he ethos anthropo daimon)."
"습관이 인간에게 운명이다."

'다이몬'이란 '악마'라는 의미를 지닌 영어단어 'demon'의 어원이다. 본래 의미는 '인간이 도저히 조절하거나 획득할 수 없는 천재성'이다. 다이몬은 '천재성'으로 더 많이 번역된다. 헤라클레이토스는 이 간결한 문장에서 인간의 운명을 결정하는 것은 그 사람의 '습관'이라고 말한다. 습관은 내가 자주 하는 생각·말·행동이 만들어낸 나의 개성이다. 사람들은 자신의 습관을 섬세하게 관찰하고 수정하며 개선하지 않고 자신에게 갑자기 다가온 사건을, 자신이 처해 있는 환경을 탓한다. 인간이 자주 생각하고 행동하는 것이 그 사람의 습관이고, 습관이 다른 사람에게 표현된 모습이 '개성'이다. 그(녀)의 생각이 말과 행동으로 자주 표현되면 그것이 습관이 된다.

습관이 쌓이면 내가 활동하는 영역, 즉 환경이 되고 그 환경이 굳어지면 운명이 된다. 자신을 돌아보지 않는 사람은 운명을 탓하지만 자신을 관찰하고 수련하는 자는 자신을 꾸짖는다. 매일 나에게 엄습해오는 일들을 행운으로, 또는 불운으로 바꾸는 주체는 그 사건 자체가 아니라 그 사건을 대하는 나의 태도다.

에토스, 습관(習慣)

아리스토텔레스는 '에우다이모니아', 즉 최선을 실천하기 위한 방법을 제시한다. 바로 '습관(習慣)'이다. 인간이 추구해야 할 최고의 삶은 '습관'을 통해 이루어진다. 그는 '습관'을 고대 그리스어로 '에토스(ethos)'라고 불렀다.

'에토스'라는 용어는 수사학에서 시작했다. 어떤 정치가의 연설이 청중에게 감동과 신뢰를 불어넣었다면, 연설 중 무엇이 그것을 가능하게 했을까? 아리스토텔레스는 그것을 '에토스'라고 불렀다.

에토스는 그 정치가의 카리스마다. 이 카리스마는 그의 평상시 습관에서 형성되는 선물이다. 어떤 사람의 말은 믿을 만하지만, 어떤 사람의 말엔 미움과 분쟁이 가득 차 감동을 주지 못한다. 그 이유는 그의 일상과 습관이 진부하기 때문이다.

아리스토텔레스는 아들 니코마코스에게 남긴 『니코마코스 윤리학』이란 책에서 습관의 중요성을 강조한다.

"덕에는 지적인 덕과 도덕적인 덕이 있다. 지적인 덕은 자신의 태생과 교육을 통해 결정된다. 그러나 도덕적인 덕은 습관의 결과다. 사람들이 해야 할 도리라는 의미를 가진 '윤리(ethike)'는 '습관'이란 의미를 지닌 '에토스'에서 유래했다."

나를 위한 최선의 에토스를 위해 필요한 것이 바로 연습이다. 피아노 의자에 허리를 꼿꼿이 펴고 건반에 손가락을 살포시 올려놓고 시선은 악보를 응시하고 발로 페달을 적시에 밟아야 한다. 그리고 음표와 음표 사이를 정확하게 구분하면서 정교하고 아름답게 이어주며 연주해야 한다. 수개월이 아니라 수 년, 수십 년 연습을 통해 위대한 연주자로 탄생한다. 그는 위대한 작곡가들의 음악을 이해할 뿐만 아니라, 나를 통해 음악의 새로운 해석을 탄생시키기 위해 부단히 연습한다. 끊임없는 연습의 과정이 습관이며, 습관의 수련을 통해 탁월함이 성취된다.

습관은 생각의 반복이고, 나의 말과 행동은 일상 습관의 가감 없는 표현이다. 내 습관은 나의 가치관이며 나의 운명이다. '습(習)'이란 한자는 이제 스스로 날려고 하는 새끼 새의 날갯짓을 형상화한 글자다. 습관이란 내가 원하는 위대한 삶을 위한 연습이며, 그 연습을 초지일관 하나로 엮는 기술이다. '습관'에 해당하는 영어단어 'habit'도 개인이 익숙하게 생각하는 장소에서 자주 하는 행위다. 내가 주로 생각하고, 말하고 행동하는 그것이 바로 '나 자신'이다. 탁월함이란 연습과 습관을 통해 스스로 획득한 예술이다. 탁월함이란 행동이 아니라 습관이다. '나'는 내가 자주 하는 그것이다.

프로하이레시스, 숙고를 통한 선택

프로네시스를 추구하기 위한 중요한 도구가 숙고다. 숙고를 통한 선택 은 아리스토텔레스의 수사학·윤리학·정치학의 근간이다.[11]

윤리학은 개인의 숙고를 통한 의도적인 선택에 관한 것이다.

정치와 수사학은 통치자가 주도한 집단의 의도적인 선택이다. 정치는 최선의 선택을 통해 시민 모두가 최선의 삶을 영위할 수 있도록 돕는 장 치다. 수사학은 리더가 이 목적을 달성하기 위해 대중을 설득하는 기술 이다.

아리스토텔레스는 그리스어 '불레(boulē)'나 '불레우시스'를 '숙고'의 의미로 사용한다.[12] '불레'의 기본적인 의미는 '의지' 또는 '결심'이다. '불 레'에서 파생된 그리스어 동사 '불레우에인'은 '결심에 도달하기 위해 깊 이 생각하다'란 의미다.

숙고는 이상적인 선택을 위한 추론이다. 아리스토텔레스는 이것을 통 한 선택을 그리스어로 '프로하이레시스(prohairesis)'라고 불렀다. '프로 하이레시스'는 '자신의 목적을 위해 다른 특정한 행위를 의도적으로 선 택하다'라는 뜻이다. 아리스토텔레스는 개인의 윤리적인 가치는 개인의 의도적인 선택으로 결정된다고 주장한다. 위대한 개인은 자신의 개성을 돋보이게 만드는 실천적인 지식을 소유한 자다. 그는 윤리적인 삶, 자신 을 더 나은 자신으로 만들기 위한 일정한 행위를 반복하여 자신의 습관 으로 정착시키는 자다.

리더는 숙고 연습과 훈련을 통해, 자신의 말과 행동을 제어한다. 그는 자신의 경험을 토대로 극단적인 선택들을 제거하고, 자신이 이끄는 공동체를 위한 최선을 떠올리는 안목이 있는 자다.

제4부

원칙(原則)

무엇에 기꺼이 목숨을 바칠 것인가?

"원칙은 리더의 생각, 말 그리고 행동의 문법이다"

원칙(原則)

리더는 단순하면서도 흔들리지 않는 원칙의 소유자다. 그런 원칙을 소중하게 생각하고 지키는 삶은 어떤 역경이나 유혹의 폭풍도 단호하게 극복한다. 그 원칙은 눈으로 볼 수 없다. 마치 우주의 운행을 설명하는 아인슈타인의 'E=mc²'처럼 단순하다.

'원칙(原則)'이라는 한자를 가만히 살펴보면 그 안에 숨겨진 의미를 찾을 수 있다. '원(原)'자는 '굴 바위나 언덕에서 비탈진 아래'를 의미하는 기슭 '엄(厂)'과 '물의 근원'을 나타내는 '천(泉)'자가 합쳐져 만들어졌다. 물의 수원(水源)은 기슭 아래 숨겨져서 잘 보이지 않는다. 그러나 끊임없이 흘러나와 시냇물이 된다. '칙(則)'이란 자신의 재산(貝, 패)을 칼로 공평하게 나누는 행위다. 원칙이란 마음속에 숨겨진 자신의 고유 임무를 깨닫고, 그것을 자신의 삶 안에서 조화롭게 배치하는 능력이다.

'원칙'이란 뜻을 지닌 'principle(프린시플)'에도 비밀스런 의미가 숨어 있다. 이 단어는 '삶에 있어서 최고의 우선순위, 탁월함, 숭고함'을 의미하는 라틴어 'Primus'와 어떤 대상이 소중하다는 사실을 알고 그것을 '쟁취하는 행위' 동사인 라틴어 'Capere'의 합성어다. 원칙이란 자신의 삶에서 다양한 우선순위를 숙고하여 그 가운데 가장 중요한 것을 선택하는 과정이다. 원칙은 자신의 삶을 숭고하고 탁월하게 만드는 인생의 수학공식이다.

인간의 유일한 극복 대상은 바로 '자신'

인류는 오래전부터 인간 삶의 기준을 마련해왔다. 동물로 태어났지만, 도시 안에서 거주하면서 타인과의 공존을 위해 배려와 친절과 같은 가치가, 생존을 위한 중요한 도구라는 사실을 깨달았다. 인류는 관습, 전통, 도덕 그리고 윤리라는 다양한 용어를 동원하여 사회를 유지하는 주요한 지침으로 삼았다.

독일 철학자 니체는 『자라투스트라는 이렇게 말했다』라는 책에서 외줄 타는 곡예사를 언급한다. 자라투스트라는 자신이 거룩한 산으로 입산하여 깨달은 혜안을 사람들에게 알리기 위해 세상으로 내려와 숲 가장자리에 위치한 마을로 들어간다. 시장에는 많은 사람들이 모여, 외줄타기 곡예사의 묘기를 보고 있다. 그는 마을 사람들에게 말한다.

"나는 당신들에게 '초인(超人)'을 알리고 싶습니다. 인간은 앞으로 극복되어야 할 어떤 대상입니다. 당신은 그 인간을 극복하기 위해 무엇을 하셨습니까?"

그는 인간을 새롭게 정의하였다. 인간의 가치는 자신이 아닌 외부와의 대결이나 경쟁에서 오는 것이 아니다. 인간의 유일한 극복의 대상은 바로 '자신'이다. 자신을 끊임없이 정복한 사람이 '초인'이다. 자라투스트라는 인간을 한쪽은 짐승이 다른 한쪽은 초인이 잡아당기는 팽팽한 밧줄로 여겼다. 이 밧줄은 바닥이 보이지 않는 심연 위에 팽팽하게 묶여 있다. 곡예사는 한 치의 실수를 허락하지 않는 위험한 곡예를 선보인다. 인간은 선과 악, 짐승과 신, 아름다움과 추함, 향기와 악취, 정의와 불의가 팽팽하게 맞서는 중이다. 인간의 내면에서는 초인과 짐승이 서로 우위를 차지하기 위해 용호상박하고 있다.

리더는 자신의 '심오한 중심'에서 흘러나오는 소리에 복종하는 자다. 그(녀)가 리더인 이유는 남을 정죄하거나 정화하기 전에, 자신을 정죄하고 정화하기 때문이다. 그는 자신의 심연에 존재하는 양심(良心)의 소리를 경청한다. 그는 세상의 권력과 명예를 쥔 자들의 말보다, 자신의 양심의 소리에 승복한다. 양심의 소리를 듣기 위한 원칙이 있다. 자신도 알게 모르게 축적한 이기심이라는 오래된 자아를 유기해야 한다. 사람들은 세속적인 성공을 위해, 어느 정도 양심을 저버리고 타협해야 한다고 조언한다.

이 타협에는 배신, 속임수, 핑계 그리고 비겁이 숨어 있다. 타협은 우주와 그 안에 존재하는 만물을 움직이는 원칙인 '인과법칙'에 대한 정면부인이자 도전이다. 내가 정원에 철쭉 씨를 심으면, 씨가 발아하고 가지와 잎을 낸 후, 마지막에 철쭉꽃을 피운 뒤, 다시 씨로 돌아간다. 철쭉 씨에서 장미꽃이 만개할 리가 없다.

스위스 조각가 알베르토 자코메티(1901~1966)의 유작 「엘리 로타르 III」은 양보할 수 없는 인생의 원칙인 양심을 조각하였다. 그는 프랑스

「엘리 로타르 III」

알베르토 자코메티,
청동, 1965, 65.9×28.4×35.6cm,
바젤, 바이엘러 미술관

파리에서 당시 아방가르드 사상가와 예술가와 어울려 자신의 예술혼을 불태웠다. 그러나 1926년 이후 육체의 힘이 소진되면서 자신의 삶을 정리하기 시작한다.

자코메티는 실패를 경험하여 인생의 뒤안길을 걷고 있는 로타르의 눈에서 자신의 모습을 발견하였다. 자코메티는 로타르에게 주문한다.

"고대 이집트 서기관 좌상처럼 무릎을 꿇고 절대로 움직이지 마십시오."

로타르는 바위처럼 움직이지 않았다. 두 다리가 마비되어, 아무런 감각이 없었다. 로타르는 자신 앞에서 회반죽 작업을 하는 자코메티 눈을 보았다. 그의 눈에서 섬광이 흘러나왔다. 자코메티는 로타르의 눈에서 거부할 수 없는 무한한 매력과 침묵을 발견하였다. 그는 죽은 사람과 같았다. 자코메티는 방황하는 로타르 안에서 고대 이집트 사제의 위엄을 발굴해냈다. 로타르는 허리를 꼿꼿이 세우고 용기와 불굴의 의지로 그를 휘감는 삶의 무의미와 마주한다.

자코메티의 「엘리 로타르 III」 청동상은 그의 이전 작품 「걸어가는 남자」와 「넘어지는 남자」처럼 「죽어가는 남자」라는 제목을 붙일 수도 있다. 인간이 주위 환경으로부터 자신을 분리하여 그 장소와 그 시간에 실존적인 존재, 절대적인 존재가 되었다. 그는 바로 그다. 자코메티는 자신의 몸에서 군더더기를 모두 제거하였다. 자신이 기꺼이 무릎을 꿇고 두 손을 가지런히 무릎 위에 올려놓을 만한 삶의 원칙을 발견하였다. 입을 꼭 다문 채, 저 멀리를 응시하고 있다.

10

길가메시의 원칙, 나끄바(Naqba)

"당신은 마음속 깊은 곳에 존재하는
'또 다른 당신'을 발견하였습니까?"

'나끄바'(Naqba, 아카드어), '심연'

'나끄바'는 고대 바빌로니아 언어인 아카드어로 '깊은 바다' 혹은 '바닥이 보이지 않는 연못'이란 의미다. 흔히 '심연(深淵)'으로 번역된다. 인류 최초 서사시인 「길가메시 서사시」의 첫 행에 다음과 같이 등장한다.

"ša naqba īmuru išdi māti(샤 나끄바 이무루 이쉬디 마티)."

이 문장은 '나라의 기초인 심연을 본 사람'이란 의미다.

나끄바는 크게 다음 두 가지 의미를 지녔다.

첫째, 「길가메시 서사시」를 편집한 기원전 14세기 시인이자 사제인 신-레케-우닌니는 인간이 섭렵해야 할 최선의 지식을 '나끄바'라고 불렀다. '나끄바'란 인생이라는 험한 여정을 안전하고 행복하게 헤쳐나갈 수 있도록 도와주는 지식과 혜안이다.

둘째, 물질적인 의미로 바다의 가장 깊은 곳이다. 영웅 길가메시는 지하세계에서 영생을 누리고 사는 우트나피슈팀을 찾아가 영생의 비밀을 묻는다. 우트나피슈팀은 인간을 영원히 젊게 만들어주는 '불로초'가 있는 페르시아만 바다 가장 깊은 곳을 알려준다. '나끄바'란 바다의 가장 깊은 장소다.

영웅

인류 역사는 영웅 이야기다. 인류는 오래전부터 평범한 인간이 영웅으로 변모하는 과정을 노래해왔다. '영웅(英雄)'은 자신의 삶을 통해 반드시 완수해야 할 고유한 '임무'가 있다고 믿는다. 자기 신뢰는 영웅을 탄생시키는 첫 관문이다. 그 거룩한 임무를 완수하기 위해 가장 먼저 해야 할 일이 있다. 자신에게 익숙한 진부한 과거와의 단호한 '결별'이다.

기원전 24세기 최초의 셈족 왕국을 건설한 사르곤, 기원전 12세기 히브리인을 이끈 유대민족 영웅 모세, 서양 문학의 효시인 호메로스의 『일리아스』와 『오디세이아』의 주인공 아킬레우스와 오디세우스와 같은 영웅들에게는 공통점이 있다. 그들은 모두 자신들의 고향을 떠나 미지의 세계로 진입하려는 모험을 선택했다. 유대교·그리스도교·이슬람교 신앙의 조상인 아브라함은 그에게 정체성을 부여한 가족·친족·고향을 떠나, 목적지를 알 수 없는 여정을 시작한다. 자신에게 편함과 기득권을 부여하는 고향을 떠나는 무모한 행위가 거룩한 여정의 필수조건이다.

결별(訣別)이란 자신의 최대치를 발견하기 위해, 자신에게 가장 취약한 상태로 돌아가는 용기(勇氣)다. 영웅은 자신을 규정해왔던 한계와 경계를 초월하여, '더 나은 자신'이 되기를 열망하고 연습한다.

영웅은 가장 먼저 자신을 정복하는 자다. 그(녀)는 자신이 가야만 하는 거룩한 목적지를 일깨워주는 정신적인 나침반을 가지고 있다. 나침반의 침은 북극을 향하고 그 자침은 항상 떨고 있는 것처럼, 영웅은 의심과 확신, 좌절과 희망 사이에서 갈등하지만, 결국 자신의 길을 찾아 뚜벅뚜벅 걸어간다.

이슬람교도들은 하루에 다섯 번, 정해진 시간에 자신이 어디에 있든지, 사우디아라비아의 메카를 향해 절하고 기도한다. 메카를 향해 마음을 다듬는 장소가 천국이다. 이들은 천국을 표시하는 카펫을 메카를 향해 깔고, 자신의 온몸을 땅에 붙여 절한다. 과거의 자신을 매장하고 유기하겠다는 의지의 표시다. 아라비아 세계 어디에서나 메카의 방향을 알려주는 화살표가 숨어 있다. 이 화살표를 아라비아어로 '키블라(qibla)'라고 부른다. 키블라는 하루에 다섯 번 자신이 가야 하는 목적지를 알려주는 나침반이다.

영웅이 이 나침반을 손에 들고 이전에 한 번도 가본 적이 없는 길에 들어서면 그의 길을 막아서는 방해꾼이 반드시 등장한다. 그를 좌절시키고 포기하도록 종용하는 무시무시한 장애물이 '괴물(怪物)'이다. 영웅이 괴물과 싸워 이길 수 있는 유일한 방법은 자신의 목숨을 바치겠다는 각오(覺悟)다. 각오는 자신의 능력에만 의지하는 믿음이다. 그가 죽음을 담보로 싸울 때, 이 괴물을 극복할 수 있다. 진짜 괴물은, 그 괴물을 보고 두려워하는 자기이기 때문이다. 자신을 극복한 자가 세상을 극복한다.

영웅 연구

영국 인류학자 에드워드 버넷 타일러(1832~1917)는 영웅에 관한 학문적인 연구를 시작하였다. 그는 옥스퍼드대학교의 최초 인류학 교수였다. 그는 찰스 다윈의 '진화론(進化論)'에 대항하여 '전파론(傳播論)'을 주장하였다. 다윈은 인간 생존의 비밀을 '약육강식'과 '적자생존'이라는 본성에서 찾았다.

타일러는 다윈의 생물학적 이론이 인간사회에 적용되기는 힘들다고 판단하였다. 인간은 저마다 특수한 문화를 통해 자신의 세계관이 형성되고, 다른 문화영역에 속한 인간과의 만남을 통해 상호작용을 일으킨다. 다윈의 진화론은 인간문화도 하나의 기원에서 출발하여 상호 간에 공통점과 차이점이 존재하는 체계로 해석하였다. 타일러의 전파론에 따르면, 개별문화는 자신의 특수한 역사적인 경험의 바탕에서 독립적으로 등장한다고 해석하였다.

타일러는 영웅 이야기에 자주 등장하는 줄거리와 틀을 분석하였다.[1] 그의 신화 연구는 그 이후 프로이트 심리학의 영향을 받은 오토 랭크 연구[2]와 의례와의 관계를 연구한 로드 래글런의 연구[3]로 발전하였다. 조지프 캠벨은 래글런의 신화-의례 연구, 카를 융의 원형신화 연구를 융합하여 영웅 신화의 얼개와 주제들을 정리하였다.[4]

프랑스 인류학자 아르놀드 방주네프(Arnold van Gennep, 1883~1957)는 개인이 한 집단을 떠나 다른 집단의 일원이 되는 과정을 통과의례(通過儀禮)라고 불렀다.[5] 입학식·졸업식·군 입대·입사·결혼식·장례식 그리고 매년 축하하는 신년파티와 생일파티가 모두 통과의례의 예다. 통과의례는 한 개인이 과거의 상태에서 벗어나 미지의 세계로 진입하기 위해 반드시 치러야 하는 존재론적인 과정이다. 인류학에서 시작한 '통과의례'

라는 용어는 사회학·문학·신화 연구에 다양하게 적용되어왔다. 특히 한 인간이 보통 사람에서 영웅으로, 피지배자에서 지배자로, 추종자에서 지도자로 변이하는 과정에서 반드시 넘어가야 할 문지방이 통과의례다.

　방주네프는 한 개인이 성년이 되는 과정에서 반드시 거쳐야 할 과정을 '통과의례'라고 불렀다. '의례'라는 단어는 흔히 종교에서 전용하는 단어다. 그러나 넓은 의미에서 의례란 한 단계에서 다음 단계로 진입하기 위한 육체적이며 정신적인 준비다. 참여자의 수동적인 참여가 아니라, 자신의 절체절명의 임무가 무엇인지를 찾는 능동적이며 적극적인 참여를 말한다. 방주네프는 이 과정을 다음 셋으로 구분하였다. 분리(分離), 전이(轉移) 그리고 통합(統合)이다.

　공동체를 이끄는 리더의 카리스마는 어디에서 오는가?

　첫째, 영웅은 자기가 안주하고 싶은 과거와 결별한다. 그것은 마치 대한민국 남성이 일정한 나이가 되어 군에 입대하기 위해, 자기의 안식처인 집을 떠나는 행위와 같다. 집으로 상징되는 부모·일가친척·고향·동향·동창과 같은 것들로부터 자신을 분리하여 스스로를 고독하게 만들려는 의지다. 분리는 입대하기 전에 머리카락을 단정하게 깎는 행위나 입학식에 참석하기 위해 평상시에 입지 않던 청결한 옷과 구두를 착용하는 행위와 같은 가시적인 표식이다. 분리는 자신이 상상하고 꿈꾸는 미래의 시점에서 자신을 바라보고, 쓸데없는 군더더기를 잘라내는 행위다.

　두 번째 단계는 전이(轉移)다. 한 상태에서 다른 상태로 진입하기 위해 리더는 결연하게 자신도 모르게 굳어버린 과거의 습관을 벗어버리고 새로운 비전으로 스스로를 변모시켜야 한다. 전이의 특징은 모호함과 불안함이다. 이 훈련이 격렬하게 일어나는 장소는 한 번도 발을 디뎌본 적이 없는 낯선 공간인 경계(境界)다.

리더는 경계 위에서 세상을 응시하는 자다. 경계는 한쪽으로 치우치지 않는 중용을 요구한다. 이 경계는 모호하고 난해하여 정확하지 않아 더욱 더 거주하기 힘든 장소다. 경계에서 살아남을 수 있는 생존 장비는 자신에게 어울리는 위대한 미래를 구체적으로 상상하고 준비하는 고독이다.

세 번째 단계는 통합(統合)이다. 리더는 변화된 모습으로 자신의 고향으로 다시 돌아온다. 그는 고독이라는 훈련을 통해, 자신뿐만 아니라 자신이 속한 공동체의 최선을 모색하고 그것을 실현시킬 구체적인 방안을 가지고 있다. 그는 이제 탁월한 식견, 불굴의 의지, 감동적인 말로 대중을 설득한다.

미국 신화학자 조지프 캠벨은 프랑스 인류학자 방주네프의 '통과의례' 과정의 3단계 연구에 영향을 받아 영웅이 되는 과정을 '분리-입문-회귀'로 간단하게 구분하였다. 그는 이 형태를 '원형신화(monomyth)'라고 불렀다.[6] 이 신화이론에 따르면, 영웅은 일상에서 초자연적인 소리를 듣고, 자신이 살던 삶의 경계에서 벗어난다. 분리 단계다. 그 후 터부의 공간인 경계로 들어가 괴물과 대적한다. 육체적으로 정신적으로, 그리고 영적으로 준비되지 않는 자는 이 경계를 통과하지 못한다. 그는 자신의 능력에 대해 자신이 없어 실의에 빠지지만 멘토를 만나, 초자연적인 힘으로 괴물을 물리치고 명성을 얻는다. 입문 단계다. 그는 이 과정을 거친 후, 새로운 인간으로 태어나 자신의 고향으로 돌아온다. 이 마지막 단계인 회귀다.

「길가메시 서사시」 자료들

「길가메시 서사시」[7]는 인류가 문자로 남긴 최초의 서사시다. 방주네프의 '통과의례'의 세 층위를 절묘하게 보여준 작품이다. 호메로스의 『일리아스』가 보여준 명성 추구와 『오디세이아』가 보여준 죽음의 경험과 귀환이란 주제의 원형을 담고 있다.[8] 「길가메시 서사시」는 기원전 2600년부터 기록되기 시작한 다양한 수많은 수메르어 판본과 아카드어 판본을 통틀어 일컫는 용어다.[9]

길가메시와 관련된 자료는 인류 최초로 문자의 발명과 함께 등장하였다. 인류 최초의 문자인 수메르 자료에 등장하는 길가메시에 관련된 이야기들은 현생 인류의 조상인 '호모 사피엔스-사피엔스'의 염원과 정신적인 구조를 담고 있는 인간정신 고고학의 보고다. 인류가 길가메시를 최초의 영웅이며 최초의 도시인 우루크(Uruk)를 건설한 리더로 기록한 이유는 무엇인가? 그는 인류 최초의 문명도시인 우루크의 실제 통치자였기 때문이다.[10]

지금까지 발견된 가장 오래된 문자는 우루크의 고고학 IV지층(기원전 3100)에서 발견되었다. 인류는 야만에서 문명으로, 마을에서 도시로 전환하는 과정에 리더가 필요했다. 길가메시는 실제로 기원전 2600년경 우루크의 왕이었다. 수메르인은 길가메시라는 인물을 통해 야만에서 문명으로 이행하는 과정을 표현하였다.

수메르 초기 왕조시대 비문들에 '길가메시'라는 명칭이 종종 등장한다. 특히 '길가메시와 악가(Agga)' 이야기에 나오는, 키쉬(Kish)의 악가의 아버지 엔메바라게시(Enmebaragesi)와 같은 이는 동시대의 「비문」에 의해 실존한 역사적 인물로 등장한다.[11]

"엔메바라게시의 아들, 악가의 사절들이 키쉬에서부터 우루크에 있는 빌가메시에게 왔다. 빌가메시는 이 문제를 도시의 원로들 앞에 내놓았다."[12]

수메르어에는 후대 아카드어에는 없는 음가인 /b/와 /g/ 사이의 음 [bg]가 있었을 것이다.[13] 수메르인은 이 영웅을 '빌가메시'라 불렀고 후대에 등장한 셈족 계열 바빌로니아인은 '길가메시'라고 불렀다.

리더의 두 가지 기능

미국 하버드대의 수메르학자 소르킬드 야콥센(Thorkild Jacobsen)은 초기 왕조 시기 우루크 지도자의 두 가지 기능이 길가메시라는 인물에 투영되었다고 주장한다.[14] 수메르 통치자들은 다음 두 가지 기능을 수행하였다. 하나는 도시를 위한 의례를 관장하는 사제, 다른 하나는 유사시 이웃 도시와 전쟁을 치르는 군사령관이다.

수메르 통치자들은 자연재해로부터 도시를 보호하기 위해 신들에게 드리는 의례를 주관한다. 수메르어 '엔(𒂗)'은 수메르 통치자들을 가리키는 가장 오래된 용어이자 포괄적인 명칭이다. 수메르 통치자의 두 번째 기능은 도시 안에 거주하는 시민들을 다스리는 일이다. 수메르어 '루갈(𒈗)'은 통치자의 세속적인 기능을 표시한다. 길가메시는 우루크의 사제이면서 동시에 통치자였다. 수메르 통치자들의 이중기능은, 길가메시 서사시의 구조와 내용을 이해하는 데 결정적이다.

'엔(𒂗)'

수메르어 '엔'은 '의자'를 상징하는 그림글자를 본떠 만들었다. 수메르인은 자연을 다스리며 존재하는 신을 형상화하는 방안을 모색하였다. 이들은 눈으로 볼 수 없는 신을 모양으로 표현할 수 없을 뿐만 아니라 천체 속에 깃들어 있는 다양한 신의 공통점을 한 가지 특징으로 추상화하는 데 실패하였다. 이들은 자신들에게 익숙한 가구인 의자를 통해 신 혹은 통치자를 표현하였다.

수메르인은 '의자'를 자신의 일상적인 공간과는 구별되는 장소에 두었다. 빈 의자는 보이지 않는 신이 좌정해 있음을 상징한다. 빈 의자가 있는 특별한 장소를 수메르어로 '테멘(temen)'이라고 불렀다. '테멘'이란 수메르어 문자 '𒋼'는 '다른 장소로부터 구별된 장소'란 의미다. '테멘'을 해석하기 위해서는 문자를 오른쪽으로 90도 돌려야 한다. 그러면 글자가 만들어질 때 본래 의미가 나타난다. 글자 밑에 있는 사선은 땅을 의미하기도 하고, 특별한 지역을 의미한다.

그 사선 위에 우주와 사방을 나타내는 네모를 그렸다. 네모의 중간에 선이 하나 그려져 있다. 이 선은 사방의 중심이자 우주의 배꼽을 의미한다. 이 건물은 너무 커서 그 꼭대기가 구름을 뚫고 하늘에 닿았다. 오늘날 고층건물을 의미하는 '스카이스크레이퍼(skyscraper)'라는 영어단어의 기원이다. 테멘은 하늘과 땅이 하나가 되는 장소다.

기원전 6세기 바빌로니아 시대 왕인 네부카드네자르는 바빌론에 건설한 지구라트(『성서』의 바벨탑)를 '에테멘안키(é.temen.an.ki, 𒂍𒋼𒀭𒆠)'라고 불렀다. 에테멘안키는 수메르어로 '하늘과 땅이 만나 하나가 되는 '제단'이란 의미다. 제단을 의미하는 '테멘'이란 단어와 개념은 지중해 전역에 수출되었다. '테멘'은 고대 그리스어로 '테메노스(τέμενος)'가 되었다. 테메노스는 '왕이나 사제를 위해 다른 땅과 구별된 땅' 혹은 '신을 위해 구별된 신전, 거룩한 숲이나 경내'를 의미한다. 그리스 아테네에 위치한 아크로폴리스를 '히에론 테메노스', 즉 '거룩한 테메노스'라고 불렀다.

테메노스는 또한 신의 신탁을 받는 델포이 신전의 제단이다. '엔'은 로마의 황제가 '(하늘과 땅을 이어주는) 다리를 건설하는 최고사제'란 의미의 '폰티펙스 막시무스(Pontifex Maximus)'라는 용어와 유사하다.

「구데아 좌상」

기원전 2090, 섬록암, 49cm×21.5cm,
뉴욕, 메트로폴리탄 박물관

라가쉬 왕 구데아는 전형적인 사제의 모습으로 앉아 있다.
그는 제단에 마련된 왕좌에 앉아 두 손을 가슴에 모은 채, 신을 응시하고 있다.
그의 무릎에는 신에 대한 찬양시가 수메르어 쐐기문자로 새겨져 있다.

왼쪽의「구데아 좌상」은 전형적인 사제로서 통치자의 이미지를 표현하였다. 구데아는 기원전 22세기 남부 메소포타미아 라가쉬 도시국가의 통치자였다. 그는 자신의 신분을 상징하는 의자에 앉았다. 그의 무릎에는 라가쉬의 주신인 닌기르수 신에 대한 찬양시가 적혀 있다. 구데아는 사제-통치자답게 두 손을 가슴에 모아 신에게 존경을 표시하고 그의 눈은 정면을 응시하고 있다. 이 좌상은 라가쉬에 있는 닌기르수 신전에서 닌기르수 신상을 겸손한 자세로 응시하는 모습이다. 신의 말을 경청하고 그것을 바로 실행하려는 사제의 모습이다.

'루갈(𒈗)'

'엔'은 사제적인 측면 이외에 세속적이며 군사적인 의미가 덧붙여졌다. 길가메시는 주위 도시국가들과 끊임없이 전쟁을 치른 야전사령관이다. 수메르어로 세속적인 지도자인 '왕'은 '루갈(𒈗)'이다. '루갈' 문자는 '위대한'을 의미하는 문자 '갈(𒃲, gal)'과 '사람'을 의미하는 '루(𒇽, lú)'의 합자(合字)다. '위대한'이란 의미를 지닌 '갈' 문자는 신성을 상징하는 뿔을 형상화한 '메(𒈨)'를 보석으로 장식한 모양이다. '갈'은 후대에 '지상의 신'인 왕을 표시하는 '왕관'이 되었다. '루갈'은 여전히 사제적인 역할을 담고 있었으나, 카리스마를 지닌 야전사령관으로서의 위용을 드러내는 직함이기도 했다.

기원전 25세기 수메르 도시 아답을 치리하던 통치자는 '루갈달루'다. 그는 자신의 동상을 신전 '에-샤르'에 바쳤다. 그는 자신의 이름을 오른쪽 어깨에 새겼다. 세속적인 통치자인 루갈을 표시하는 수메르어 문자가 세로로 두 번째 칸과 세 번째 칸에 선명하게 보인다.

「루갈달루 동상」의 어깨 부분에 새겨진 수메르 문자의 자역과 번역은 다음과 같다.

1. é-sar
2. lugal-da-lu
3. lugal-Adab^{ki}

1. 에사르 신전(의 소유인)
2. 루갈달루는
3. 아답이란 도시국가의 왕이다.

「길가메시 서사시」는 리더의 두 가지 기능을 주제로 창작된 인류 최초의 서사시다. 「길가메시 서사시」라고 알려진 쐐기문자 문헌이 기원전 7세기 메소포타미아 니네베에 있는 도서관에서 발견되었다. 12개 토판 문서로 이루어진 「길가메시 서사시」는 저자를 구마사제인 '신-레케-우닌니'라 기록한다.[15] 신-레케-우닌니는 자신의 이름을 내걸고 인류 최초의 서사시를 기록한 시인이다. 그는 기원전 14세기 바빌로니아의 사제였는데, 오랫동안 구전되어 오던 길가메시에 관한 이야기를 12개 「토판문서」로 엮어 기록하였다. 신-레케-우닌니의 「길가메시 서사시」는 고대 오리엔트 세계에 널리 전파되었고 기원전 7세기 아시리아의 왕, 아슈르바니팔이 니네베에 도서관을 건설하면서 「길가메시 서사시」를 기록한 토판문서들을 보관하였다.

「길가메시 서사시」 제1토판 제1~12행 해설

「길가메시 서사시」의 주제는 다른 서사시나 신화가 그렇듯이, 도입 부

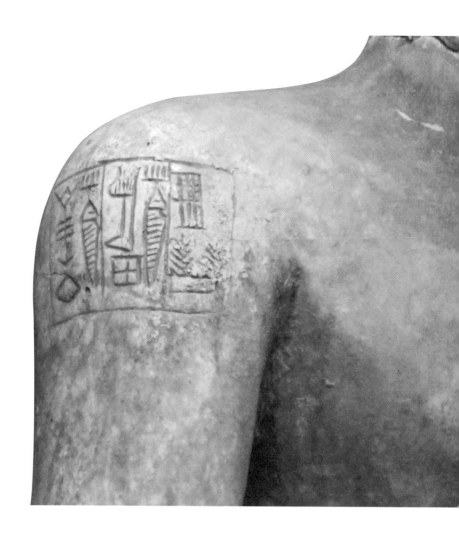

「루갈달루 동상」 어깨 부분

기원전 2500, 78cm, 아답에서 발굴,
이스탄불, 고대근동 박물관

루갈달루는 자신의 이름, 통치하는 도시
그리고 신전명을 오른쪽 어깨에 새겼다.

분에 숨어 있다. 지금부터 3,500년 전 오늘날 이라크에서 기록된 쐐기문자 문헌을 이해하기 위해서는, 먼저 그 문헌에 기록된 아카드어에 정통해야 한다. 단어 하나하나가 현대인이 상상할 수 없는 생경하고 신비한 의미를 담고 있기 때문이다. 그 문장을 현대어로 옮기는 작업은 고도의 훈련을 요구한다. 구마사제인 신-레케-우닌니의 「길가메시 서사시」는 영웅 길가메시의 업적을 다음과 같이 찬양하면서 자신이 이 서사시를 편집하여 세상에 내놓은 의도를 숨겨놓았다.

최근 영국 아시리아 전공 학자인 앤드루 조지가 『바빌로니아 길가메시 서사시(The Babylonian Gilgamesh Epic)』를[16] 내놓았다. 필자는 조지가 푼 아카드어 쐐기문자로 기록된 원문에 대한 자역(字譯, transliteration)을 기초로, 언어학적 분석과 해석을 더한 음역(音譯, transcription)과 그 번역(飜譯, translation)을 한글로 옮겼다.[17]

다음은 「길가메시 서사시」 제1토판 제1~23행에 대한 자역, 음역, 번역 그리고 해설이다. 괄호([ ]) 표시는 현재 남아 있지 않아 후대 학자들이 재구성한 원문이다. 첫 행은 자역이고 둘째 행은 음역 그리고 번역이다.

1. [šá naq-ba i-mu-ru i]š-di ma-a-ti
   ša naqba īmuru išdi māti
   나라의 기초인 심연을 본 사람,

2. [x x x-ti i-du]-[ú ka]-la-mu ḫa-as-s[u]
   xxx-ti īdu kalāmu ḫassu
   […]아는 그는 모든 것에 지혜롭다.

3. [ᵈGIŠ.GÍN.MAŠ šá n]aq-[ba] i-mu-ru iš-di ma-[a]-ti

   ᵈGilgameš ša naqba īmuru išdi māti

   나라의 기초인 심연을 본 길가메시,

4. [x x x-t]i i-du-ú ka-la-mu ḫa-a[s-su]

   xxx-ti īdu kalāmu ḫassu

   […]아는 그는 모든 것에 지혜롭다.

「길가메시 서사시」는 같은 문장을 한 절 걸러 반복하면서 시작한다. 제1행과 제3행, 제2행과 제4행이 짝을 이루어 반복된다. 고대 근동지방에서 사막을 가로질러 장거리 장사를 하던 대상무역상들이 모닥불을 피워놓고 둘러앉아, 쏟아지는 별들 아래서 한 음유시인의 영웅 이야기를 들었다. 음유시인은 인류 최초의 도시를 만들어 문명을 시작한 길가메시를 노래한다. 그는 제3행에 '길가메시'라는 이름을 첨가하여, 자신이 찬양하려는 영웅이 길가메시라는 점을 관객(독자)에게 말한다.

신-레케-우닌니는 나라의 기초를 '심연'이라고 말한다. 그리고 길가메시는 이 심연을 본 자다. 여기서 '심연'이란 단어는 아카드어로 '나끄바(naqba)'다. '나끄바'란 단어는 「길가메시 서사시」 전체를 이해하는 핵심 키워드다. '나끄바'는 이 서사시를 편집한 신-레케-우닌니가 등장시킨 특별한 단어다. 기원전 15세기 바빌로니아의 구마사제는 국가의 중요한 의례를 관장하는 정신적인 지도자이면서 최고 지식인이었다. 구마사제가 되기 위해서는 바빌로니아 천문학·의학·수학·식물학·의례 등 다양한 분야의 지식을 섭렵해야 한다.

'나끄바'는 이런 모든 분야의 지식을 총체적으로 나타내는 용어다. '나끄바'는 동시에 축자적이며 물질적인 의미를 지닌다. 서사시 후반부인 제11토판에 등장하는 페르시아만의 가장 깊숙한 장소를 의미한다. 어느 인간도 가본 적이 없는 신성한 장소다. 이곳은 지혜와 마술의 신인 에아의 거주지인 '압수(Apsû)'이기도 하다. 이곳은 죽음을 극복하고 영생을 보장하는 불로초가 숨어 있는 장소다.

신-레케-우닌니는 '나끄바'가 나라의 기초라고 주장한다. 나라의 기초는 지상의 궁궐이나 신전 또는 군사력이 아니라, 우주와 인류의 운행 방식을 체계화하는 지식과 지혜다. 길가메시는 이 지식을 찾아 목숨을 담보하고, 한번 가면 돌아올 수 없는 죽은 자들의 세계인 지하세계로 내려간다. 그는 지하세계에서 '나끄바'를 '보았다'. 아카드어에서 '보다'란 의미를 지닌 동사 '아마룸(amārum)'도 다양한 의미를 지닌 동사다.

원문에 등장하는 '이무루(īmuru)'는 동사 '아마룸'의 능동과거형 3인칭 남성 단수 형태에 관계절의 마지막을 표시하는 어미 '-u'가 활용한 형태다. '아마룸(amārum)'은 '보다; 경험하다'라는 의미 이외에 '남들이 풀수 없는 어려운 현상이나 문서를 판독(判讀)하다'라는 뜻도 있다. 길가메시는 영생을 찾는 여정을 통해 장수를 얻은 것이 아니라, 우주와 인생의 비밀을 알게 되었다. 제1토판 제5~8행은 길가메시가 이 수고를 통해 얻은 지식에 대해 다음과 같이 설명한다.

5. [i-ḫi]-it-ma mit-ḫa-riš [kib-ra-a-ti]

　　ihīt-ma mithariš kibrāti

　　그는 사방을 샅샅이 조사한 후에,

6. [nap]-ḫar né-me-qí ša ka-la-a-mi [i-ḫu-uz]

naphar nēmeqi ša kalāmi īhuz

모든 지식의 총체를 깨달았다.

7. [ni]-ṣir-ta i-mur-ma ka-ti-im-ta ip-te

   niṣirta īmur-ma katimta ipte

   그는 감추어진 것을 보았고, 비밀스런 것을 열었다,

8. ub-la ṭè-e-ma šá la-am a-bu-bi

   ubla ṭēma ša lām abūbi

   그는 홍수 이전의 이야기를 가져왔다.

길가메시는 자신에게 불멸의 삶을 줄 불로초를 찾기 위해, 죽은 자들만 갈 수 있는 지하세계로 하강한다. 그는 죽은 자들이 입는 상복으로 갈아입고, 그 누구도 가본 적이 없는 심연으로 내려가 조사한다. 그가 목숨을 내놓고 불멸을 얻으려는 불굴의 노력이 바로 모든 지식과 지혜의 총체다. '지식'을 의미하는 아카드어 '네메쿰(nēmequm)'은 한 분야를 오랫동안 연구하고 실천할 때, 그 결과로 얻어지는 지식이다. 길가메시에게 '지식'의 의미는 그를 실제적으로 영원히 살게 만드는 불로초를 발견하는 것이 아니라, 순간을 영원으로 만드는 기술을 터득하는 데 있다. 인생은 누구에게나 특별한 기술을 요구하는 과업이다.

그 지식의 총체란 이것이다. 그 지식은 외부에 존재하는 어떤 것이 아니라, 자신의 심연에 존재하는 비밀스런 것이다. 그는 '니찌르타(niṣirta)', 즉 '감추어진 것'을 보았다. 누구나 감추어진 것을 볼 수 있는 것은 아니다. '감추어진 것'은 외부에 있지 않고 내부에 존재한다. 길가메시는 명예와 권력에 대한 욕심을 제거하기 위해, 그의 눈을 가리고 있었던 눈 덮개를 들춘다. 그는 또한 '카팀타(katimta)', 즉 '비밀스런 것'을 열었다. '카팀타'는 거대한 광산에 숨겨진 보석과 같다. 누군가 그 보석의 존재를 인정하고 발굴해야 획득할 수 있다.

인간을 인간답게, 인간을 리더로, 인간을 신적인 존재로 탈바꿈하는 지식은 제8행에 등장하는 이야기다. 길가메시는 '홍수' 이전에 형성된 이야기를 가져왔다. 고대 근동의 우주창조와 인간창조 신화에는 항상 '대홍수'가 등장한다. 고대인은 홍수 후에, 인류가 등장하여 문명을 구축했다고 믿었다. '홍수 이전의 이야기'란 우주의 형성원리다. 그 비밀은 '이야기'다. '이야기'를 의미하는 아카드어 '테뭄(ţēmum)'은 다음과 같은 다양한 의미를 지닌다. "(1) 신과 인간의 이성, 판단 (2) 신들의 결정, 의도, 계획 (3) 명령 (4) 정보, 보고, 이야기." 길가메시는 신들을 직접 만나, 인간으로 살아야 할 도리, 인간이 존재하는 이유, 신들이 인간에게 부탁한 당부를 직접 듣고 돌아왔다. 신-레케-우닌니는 제9~12행에 이 서사시의 전체 구조와 목적을 다음과 같이 설명한다.

9. ur-ḫa ru-uq-ta il-li-kam-ma a-ni-iḫ u šup-su-uḫ

　　urḫa rūqta illikam-ma anīḫ u šupšuḫ

　　그는 먼 길을 떠나, 지쳤지만, 평안을 얻었다.

10. [iḫ-ru]-uṣ i-na na-re-e ka-lu ma-na-aḫ-ti

　　iḫruṣ ina narê kalu manaḫti

　　그는 자기의 모든 수고를 돌기둥에 새겨놓았다.

11. ú-še-piš BÀD šá UNUG.KI su-pu-ri

usēpiš dūra ša Urukki supūri

그는 양 우리와 같은 우루크 도시의 성벽을 세웠다.

12. šá É.AN.NA qud-du-ši šu-tùm-mi el-lim

ša Eanna qudduši šutummi ellim

숭고한 곡식 창고인 거룩한 인안나 여신의 성벽을!

제1토판 제9행은 「길가메시 서사시」의 주제다. 방주네프가 『통과의
례』라는 책에서 말한, 세 단계가 각각 한 단어로 간결하게 정의되었다.
세 단계는 한 인간이 부모가 주도하는 환경에 의존하는 단계와 거기에서
자신을 분리하여, 불안하지만 자신의 정체성을 형성하는 단계, 이를 거
쳐 새로운 인간으로 탈바꿈하여 자신이 원래 속한 공동체로 복귀하는 단
계다. 길가메시는 가까운 길·쉬운 길·익숙한 길로 떠난 것이 아니라, 먼
길·힘든 길·목숨을 담보한 길로 들어간 것이다.

그 첫 단계가 아카드어로 '우르하 루끄타 일라캄(urḫa rūqta illikam)'이
다. '우르하 루끄타'는 '먼 길'이라는 의미로, 돌아올 기약이 없는 길, 다
시는 돌아올 수 없는 길, 아무도 가본 적이 없는 길이다. '우르하 루끄타'
는 이탈리아의 문호 단테가 쓴 『지옥』 제1편 제2행에 등장하는 '어두운
숲속(selva obscura)'과 유사하다. 단테는 인생의 결정적인 순간에 '어두
운 숲속'에서 헤매고 있는 자신을 발견한 후, 괴물들이 지키는 경계를 지
나 지옥 여행을 시작한다. 지옥은 연옥과 천국으로 이어지는 첫 단계다.
단테처럼, 길가메시도 자신이 왕으로 치리하고 있는 우루크라는 도시를
떠나 괴물들이 들끓는 사막으로 진입한다. 왜 길가메시는 명성과 권력을

보장하는 자신의 보금자리 우루크를 떠났는가? 방주네프가 말하는 '통과의례'의 첫 단계인 '분리(分離)'다.

길가메시는 고향을 떠나 사막으로 들어간다. 사막은 길가메시가 우루크에서 누렸던 혜택이 사라지는 장소다. 그는 하루하루 자신의 목숨을 유지하기 위해 고군분투한다. 심지어 죽음을 경험하기 위해, 죽은 자들만이 입장이 가능한 지하세계로 들어간다. 방주네프는 이 단계를 이것도 저것도 아닌 애매모호한 단계, 경계 단계라고 불렀다. 신-레케-우닌니는 이 두 번째 단계를 제1토판 제9행에 등장하는 두 번째 단어인 '아니흐(anīḫ)'를 통해 표현한다. '아니흐'는 자신이 가진 힘을 다 소진하여 기진맥진한 죽음 직전의 상태를 뜻한다.

세 번째 단계는 '재생' 단계이자 자신의 고향으로 다시 돌아가 새로운 인간으로 다시 태어나는 '부활' 단계다. 신-레케-우닌니는 두 번째 단계와 세 번째 단계 사이에 접속사 '우(u)'를 삽입하였다. 아카드어 접속사 '우(u)'는 히브리어 접속사 '워(wə)', 아라비아어 접속사 '와(wa)'와 마찬가지로 '그리고'라는 의미다. 그러나 아카드어 접속사 '우'는 상반접속사 '그러나'란 의미도 지닌다.

'우 슈프슈흐(u šupšuḫ)'는 '그러나 새 힘을 얻었다'라고 번역해야 문맥상 어울린다. 과거의 길가메시는 죽고, 새로운 길가메시가 태어났다. 그는 우루크로 돌아와 새로운 인간이 되었다. 그의 도성 우루크는 변한 것이 없지만, 우루크를 보는 길가메시의 시선이 변했다.

길가메시는 죽음을 경험한 후, 영웅으로 탄생한 경험을 모든 우루크인이 볼 수 있도록 돌기둥에 새겨놓았다. 제10행에 등장하는 "이흐루츠 이나 나레 칼루 마나흐(iḫruṣ ina narê kalu manaḫti)"는 "그(길가메시)는 자신이 경험한 모든 수고를 돌기둥에 새겨 넣었다"라는 의미다.

'나루(narû)'는 메소포타미아 도시에서 도시의 『법전』이나 「칙령」을 새겨 시민들이 볼 수 있도록 도시 한복판에 세워놓은 돌기둥이다. 바빌로니아 왕 함무라비도 자신의 법전이 새겨진 돌기둥을 바빌론 도시 한복판에 세워놓았다고 말한다. 길가메시는 자신의 여정이 우루크시민뿐만 아니라, 시간과 장소를 초월하여 모든 인간에게 최선의 삶을 사는 방법을 제시할 것이라고 믿었다.

제11~12행은 길가메시가 건설한 인안나 여신을 위해 짓는 '에안나(Eanna)' 신전에 대한 찬양이다. 우루크의 성벽은 마치 가축을 보호하기 위한 우리와 같다. 길가메시는 '우리(supūrum, 수푸룸)'와 같은 우루크 성벽을 건설하였다. 그는 우루크 시민을 이끄는 목자일 뿐만 아니라, 이들을 안전하게 보호하기 위해 우리와 같은 성벽을 건설한 자비로운 통치자다. 우루크 성벽 안에는 우루크의 주신인 인안나 여신의 신전인 '에안나'가 있다. '에안나'는 수메르어로 '하늘의 집'이다. 에안나는 인안나 여신을 위한 헌물을 보관하는 거룩한 곡식 창고가 있다.

왜 길가메시는 우루크의 성벽과 에안나 곡식창고를 언급하는가? 길가메시의 업적인 이 건물들은 불로초를 찾기 위해 지하세계로 여정을 떠나기 전과 동일하다. 길가메시는 반신반인의 중간적인 존재로, 신들만이 누린다는 불멸을 추구하였다. 신들의 특징은 불멸이다. 길가메시는 이제 영원히 살 수 있는 묘책을 간구한다.

폭군 길가메시

길가메시에 대한 정형화된 찬양시 후에 폭군으로 묘사되는 길가메시가 등장한다. 길가메시는 우루크 시민들을 괴롭힌다. 그는 우루크 남성들을 호된 군사훈련으로, 여성들에게는 초야권을 행하는 통치자로 군림

한다. 우루크 시민들은 신들에게 길가메시의 폭정에 대하여 불평한다. 신들은 길가메시가 시민들을 괴롭히는 이유를 곰곰이 생각하였다. 그들은 길가메시가 자신과 어울리는 친구가 없기 때문이라고 판단하였다.

　신들은 초인간적인 길가메시에게 어울리는 단짝인 반인반수 엔키두(Enkidu)를 창조하여 지상으로 내보낸다. 길가메시는 반신반인인 반면, 엔키두는 반인반수다. 들판의 동물들이 엔키두를 키웠다. 엔키두는 야생동물과 돌아다니며, 인간들이 동물 사냥을 위해 설치한 덫을 해체하여, 인간의 생존을 위협하였다. 샤냥꾼은 우루크의 왕 길가메시에게 야생인간 엔키두가 야기한 문제를 보고하자, 길가메시는 엔키두를 인간으로 만들어, 다른 동물들과 멀어지게 할 묘책을 고안하였다. 길가메시는 엔키두가 야생동물들과 함께 물을 마시러 오는 오아시스에 '샴하트'란 창기를 두어, 그녀와 성관계를 맺는다면, 다른 동물들이 그를 거부할 것이라고 예언한다.

　엔키두는 첫눈에 샴하트에게 반해, 그녀와 섹스를 하고 난 뒤, 동물과의 유대감이 없어지고 점점 인간이 된다. 샴하트는 엔키두를 목자들의 거주지로 데리고 간다. 엔키두는 이제 목자들이 파놓은 덫을 동료 야생동물들을 위해 파헤치는 존재가 아니라 목자들을 야생동물로부터 보호하는 목자들의 파수꾼이 되었다. 반인반수인 엔키두가 목자들과 접촉하면서 인간과 인간의 문명에 대해 배운다. 목자들의 거주지는 우루크 도시와는 떨어진 야생과 문명의 경계에 위치해 있다. 이곳엔 야생과 문명이 공존하여 서로를 이해하는 공간이다. 엔키두는 이곳에서 도시문명의 명암을 알게 된다. 한 행인이 엔키두에게 우루크에서 일어나는 한 관습에 대해 말해준다.

　우루크에선 길가메시가 결혼을 앞둔 신부와 첫날밤을 지내는 '드와 드시뇨르(Droit du seigneur)'를 행사한다는 것이다. 그 행인은 길가메시의 거사를 위해 잔치를 준비하러 가는 참이었다. 이 관습은 라틴어로 '유스 프리마이 녹티스(jus primae noctis)'라고도 부른다. 중세 유럽에서 대표적으로 영주가 자기 영토 내 여인이 결혼할 경우 제일 먼저 성적인 관계를 맺는 제도다. 실제로 중세 유럽에 그런 관습이 행해졌는지 알 수 없으나 여러 문헌에서 이 관습을 언급하고 있다. 엔키두는 이 관습에 놀라 우루크로 들어가 이 행사를 방해한다. 군주로서 자신의 통치권을 행하려는 길가메시는 낯선 자의 도전에 놀란다. 길가메시와 엔키두는 우루크 한복판에서 엎치락뒤치락 씨름을 한다. 아무리 힘센 엔키두라도 반신반인 길가메시를 이길 순 없다. 길가메시의 압승이다.

이들은 이 대결 후, 세상에 둘도 없는 친구가 된다. 이들은 서로에게 '제2의 자아'가 된다. 길가메시는 이전처럼 우루크 시민들을 괴롭히지 않는다. 엔키두와의 우정이 그의 삶에서 가장 중요했다. 그러나 길가메시는 야생 생활을 하던 엔키두가 도시 생활을 하면서 그의 야생성이 점점 사라지는 것을 안타까워한다. 길가메시는 이전에 꿈도 꾸지 못한 욕망에 사로잡힌다.

길가메시는 신만이 가질 수 있는 명성과 영광에 도전하기로 마음먹는다. 그는 자신의 제2의 자아인 엔키두의 야생성을 부활시키고 신에게 도전하여 불멸의 명성을 얻고자 백향목 숲으로 원정을 가 백향목을 자르자고 제안한다. 엔키두는 백향목 숲을 지키고 있는 후와와에 대해 이야기하면서 길가메시의 제안을 거절하지만 길가메시는 원정을 결정한다. 그들은 온갖 무기로 무장한 후, 결국 후와와를 살해한다.

길가메시가 백향나무 숲에서 후와와를 살해한 뒤, 목욕재계하고 다시 왕으로서 의관을 갖춰 입는다. 전쟁의 여신이며 사랑과 풍요의 여신인

「하늘의 황소를 죽이는 길가메시와 엔키두」

원통형 인장, 기원전 750, 옥수(玉髓), 런던, 영국박물관

길가메시는 둘도 없는 친구이자 제2의 자아인 엔키두와 함께 지상 최고의 가치인 명성을
날리기 위해, 백향나무 숲을 지키는 후와와를 살해한다. 전쟁의 여신이자 풍요의 여신인
이슈타르는 길가메시와 엔키두를 심판하기 위해, '하늘의 황소'를 세상에 내려보낸다.
그들은 '하늘의 황소'를 솜씨 좋은 목동처럼 다루며 살해한다. 길가메시는 황소의 뿔을
잡고 엔키두는 뒤에서 긴 칼로 그를 공격한다. 길가메시와 엔키두는 천상의 신들이 보낸
전령인 '하늘의 황소'마저 살해함으로, 명성을 얻게 되었다.
그들은 한마디로 신에게 도전하여 승리를 거둔 셈이다.

이슈타르가 길가메시의 뒷모습을 보고 청혼하지만 바로 거절당한다. 신으로서 자존심이 상한 이슈타르는 길가메시를 벌하기 위해 '하늘의 황소'를 지상에 내려보낸다. 「길가메시 서사시」 제6토판에 등장하는 길가메시와 그의 단짝 엔키두가 하늘의 황소를 살해하는 장면을 묘사한 인장이 있다. 기원전 750년경 고대 아시리아 장인이 옥수에 새긴 인장이다. 왼편에 선 길가메시는 황소의 뿔을 두 손으로 잡고 오른편엔 엔키두가 황소의 꼬리를 잡았다. 길가메시 왼편엔 이슈타르 여신이 이들의 살해 행위를 막으려 하지만 소용없다. 황소 위쪽엔 독수리 두 마리가 수사슴을 공격하고 있다. 수사슴의 살점들이 여기저기 흩어져 있다.

이 인장에 등장한 인물들은 모두 끝이 말린 머리장식과 이중 사각 안에 점이 들어간 띠 장식 의복을 입었다. 길가메시와 엔키두는 남성을 상징하는 긴 곱슬털 수염을 장착하였다. 길가메시는 자신이 신이란 사실을 상징하는 세 뿔이 장착된 머리장식을 썼고 몸 전체는 이중 사각 안에 점이 장식된 갑옷을 입었다. 그는 화살통, 활 그리고 끝이 뾰족한 못이 박힌 곤봉 모양의 전곤(戰棍)을 양어깨에 각각 멨다. 그는 오른손으로는 황소의 앞머리를, 왼손으로는 황소의 양 뿔을 단단하게 잡아당긴다. 그의 왼발은 황소의 왼쪽 무릎을 누르고 있다.

엔키두도 자유로운 킬트를 입고 술 달린 허리띠가 가랑이 사이에 늘어져 있다. 그는 왼손으로 단검을 휘두르고 오른손으로는 황소의 꼬리를 잡고 있다. 황소는 인간의 얼굴을 하고 날개엔 타원형 장식이 달려 있다. 황소는 두 영웅들 사이 위에 쓰러져 있는 수사슴처럼 완전히 굴복된 자세다.

이슈타르 여신은 어깨에서 시작하여 끝이 조그만 술이 달린 어깨 걸치개로 온몸을 덮었다. 그녀는 자신이 신이란 사실을 알리는 뿔 달린 왕관을 쓰고 있다. 그녀는 한 손으로는 단검을 휘두르는 엔키두의 팔을 잡고, 다른 한 손으로는 길가메시의 어깨를 두드린다.

길가메시와 엔키두는 자신의 명성을 위해 사는 세속적인 왕인 '루갈'의 화신이다. 이들은 명성을 획득했다. 명성만이 인간의 삶을 풍요롭게 만들어주는 가치라고 생각한다. 그러나 이들은 자신들이 누리는 부와 권력을 당연한 것으로 여기는 오만에 빠진다. 오만은 에토스를 제거하는 독약이다.

신들은 과도한 길가메시의 명성이 견고한지 시험하기 위해, 그의 반쪽이며 단짝인 엔키두를 죽이기로 결정한다. 이들의 오만에 상응하는 형벌이다. 길가메시는 자기보다 더 사랑하는 엔키두가 죽고 난 뒤 깊은 시름에 빠진다. 자신의 삶에서 중요한 것은 남들이 인정하는 명성이 아니라 자신을 감동시키고 자신의 임무를 찾는 행위, 그래서 심지어 죽음까지 극복할 수 있는 절대적인 깨달음이라는 것을 알게 된다. 이를 위해 중대 결정을 내린다.

상복으로 갈아입고 죽음의 세계로 여행

길가메시는 자신에게 권력과 명성을 가져다준 우루크를 떠나 사막으로 향한다. 자신이 왕임을 상징하는 왕홀·왕관·왕복을 벗어던진다. 그 경계에서 그는 목욕재계를 하고 스스로 가장 남루하고 홀가분한 옷, 상복으로 갈아입는다. 의복교환은 한 단계에서 다음 단계로 진입하기 위한 가시적인 표식이다. 그는 상복으로 갈아입고 죽은 사람만이 갈 수 있다는 지하세계로 내려간다.

수메르인은 우주를 세 장소로 구분하였다. 신이 사는 장소인 '안(AN☀)', 인간을 포함한 동·식물이 거주하는 '키(KI◈)' 그리고 지하세계인 '쿠르(KUR⚒)'다. '안'은 하늘의 별을, '키'는 광활한 대지를 상징한다. '쿠르'는 산을 의미하는 삼각형이 세 개 모였다. '쿠르'는 '산'이란 뜻과 '낯선 땅; 적대적인 땅'이며 동시에 '지하세계'라는 뜻을 지닌다.

길가메시는 지하세계에서 영원히 살고 있다는 인간, '우트나피슈팀 (Utnapishtim)'을 만나볼 참이다. 우트나피슈팀은 신들이 홍수를 내린다는 결정을 엿듣고 방주를 만들어 부인과 함께 생존하였다. 이 기간은 슬픔과 공포의 기간이다. 길가메시는 지하세계로 내려간다. 그는 지하세계에서 괴물인 '전갈-사람'과 그의 아내를 보고는 너무 떨려 얼굴이 창백해졌다. 그는 또한 수많은 강과 문과 경계를 넘어야 했다. 그는 '전갈-사람'들이 사는 전혀 모를 땅에서 길을 잃었고 바다를 건너 죽음의 강을 건넜다.

시두리 여신의 충고

이 판본에 그 여신이 등장한다. 그녀는 영생을 찾아 지하세계로 내려오는 영혼들에게 인생의 의미를 알려주는 현자다. 그 여신이자 현자의 이름은 '시두리(Siduri)'다.

시두리는 지상의 모든 영광과 권력을 내려놓고 삶의 의미를 찾기 위해 죽음의 세계로 내려온 길가메시와 만난다. 길가메시는 시두리를 만나 자신의 사랑하는 친구에 대한 슬픈 노래를 다음과 같이 시작한다. 그 내용은 신-레케-우닌니의 표준 바빌로니아 판본이 아니라 고대 바빌로니아 시파르 판본(OB VA+BM)에 등장한다.

제2토판

0. "오, 내가 진정으로 사랑하는 친구여!

1. 너는 나와 함께 수많은 위험을 감수했지!

2. 내가 진정으로 사랑하는 엔키두

3. 너는 나와 함께 수많은 위험을 감수했지!"

4. 그는 인간이 가야만 하는 운명으로 가버렸습니다.

5. 나는 밤낮으로 그를 애도하였습니다.

6. 나는 그를 위해 매장하지 않았습니다.

7. 혹시 '내 친구가 내 울음소리에 다시 일어날지 모르니까!'

8. 나는 일곱 밤, 일곱 낮 동안 애도하였습니다.

9. 마침내 구더기가 그의 코에서 나올 때까지 애도하였습니다.

10. 그가 내 곁을 떠난 후에, 나는 살 만한 이유를 발견하지 못했습니다.

11. 나는 마치 덫을 놓는 사람처럼, 사막을 헤매고 다녔습니다.

길가메시는 엔키두를 잃은 슬픔을 표시한 후, 사막을 건너 지하세계로 들어가는 입구에 있는 선술집에 도착하여 그 여주인인 시두리의 얼굴을 본다. 그리고 다음과 같이 말한다.

제2토판

12. "아, 지하세계 선술집 여주인이여! 나는 당신의 얼굴을 봅니다.

13. 나는 당신(의 얼굴)에게서 내가 두려워하는 죽음(의 흔적)을 찾아볼 수 없습니다."

길가메시는 시두리의 얼굴에서 죽음의 그늘을 발견할 수 없었다. 시두리는 삶과 죽음의 경계에서 살면서, 인생을 달관한 여인이다. 그녀는 인간이 추구해야 할 핵심을 간파하여, 길가메시에게 이렇게 충고한다.

제3토판

1. "오, 길가메시여! 당신은 어디에서 헤매고 다녔습니까?
2. 당신은 당신이 추구하는 그런 삶을 찾지 못할 것입니다.
3. 신들이 인류를 창조했을 때,
4. 인류를 위해 '죽음'을 운명적으로 정해놓았습니다.
5. 자신들은 스스로 '삶'을 손에 쥐게 만들었습니다."

시두리는 지하세계 선술집의 여주인이다. 맥주를 처음으로 제조한 바빌로니아 사람들에게 '사비툼(sabītum)'은 익숙한 단어다. 온종일 들판에서 농사를 짓고 양을 치던 목동에게 삶의 위안을 주는 것은 시원한 맥주 한 모금이었을 것이다. 아카드어 사비툼은 '선술집 여주인'이라는 의미다. 신과 인간의 차이를 '삶'과 죽음'이라는 두 단어로 극명하게 구분한다. '삶'이란 의미의 아카드 단어 '발라툼(balāṭum)'은 모든 생물을 살아 있게 만드는 생명의 약동, 항상 젊음을 유지하는 활력이다. 신은 그 생명의 약동을 영원히 유지하는 존재다. 그러나 인간의 특징은 '죽음'이다. '죽음'이란 의미의 아카드 단어는 '무툼(mūtam)'이다. 인간을 포함한 생물의 특징은 현재의 생명을 그대로 보존할 수 없다는 점이다. 생물은 시간의 엄연한 지배를 받아, 서서히 그 활력을 잃는다. '발라툼'을 잃는 과정이 '무툼'이다.

매일매일 조금씩 죽어가는 인간이 추구해야 할 일은 무엇인가? 무엇이 우리의 삶을 가치 있게 만들까? 시두리는 현자답게 인간이 중요하게 여겨야 할 인생의 과업을 다음과 같이 알려준다.

제3토판

6. "오, 당신, 길가메시여! 당신의 배를 채우십시오!

7. 밤낮으로 당신에게 즐거운 일을 하십시오.

8. 매일 즐거운 일이 생기도록 하십시오.

9. 밤낮으로 춤을 추고 노십시오.

10. 당신의 의복을 청결하게 유지하십시오.

11. 머리를 감고 목욕하십시오.

12. 당신의 손을 잡은 아이를 바라보십시오.

13. 당신의 부인을 자주 포옹하십시오.

14. 이것이 인류에게 주어진 몫입니다."

시두리는 인간에게 주어진 몫을 좋은 음식, 즐거운 일, 춤, 청결한 의복, 목욕과 같은 인간 일상에 대한 관심과 정성이라고 말한다. 그리고 자신에게 가장 가까이 있는 존재들, 즉 자녀와 아내, 혹은 남편과 같은 식구에 대한 관심과 애정이다. 시두리의 이 말은 고대 근동지방에 널리 퍼져, 기원전 3세기경 기록된 것으로 추정되는 구약성서 「전도서」에 솔로몬의 입을 통해 등장한다. 다음은 시두리의 말로, 붉은색 글자로 표시한 「길가메시 서사시」 구절과 비교하면 다음과 같다.

7. 자, 당신이 해야 할 일이 있습니다. 당신에게 할당된 빵을 기쁘게 먹고, 당신의 포도주를 즐겁게 마시십시오. 이 먹고 마시는 행위는 신이 이미 당신의 일상 행위들을 수용하셨다는 증거입니다.

6. "오, 당신, 길가메시여! 당신의 배를 채우십시오!

8a. 항상,

7. 밤낮으로 당신에게 즐거운 일을 하십시오.

8. 매일 즐거운 일이 생기도록 하십시오.

9. 밤낮으로 춤을 추고 노십시오.

8b. 당신의 의복을 희게(깨끗하게) 유지하십시오.

10. 당신의 의복을 청결하게 유지하십시오.

8c. 그리고 당신의 머리에 향기로운 기름이 부족하지 않도록 신경을 쓰십시오.

11. 머리를 감고 목욕하십시오.

9. 당신이 사랑하는 아내와 인생을 즐기십시오. 그것이 신이 당신에게 태양 아래에 허락한 허무한 삶이라고 할지라도!

12. 당신의 손을 잡은 아이를 바라보십시오.

13. 당신의 부인을 자주 포옹하십시오.

9b. 이것이 인생과 태양 아래서 당신이 애쓰는 노동을 통해 당신에게 주어진 몫입니다.

14. 이것이 인류에 주어진 몫입니다.

「전도서」, 9.7~9.9)

자신의 몫이 자신의 운명이다. 자신의 몫은 남을 시기하고 험담하고 손해를 끼쳐 이루는 것이 아니라, 자신에게 주어진 사소한 일상과 가장 가까운 사람들에 대한 관심과 사랑에서 시작되고 완성된다.

전이 단계에서 길가메시는 죽은 자도 아니고 산 자도 아니다. 그가 만나는 것은 인간도 아니고 신도 아닌 괴물들이다. 이 단계의 배경 또한 인간이 사는 곳도 아니고 신이 거주하는 곳도 아니다. 그곳은 신화적이면서도 신비로운 장소다. 우트나피슈팀은 '땅 끝에 있는 강들의 어구'에 살고 있었다. 길가메시는 마침내 우트나피슈팀을 만난다. 그가 영생하고 있는 우트나피슈팀에게 건넨 말엔 「길가메시 서사시」 전체의 주제가 담겨 있다.

1. 길가메시가 그에게 말했다. "원자 우트나피슈팀이여!
2. 우트나피슈팀이여! 내가 당신을 보니,
3. 당신의 생김새는 다르지 않아요. 당신은 바로 나입니다.
4. 당신은 다르지 않아요. 당신은 바로 나입니다.
5. 나는 당신과 싸우기 위해 완벽하게 준비하고 있었습니다.
6. 그러나 지금은, 나의 팔이 당신 앞에서 축 늘어졌습니다.
7. 오, 당신이여! 당신은 어떻게 신들의 모임에 참석하여 (영원한) 생명을 얻었습니까?"

「길가메시 서사시」, 제11토판, 제1~7행

길가메시는 죽음의 땅에서 깨닫는다. 영생하는 자와 자신이 본질적으로 동일한 인물이란 사실은 그에게 충격이다. 우트나피슈팀은 영생의 존재로 자신과는 다른 모습을 하고 있다고 예상했다. 그러나 그는 인간인 자신의 모습과 다르지 않았다. 길가메시는 그에게 영생의 비결을 묻는다. 그는 '대홍수' 이야기를 들려준다. 태초에 우주의 일을 관장하는

'위대한 신들'과 지상에서 노역하는 '조그만 신들'이 있었다. 조그만 신들이 위대한 신들에게, 노역으로부터 벗어나도록 탄원한다. 지혜의 신인 엔키가 진흙으로 모형을 만들어 인간을 창조한다. 인간은 신들을 대신하여 노역을 하는 존재다. 모든 신은 인간이 노역하는 동안 편히 잠을 잘 수 있었다.

한 가지 간과한 사실이 있었다. 인간이 번식하여 땅 위에 가득 차, 이들이 내는 소음 때문에, 신들은 쉴 수 없었다. 이들이 찾아낸 방안은 대홍수다. 우트나피슈팀은 신들이 회의에서, 인간을 홍수로 쓸어버릴 것이라는 신들의 결정을 엿듣는다. 그는 방주를 만들어 그의 아내와 함께 승선하여 홍수로부터 살아남는다. 이 이야기는 후에 『성서』에 등장하는 '노아 홍수 이야기'의 원형이다. 우트나피슈팀은 인간으로 태어나 영생을 살고 있는 유일한 존재다. 그는 길가메시가 자신처럼 영생할 수 있는 기회를 결코 만들지 못할 것이라고 단언한다.

「길가메시 서사시」 편집자 신-레케-우닌니는 우트나피슈팀과의 만남에 재미를 더하기 위해 몇 가지 이야기를 첨가하였다.[18] 우트나피슈팀은 길가메시에게 영생을 얻고자 한다면 7일 동안 잠자지 말 것을 요구한다. 잠을 이기고 깨어 있는 것이 영생이다.

우트나피슈팀의 아내는 피곤해 잠에 곯아떨어진 길가메시에게 연민을 느낀다. 그녀는 남편에게 그를 깨워 집에 돌려보내자고 한다. 우트나피슈팀은 그가 얼마나 자는지 지켜봐야 한다고 주장한다. 그가 길가메시를 깨우면, 길가메시는 자신이 잠시 졸았을 뿐이라고 말할 것이기 때문이다.

우트나피슈팀의 요구로, 그의 아내는 길가메시 곁에 매일매일 빵을 구워놓았다. 길가메시가 7일간 자는 동안 빵도 상했다. 그는 영생을 얻기를 포기하고 뱃사공 우르샤나비에게 자신을 고향 우루크로 데려다달라고 말한다. 길가메시와 우르샤나비는 우루크로 돌아가기 위해 항해를 시작한다. 이들이 해안으로부터 멀어지려고 하자, 우트나피슈팀의 아내가 남편에게 영생을 선물로 주자고 제안한다.

273. 그(우트나피슈팀)의 아내가 원자 우트나피슈팀에게 말한다.
274. "길가메시는 여기에 많은 고통을 겪으며 왔어요.
275. 그가 집으로 돌아갈 때, 무엇을 선물로 주시겠어요?"
275. 그가 자신의 나라로 돌아갈 때, 무엇을 주시겠어요?

「길가메시 서사시」, 제11토판, 제274~275행)

우트나피슈팀이 길가메시를 부른다. 길가메시가 다시 해안가로 돌아와 우트나피슈팀에 앞에 섰다. 그가 길가메시에게 말한다.

279. "길가메시여! 당신은 여기에 많은 고통을 겪으며 왔어요.
280. 당신이 집으로 돌아갈 때, 내가 무슨 선물을 줘야 하나요?
281. 길가메시여! 내가 가장 신비한 비밀을 알려주겠습니다.
282. 내가 당신에게 신들의 비밀을 알려주겠습니다.
283. 그것은 식물입니다. 그 생김새는 구기자나무처럼 생겼습니다.
284. 그것은 장미 가시처럼 찌릅니다. 그것을 따는 사람의 손을 찌를 것입니다.
285. 당신이 그 식물을 소유한다면,
286. 당신은 젊은 시절로 돌아갈 것입니다."

「길가메시 서사시」, 제11토판, 제279~286행)

길가메시는 뱃사공 우르샤나비와 함께 바다 한가운데로 간다. 그는 다리에 돌덩이를 묶고 마치 해녀처럼 바다 멧부리, 심연으로 힘차게 헤엄쳐 내려가 심연에서 불로초를 발견한다.

289. 그(길가메시)는 자신의 다리에 무거운 돌을 단단히 묶었다.

290. 돌들은 그를 바닷속 가장 깊은 곳인 '압수'로 끌고 내려갔다.

291. 다른 사람이 아닌 그는, 그 식물(불로초)을 따서 잡아당겼다.

292. 그는 자신의 다리에 단단히 묶인 돌을 풀었다.

293. 그러자 바다가 그를 해변으로 올려 보냈다.

294. 길가메시는 뱃사공 우르샤나비에게 말했다.

295. "우르샤나비여! 이 식물은 심장을 (영원히) 뛰게 만드는 것이야.

296. 인간은 이것으로 생기를 (언제나) 얻을 수 있지.

297. 나는 가축 우리와 같이 둥글게 생긴 우루크로 이 식물을 가져갈 거야.

298. 내가 노인에게 이것을 먹여 시험해봐야겠어.

299. 이 식물의 이름은 '노인이 젊은이가 되었다(šību iṣṣaḫir amēlu)'야.

300. 나도 이 식물을 먹고 젊은 시절로 돌아갈 거야."

「길가메시 서사시」, 제11토판, 제289~300행)

길가메시는 자신도 우트나피슈팀처럼 영생할 것이라고 확신하고, 이제 자신이 치리하는 우루크로 돌아간다. 그는 우루크로 돌아가던 중 오아시스를 발견한다. 그곳에서 목욕재계를 하고 의관을 갖춘 뒤 영생을 소유한 왕으로 돌아갈 것이다.

303. 길가메시는 물이 찬 연못을 발견하였다.

304. 그는 그 물에서 목욕하기 위해 들어갔다.

305. 뱀 한 마리가 그 식물의 향기를 맡고

306. 조용히 어디에선가 나와 그 식물을 가져갔다.

307. 뱀은 대신 자신의 허물을 벗어놓았다.

길가메시는 순간의 더위를 못 참고 불로초와 옷을 벗어놓고 연못으로 들어가 목욕하였다. 그가 다시 뭍으로 나왔을 때, 불로초는 사라지고, 뱀의 벗어놓은 허물만 발견한 것이다. 순간의 불편을 정복하지 못하는 자, 영생을 누리려고 이 고생을 감수하며 지하세계로 내려온 자신이 허망하고 불쌍했다.

길가메시는 실의에 차 우르샤나비에게 말한다.

308. 길가메시는 앉아 울기 시작했다.

309. 눈물이 얼굴에서 계속 흘러내렸다.

310. 그는 뱃사공 우르샤나비에게 말했다.

311. "우르샤나비여! 도대체 누구를 위해 내가 힘을 써 팔이 피곤해졌는가?

312. 누구를 위해, 나는 내 심장의 피를 흘렸는가?

313. 나는 나 자신을 위해 이 좋은 일을 하지 않았다.

314. 나는 저 '땅의 사자'를 위해 이 좋은 일을 한 것이다.

315. 이제 20리그만 있으면, 물이 몰려온다.

316. 내가 수로를 열었을 때, 나는 도구들을 버렸다.

317. 나는 내 명성을 위한 기념물을 찾았는가?

318. 내가 돌아가 배를 해변에 정박했다면, 얼마나 좋았을까!

(『길가메시 서사시』, 제11토판, 제303~318행)

이것이 여행의 끝이다. 길가메시는 우루크로 돌아와, 우르샤나비에게 자신이 건설한 우루크와 그 성벽을 자랑한다. 실패로 마친 것 같은 이 야기의 핵심은 무엇인가? 길가메시는 영생을 추구하는 삶의 과정에서 무엇을 깨달았는가?

폭군에서 지혜로운 왕으로

신-레케-운닌니는 길가메시의 여정을 다음과 같이 정리한다.

"그는 먼 길을 떠나 지쳤지만 새 힘을 얻었다."

리더는 구태의연한 과거와 일상으로부터 '먼 길'을 떠나는 사람이다. 그리고 길가메시가 보여준 것처럼 자신의 모든 것을 바쳐 자기가 해야 할 고유 임무인 '심연'을 경험해야 한다. 그 과정은 육체적·정신적 수련 이기 때문에 '지칠 수밖에 없다'.

길가메시는 이 정신적인 여정을 통해 새로운 리더로 태어났다. '심연' 을 찾은 여행을 떠나기 전엔 오만한 자였지만, 이젠 지혜로운 자가 되었 다. 마지막으로 우루크로 돌아올 때 길가메시는 혼자가 아니었다. 죽음 의 강을 건너게 해준 뱃사공 우르샤나비와 함께 돌아왔다. 그는 말한다.

323. 일어나라, 우르샤나비여! 우루크의 성벽 위에서 이리저리 걸어보 아라!

324. 주춧돌을 조사해보고, 벽돌을 살펴보라!

325. 그 벽돌들이 불에서 구워진 것들이 아니냐!

326. 일곱 명의 현인이 기초를 놓은 것이 아니냐!

(「길가메시 서사시」, 제11토판, 제323~326행)

'심연'을 경험한 길가메시는 더 이상 폭군이 아닌 지혜로운 왕으로 다시 태어났다. 인간을 리더답게 만드는 원칙은 끊임없이 자신만의 불로초를 찾아 아무도 가본 적이 없는 심연에 들어가려고 수련하는 사람이다. 리더는 심연을 경험한 자다. 그는 자신의 일상과 시간을 영생처럼 여기고 최선을 경주하는 자다.

11

다리우스 대왕의 원칙,
아리야(Ariya)

―――

"당신은 당신과 당신이 속한
공동체의 최선을 알고 있습니까?"

'아리야(Ariya, 고대 페르시아어)', '조화'

인도 문명과 이란 문명을 하나로 묶는 개념이 바로 '*arya-'다. '아리야'라는 원칙은 후에 인도 문명과 이란 문명의 근간이 되었다. 고대 언어인 아베스타어에서 '아이르야(airya)'와 고대 페르시아어 '아리야(ariya)'는 모두 '숭고' '존경' '최선'이라는 의미를 지닌다. 고대 페르시아 제국을 완성한 다리우스 대왕(기원전 5세기)은 자신의 치적을 비시툰산의 절벽에 새기면서, 자신을 스스로 '아리아인(ariya)'이라고 불렀다. 베다 산스크리트어에서도 '아리야(आर्य, ārya)'란 단어는 '신앙심이 좋은, 충성스러운'이라는 의미다. '아리아'란 단어를 인도인과 이란인이 사용하기 전 단계인 원-인도유럽어(Proto-Indo-European)로 재구성하면 '하르(*h2ar-)'다.[1]

'*h2ar'의 기본적인 의미는 '우주의 질서에 맞게 정렬하다; 하나로 조합하다'다. '하르'에서 파생된 개념이 각각 힌두교와 조로아스터교의 핵심사상이 되었다. 산스크리트어 'rta ऋत'라는 단어는 우주와 그 안에 존재하는 삼라만상을 조화롭게 조절하는 원칙이다. '르타(Rta)'는 인도유럽어 어근 '하르'의 과거 분사형으로 그 의미는 '우주의 원칙에 맞게 조합된 것'이다. '르타'는 '진리' '법' '질서' '운명' 등으로 번역된다. '르타'가 사회에 적용되면 '다르마(dharma)'가 되고 개인에게 적용되면 '카르마(karma)'가 된다. '다르마'와 '카르마'는 불교가 중국으로 전파되면서 각각 '법(法)'과 '업(業)'으로 번역되었다. '하르'는 이란에서 '우주의 원칙'을 의미하는 '아샤(aša)'가 되었다. '*h2ar'의 과거분사형인 '*h2art-'는 고대 이탈리아로 넘어가 중요한 문화 개념인 라틴어 '아르스(ars)'가 되었다. '아르스'는 흔히 '예술'이라고 번역하는데, 그 원래 의미는 '우주와 조화를 이루기 위한 최선'이다.

'예술'을 의미하는 영어단어 '아트(Art)'는 바로 산스크리트어 '르타' 아베스타어 '아샤'와 같은 어근에서 출발한 것이다. 이 단어는 아주 오래된 인도-유럽어 어근으로 '우주의 질서에 맞게 정렬하다'라는 의미다. 이 단어에서 파생된 중요한 개념이 등장한다. '아르야'의 과거 분사형으로 '우주의 질서에 맞게 정렬된 어떤 것'이라는 단어로 바로 산스크리트어 '르타(rtá)'[2]와 아베스타어 '아샤(aša)'[3]다. 이 단어는 모두 '진리' '원칙'이란 의미다. 이 어원이 라틴어에서는 '아르스(ars)'가 되어 '예술'을 의미하는 영어단어 '아트(Art)'가 되었다. '아리아'는 인간의 이분법적인 구분을 초월하는 개념으로 생각이자 사건이며, 육체이며 정신이다. 우리가 보기에는 서로 상반된 개념을 초월하고 생산하는 모체다. 인류 최초의 제국인 페르시아 제국은 다리우스 대왕의 안목인 '아리아' 정신의 표현이다.

다리우스 대왕

다리우스 대왕(기원전 550~기원전 486)은 페르시아 제국을 완성한 자다. 키루스 대왕이 기원전 6세기 바빌론·메디아·리디아를 정복하여 인류 최초의 제국인 페르시아 제국을 창건하였고, 그의 아들 캄비세스 왕은 오리엔트의 마지막 남은 강국인 이집트를 페르시아 제국 안에 편입시켰다. 다리우스는 중앙아시아 파르티아 출신으로 페르시아 제국의 왕 캄비세스를 따라 이집트 원정에 참전했던 야심 찬 용병이었다. 그는 페르시아 제국의 변방에 살면서도 페르시아 제국의 제왕을 꿈꿨다. 캄비세스는 기원전 525년 고대 이집트를 정복하여 페르시아 제국의 속국으로 만들었다. 그러나 그가 이집트 원정을 떠난 동안, 페르시아 제국 속국의 왕들이 반란을 일으켰다. 캄비세스가 반란을 제압하기 위해 이집트에서 페르시아로 돌아오는 도중 말을 타다 자신의 칼에 실수로 찔린 후, 병세가 악화되어 오늘날 시리아에서 기원전 522년 병사한다.[4]

다리우스 대왕의 「비시툰 비문」

기원전 521~기원전 519, 비시툰산, 케르만자
왼쪽에서 세 번째 인물이 다리우스 대왕이다. 그는 오른손을 치켜올려 상단 중앙에 있는
조로아스터교의 주신인 아후라 마즈다에게 경의를 표한다. 다리우스 뒤편에는
두 명의 최측근 신하가 그를 호위한다. 다리우스는 오른발로 '가우마타'라고 불리는
페르시아 반군 리더를 밟고 있다. 그는 자신이 캄비세스 왕의 동생인 바르디야라고
사칭하여 실제로 페르시아 제국을 치리하였다. 그는 두 손을 하늘 높이 올려 살려달라고
애원하고 있다. 다리우스 대왕 앞에는 반란을 일으켰던 아홉 명이 포승줄로 묶여 있다.
맨 끝에 뾰족모자를 쓴 반란군이 스키타이 사람 '스쿤카'다.

다리우스 대왕은 선왕 캄비세스의 아들이 아니다. 그는 중앙아시아 파르티아 출신 왕위 찬탈자였지만, 페르시아 제국을 완성하였다. 다리우스 대왕은 제왕으로서 스스로 정통성을 부여하기 위해 마즈다이즘(조로아스터교)을 제국의 종교로 정해, 아후라 마즈다 신을 신봉하였다. 그는 쐐기문자로 만든 고대 페르시아어를 창제하여 비시툰산에 새겨놓은 부조 위에 새겨 넣었다. 그는 이 부조물과 「비문」을 고대 오리엔트 제왕들의 전통적인 표현방식을 따라 표현하였다. 다리우스는 이를 통해 자신이 오리엔트의 합법적인 통치자란 사실을 강조하였다. 다리우스는 이 「비문」에서 자신을 '아리아족속(ariya-cica)'이며 '아리아(ariya)인'으로 소개하고, 자신이 만든 문자를 '아리아어(ariyā)'라고 선포한다. 다리우스가 인류 최초의 제국을 건설할 수 있었던 내적인 동기와 힘은 무엇인가?

제국이란 혈연-지연 중심의 국가를 넘어서 한 리더의 철학으로 속국들의 충성을 요구하기도 하고 이끌어내는 추상적인 체계다. 제국은 언어·종교·이념·인종이 다른 개별 국가들이 모여 정교한 철학으로 융합되어 만들어진 초국가적인 공동체다.[5] 제국은 독일 역사학자 카를 야스퍼스가 주장한 대로, 이른바 기원전 6세기 '축의 시대' 이후 등장한다.[6] 그 이전 국가들, 예를 들어 수메르·바빌로니아·히타이트·이집트 등의 이웃 국가들은 이따금 전쟁을 통해 영토를 확장했지만, '제국'이라 불리지는 않았다. 이는 다양한 나라를 하나로 묶은 영적이며 정신적인 거룩한 끈을 마련하지 못했기 때문이다. 이 거룩한 끈을 마련하여 자신이 정복한 나라들을 하나의 문화로 엮어 최초의 제국을 건설한 자는 누구인가?

최초의 제국은 기원전 6세기부터 기원전 4세기까지 오늘날 이란에서 발흥한 고대 페르시아 제국이다. 키루스 2세가 인류 최초로 제국의 터전을 마련했다면, 다리우스 대왕(기원전 550~기원전 486)은 그 터전 위에 페르시아 제국을 완성하였다. 다리우스 대왕은 키루스 2세의 자손이 아니다. 오직 자신의 안목과 의지로 페르시아 제국을 완성하였다.[7]

다리우스는 기원전 550년경 중앙아시아에 위치한 파르티아 통치자 히스타스페스(Hystaspes)의 아들로 태어났다. 그는 아케메네스 왕조의 세 번째 왕으로, 기원전 522년부터 기원전 486년까지 36년간 통치하였다.[8] 그는 그리스반도에 새롭게 등장한 아테네와 마라톤 전쟁을 치렀던 왕으로도 잘 알려져 있다. 다리우스 대왕은 제국에 필요한 경제구조·도로망·통화 등을 정비하여 인류 최초의 제국을 만들었다.[9]

우리는 전통적으로 다리우스에 관한 자료를 그리스 극작가인 아이스킬로스[10], 역사가 크테시아스[11]와 헤로도토스의 기록[12]에 의존해왔다. 페르시아에 관한 사료를, 페르시아를 멸망시킨 그리스 역사가의 눈으로 해석해온 셈이다. 헤로도토스의 해석이 객관적 사실을 표방하고 있지만 왜곡될 수밖에 없었던 게 사실이다.

미국 소설가 고어 비달(Gore Vidal, 1925~2012)이 쓴 『크리에이션』(1981)이라는 서사소설에 헤로도토스의 오리엔탈리즘적인 해석을 비판하는 내용이 등장한다. 이 소설의 주인공 키루스 스피타마(Cyrus Spitama)는 기원전 6세기 페르시아 제국의 외교관으로 세계를 돌아다니며 조로아스터·소크라테스·붓다·마하비라·노자·공자를 만나 지혜를 터득한다. 그는 그리스인인 자신의 증조카 데모크리토스에게 헤로도토스의 그리스-페르시아 전쟁에 관한 왜곡된 견해를 지적한다.[13]

오리엔트 비문의 여왕, 「비시툰 비문」

다리우스 대왕은 자신의 정치철학을 두 개의 중요한 「비문」을 통해 선포하였다. 하나는 페르시아 제국의 왕이 된 과정을 기록한 「비시툰 비문」이다.[14] 다른 하나는 낙쉐 루스탐에 위치한 다리우스 대왕의 「무덤 비문」이다. 다리우스는 이 「비문」들 위에 자신의 제국철학을 고스란히 남겼다.

성산에 「비문」을 새긴 이유

다리우스 대왕은 인류 최초로 제국을 건설하였다. 좌우로는 터키에서 인도, 상하로는 박트리아에서 이집트에 이르는 광대한 지역이다. 박트리아는 힌두쿠시산맥과 아무다리아강 사이에 고대 그리스인이 세운 나라다. 비시툰산은 이란 케르만자로부터 30킬로미터 동쪽에 위치한 산이다. 비시툰산은 독립적인 산이 아니라 케르만자 지역을 감싸며 북쪽으로 계속되는 산맥 중 일부다. 하마단 쪽에서 보면 비시툰산은 평원에 갑자기 생겨난 500미터 정도의 산이다.[15] 그러면 다리우스가 이곳에 「비시툰 비문」을 남긴 이유는 뭘까.

다리우스 왕이 이곳을 고른 이유는 우연이 아니었다. 「비문」과 부조석상을 새기려면 무엇보다도 먼저 평평한 바위가 필요했다. 비시툰산은 메디아 왕국의 목초지를 포함한 매우 평평한 절벽을 지닌 산으로, 쐐기문자를 정으로 새기기 쉬웠다.

둘째, 비시툰산 아래에 메소포타미아나 이란에서는 찾아보기 힘든 몇 개의 샘터가 있었다. 왕의 대로를 지나간 수많은 행상과 병사가 지친 몸을 달래던 쉼터였다. 이곳을 지나는 모든 군인이나 대상(隊商)이 다리우스 부조물과 「비문」을 보았을 것이다.

셋째, 그리스 역사가 디오도로스에 따르면 비시툰산은 '바가스타나'로 불렸다.[16] 바가스타나를 직역하면 '신들의 장소'다. 즉 이곳은 오래전부터 성스러운 곳으로 이 근처에서 가로 10미터, 세로 10미터의 제단이 발견뎌지기도 하였다. 다리우스가 자신의 정당성을 확보하기 위해 신들에게 제사드릴 수 있는 최적의 장소였다.

네 번째, 다리우스 대제가 등극하면서 최고의 정적인 가우마타를 잡아 처형한 곳이 바로 비시툰산 근처다.[17] 다리우스에게 페르시아 제국의 왕권을 가져다준 결정적 사건인 가우마타 처단을 기념하는 장소이기도 하다.「비시툰 비문」안에는 그 처단 장소를 '메디아 지방, 나사야 지방의 시카유바티'라고 말하는데, 그곳이 바로 비시툰산 뒤로 100미터 정도밖에 떨어지지 않은 곳이다. 이런 이유들로 비시툰산은 다리우스 왕이 자신의 공적을 기념하기 위한 최적지였다.[18]

삼중 쐐기문자 비문, 「비시툰 비문」

「비시툰 비문」은 엘람어·아카드어·고대 페르시아어로 기록된 삼중 쐐기문자 문헌이다. 이 「비문」은 고대 페르시아 제국 왕들이 남긴 「비문」 중 가장 길며 고대 페르시아 제국의 건립과 완성 과정을 볼 수 있는 사료다.「비시툰 비문」은 또한 서양인들이 쐐기문자를 판독하는 데 결정적인 역할을 했다. 학자들은 이 비문을 '고대 비문의 여왕'이라고 부른다.

이 「비문」이 새겨진 비시툰산은 바빌론·수사·엑바타나(현재의 하마단)를 잇는, 중앙아시아를 거쳐 인도까지 연결되는 고대의 중요한 무역로에 위치해 있다. 대상무역상들은 비시툰산을 지날 때마다, 지상으로부터 60미터 높이의 절벽 위에 새겨진 다리우스의 부조물과 「비문」을 보고 경이롭게 여겼을 것이다.

다리우스는 자기가 왕으로 등극한 과정을 이곳에 쐐기문자로 상세히 기록했다. 비시툰산의 중턱에 「비문」과 부조물이 있는데 지상으로부터 69미터 위의 경사면에 가로 18미터, 세로 7미터 크기로 새겨져 있다. 위

낙 가파른 곳이라 사람이 이를 보려면 지상으로부터 고작 40미터 위까지밖에 접근하지 못한다.

1839년 영국 학자 헨리 롤린슨(Henry Rawlinson)은 비시툰산 정상에서 자일을 타고 내려와 공중에 매달린 채 쐐기문자를 일일이 베꼈다고 한다. 이 「비문」과 부조물이 2,500년이 지난 지금도 생생하게 남아 있는 이유는 이와 같이 난공불락의 지점에 새겨져 있기 때문이다.

「비시툰 비문」의 상단 중심에 부조물이 있는데, 실물 크기인 다리우스 대왕과 두 신하인 인타파르나스와 고르바야스 그리고 다리우스가 정복하여 처단한 열 명의 왕들이 새겨져 있다. 이 부조물 위에는 조로아스터교 최고의 신인 아후라 마즈다가 스스로 제왕에 등극하는 다리우스를 강복하고 있다.

이 부조물들의 위아래로는 반란군의 이름과 행적을 적은 설명문이 세 가지 쐐기문자로 새겨져 있다. 이 부조물의 오른편으로는 다리우스 왕의 등극 과정을 새긴 엘람어 「비문」이 손상된 채 있고, 왼편으로는 같은 내용이 아카드어로 적혀 있다. 밑은 고대 페르시아어로 적혀 있다. 당초 다리우스 왕도 '왕위 찬탈자'에 불과했지만 현란한 업적으로 결국 키루스가 창건한 페르시아 제국을 완성하는 왕이 되었다.

「비시툰 비문」은 다리우스 대왕의 선왕 캄비세스가 죽은 후, 페르시아 제국에 몰아친 정치 혼란기를 설명하고 있다. 다리우스 대왕에 따르면, 캄비세스는 자신이 이집트 정벌을 떠나기 전, 그의 친동생 바르디야의 반란을 두려워해, 그를 살해했지만 페르시아 사람들은 이 사실을 몰랐다고 한다. 이때 조로아스터교의 제사장인 가우마타가 페르시아 사람들에게 거짓말을 한다. 즉 자신을 바르디야라고 속이고 백성들로부터 왕으로 추대받기에 이르렀다. 이때 이집트를 정벌 중이던 캄비세스는 가우마타가 반란을 일으켜 왕으로 추대되었다는 소식을 듣고 급히 페르시아로 돌아오다가 죽게 된다. 다리우스는 그 순간 자기가 페르시아 제국의 패권을 잡을 절호의 기회라고 판단하였다. 충성을 맹세하는 여섯 명의 장군과 함께 신속히 가우마타와 그의 군대에 대한 정벌에 나선다. 그는 곧 가우마타를 죽이고 장군 6인의 추대로 페르시아의 왕으로 등극한다.

이러한 기록은 「비시툰 비문」 이외의 사료에서는 증명될 수 없다. 하지만 분명한 사실은 캄비세스가 죽은 후 반란이 일어나 페르시아가 혼란에 빠졌고, 다리우스는 이 점을 이용하여 왕이 되었다는 것이다. 당시 페르시아에서 일어난 반란은 도화선처럼 번져 페르시아 제국의 다른 모든 나라에서도 반란이 일어났다. 이에 다리우스 대왕은 즉위 후 1년간 이런 반란을 진압하는 데 전력투구하였다.

오리엔트의 예술사적 전통

다리우스는 「비시툰 비문」과 부조상의 구성을 무작위로 정하지 않았다. 그는 고대 근동의 오래된 예술사 전통에 따라 재현하여 자신의 왕권을 견고히 다졌다. 그의 부조상과 구성, 「비문」들은 이라크와 이란의 국경 지역인 '사리-폴리-주합(Sar-i Pol-i Zuhab)'에서 발견된 룰루비의 왕 아누바니니(Anubanini)의 부조물과 아카드 왕국의 나람신(Naram-Sin) 왕의, 이른바 「승리 비문」의 예술사 전통을 그대로 따랐다.[19] 특히 「나람신 승전비」는 「비시툰 비문」의 구조와 내용의 모체다.

「나람신 승전비」

아카드 왕국의 통치자 나람신은 기원전 24세기 메소포타미아 전역을 정복하여 아카드 왕국을 창건한 사르곤 대제의 손자다. 나람신은 그의 큰아버지 리무쉬, 그의 아버지 마니슈투수를 이은 아카드 왕국의 네 번째 왕이다. 이 「승전비」는 나람신이 자그로스산맥에 자리를 잡은 룰루비 민족을 정복한 것을 기념하는 조각품으로, 시파르(Sippar)에 위치한 태양신인 '우투(Utu)' 신전 중앙에 세워졌다. 당시 아카드 왕국은 아나톨리아(오늘날 터키)에서 이란까지, 아라비아에서 지중해에 이르는 광활한 지역을 정복하였다. 나람신은 군대를 이끌고 산지에서 저항하는 룰루비의 왕 사투니(Satuni)와 룰루비인을 무참하게 정복한다.

이 「승전비」는 원래 세워졌던 시파르에서 발견된 것이 아니라, 고대 엘람(이란) 도시 수사에서 발견되었다. 기원전 12세기 수사를 거점으로 왕국을 구축한 엘람 왕 슈투룩-나훈테(Shutruk-Nahhunte)가 바빌론과 주변도시를 정복하면서 이 승전비를 전쟁 노획물로 자신의 수도인 수사로 가져왔기 때문이다. 슈투룩-나훈테는 고대 아카드어 쐐기문자로 쓰인 「비문」에, 자신의 공적을 치하하기 위해, 자신이 시파르라는 도시를 약탈하여 이 「승전비」를 가져왔다고 '엘람어' 쐐기문자로도 새겨놓았다.

이 「나람신 승전비」의 특징은 이전의 「승전비」들과는 다른 구도를 하고 있다는 것이다. 이전의 수메르인들은 상하로 칸을 나누어 부조물과 문헌을 새겼다. 그러나 이 「승전비」는 산맥을 올라서는 가장 중요한 인물인 나람신을 중심으로 전체가 하나의 통일된 이야기다.[20]

나람신은 신을 상징하는 뿔이 장식된 투구를 쓰고 왼손에는 활을 오른손에는 창을 들고 있다. 그는 자신을 신으로 여겼다. 그 앞에는 창을 자신의 목에서 빼내려는 룰루비 군인과 두 손을 입에다 대고 살려달라고 애원하는 사투비 왕이 새겨져 있다. 그의 왼발은 쓰러진 룰루비 군인의 시체를 밟고 있다. 그가 역동적으로 산을 정복하는 모습이다. 그의 오른발 밑에는 세 명의 대신이 아카드 왕국을 상징하는 상징물을 들고 나람

「나람신(기원전 2190~기원전 2154) 승전비」

기원전 2150, 분홍색 석회암, 2m×1.5m,
파리, 루브르 박물관

신을 따라 산으로 오른다. 그 밑에는 아카드 군인들이 헬멧을 쓴 채 활과 도끼를 들고 행진한다. 산 정상에는 풍요의 여신인 인안나의 상징물인 샛별이 새겨져 있다.

「아누바니니 비문」

다리우스는 중앙아시아에서 태어났기 때문에 키루스나 캄비세스처럼 아케메네스 왕조의 정통성이 없었다. 그런 다리우스는 성산 비시툰에 조로아스터교의 가장 위대한 신 아후라 마즈다에게 직접 왕권을 수여받아 즉위하여, 자기의 정통성을 천명하고 싶었다. 그는 당시 고대 근동에서 군사적 영웅을 표현하는 전통적인 방식을 따랐다. 특히 「아누바니니 비문」은 아누바니니 왕이 새벽별의 여신 인안나로부터 왕권을 상징한 원형고리를 받고 있다.

그 부조에서 인안나는 두 명의 발가벗은 포로를 포승줄로 묶는다. 아누바니니 왕은 머리에 헬멧을 쓰고 왼손에는 활과 화살을, 오른손에는 칼을 들고 있다. 이 「비문」 배열은 「비시툰 비문」의 배열에 틀림없이 결정적인 영향을 주었을 것이다.

제국의 종교, '마즈다이즘'

다리우스 왕은 아누바니니처럼 왼발로 그의 정적 가우마타를 밟고 있고, 그 뒤로 아홉 명의 포로를 포승줄로 목을 감은 채 연결하고 있다. 다리우스 왕은 스키타이 정벌에서 '스쿤카'라고 불리는 반란군을 어렵게 잡았다. 맨 뒤에서 뾰족한 고깔모자를 쓴 반란군이 그다. 이 모든 일이 아후라 마즈다의 허락으로 이루어짐을 강조하기 위해 날개 달린 아후라 마즈다가 손에는 왕권을 상징하는 원형을 달고 다리우스 왕을 축복하고

「아누바니니 부조물」과 「비문」

기원전 2000, 사리-폴리-주합,
다리우스는 비시툰산 근처에 있는 이 「비문」을 직접 보았을 것이다.
그리고 난 뒤, 이를 활용해 「비시툰 비문」을 만들었을 것이다.

있다.

　이처럼 다리우스 왕은 왕권 정통성을 세우기 위해 「비시툰 비문」을 새겼고, 당시에 국제 공용어인 아람어로 이 내용을 그대로 베껴 자신이 정벌한 23개국에 보냈다.

　다리우스 왕은 자신을 아케메네스 왕조의 적합한 제왕으로 만들기 위해 제국의 종교를 만든다. 페르시아 제국의 이전 왕들, 즉 키루스나 캄비세스는 특정한 신이나 종교를 신봉하지 않았다. 따라서 이들은 아리안족의 전통적인 신인 아후라 마즈다 신도 숭배하지 않았다. 그러나 다리우스는 아후라 마즈다 신을 페르시아 제국의 신으로 선포하였다. 아후라 마즈다 신이 자신을 페르시아 제국의 왕으로 선택하였다고 이 「비문」에 기록하였다. 일부 학자들은 「비시툰 비문」을 다리우스 대왕에게 제왕

다리우스의 「비시툰 비문」, 제1단 제1~12a행

의 정통성을 부여한 프로파간다라고 해석한다. 「비시툰 비문」은 다리우
스 가계와 정통성에 대한 기술로 시작한다. 다음은 제1단 제1~12행 고
대 페르시아 쐐기문자의 음역 그리고 번역이다.

1. \adam\Dārayavauš\xšāyaθiya\vazraka\xšāyaθiya\xšāyaθiy-

2. ānām\xšāyaθiya\Pārsaiy\xšāyaθiya\dahayūnām\Višt-

3. āspahayā\puça\Aršāmahayā\napā\Haxāmanišiya   \θātiy\

4. Dārayavauš\xšāyaθiya\manā\pitā\Vištāspa\Vištāspahyā\pitā\
Arš-

5. āma\Aršāmahyā\pitā\Ariyāramna\Ariyāramnahyā\pitā\Cišpiš\
Cišp-

6. āiš\pitā\Haxāmaniš　\θātiy\Dārayavauš\xšāθiya\avahyarā⁻

7. diy\vayam\Haxāmanišiyā\θahyāmahy\hacā\paruviyata\āmātā\ ama⁻

8. hay hacā\paruviyata\hayā\amāxam\taumā\xšāyaθiyā\āha　\θ⁻

9. ātiy\Dārayavauš\xšāyaθiya\VIII\manā\taumāyā\tayaiy\paruvam

10. xšāyaθiyā\āha\adam navama\IX\duvitāparanam\vavam\ xšāyaθi⁻

11. yā\amahay　　\θātiy\Dârayavauš\xšāyaθiya\vašnā\Auramazd

12a. ⁻āha\adam\xšāyaθiya\amiy\Auramazdā\xšaçam\manā\ frābara

1. 나는 다리우스 왕, 위대한 왕, 왕 중 왕

2. 페르시아의 왕, 나라들의 왕이며, 히스타스페스의

3. 아들, 아르사메스의 손자, 아케메네스인이다. 다리우스 왕이 말한다.

4. "나의 아버지는 히스타스페스, 히스타스페스의 아버지는

5. 아르사메스, 아르사메스의 아버지는 아리야람네스, 아리야람네스의 아버지는 테이스페스, 테이스페스의

6. 아버지는 아케메네스다." 다리우스 왕이 말한다. "이와 같은 이유로,

7. 우리는 아케메네스인이라고 불린다. 우리는 오래전부터 뛰어났다.

8. 우리 가계는 오래전부터 왕이었다."

9. 다리우스 대왕이 말한다. "나의 가계 중 여덟 명이

10. 왕이었고 나는 (그중) 아홉 번째다. 우리 아홉 명은 과거에도 그랬고 지금도

11. 왕이다." 다리우스 왕이 말한다. "아후라 마즈다의 위대함으로

12a. 나는 왕이다. 아후라 마즈다가 나에게 왕권을 주었다.[21]

다리우스는 위 「비문」에서 페르시아 왕가의 계보를 자신의 가문을 중심으로 새롭게 기록하였다. 페르시아 제국은 키루스와 캄비세스로 이어지는 계보가 아니다. 왕위 찬탈자인 자신으로부터 거꾸로 소급해 올라가 페르시아 제국의 시조 아케메네스까지 언급하였다. 다리우스는 이 「비문」으로 페르시아 제국의 정통성을 다시 수립하였다. 다리우스를 이어 그의 아들 크세르크세스 그리고 그의 손자 아르타크세르크세스(Artaxerxes)로 왕위가 이어졌다.

그는 자신을 '왕'으로 칭하지 않는다. '왕 중 왕(king of kings)'이라는 특별한 칭호를 사용하여 자신의 위상을 확인한다. 1979년 호메이니 이란 혁명 전, 이란 대통령의 칭호인 '샤안샤(shahanshah)'는 다리우스가 사용하기 시작한 '왕 중 왕'이라는 자기 칭호인 '흐샤야씨야 흐샤야씨야남(xšāyaθiya xšāyaθiyānām)'의 현대 이란어인 파르시 번역이다. 다리우스는 제국의 근간을 만들어줄 정신적인 토대를 '마즈다이즘(Mazdaism)'에서 찾았다.

고대 그리스 작가들은 예언자 '자라투스트라(Zarathustra)'를 그리스어 음역인 '조로아스터(Zoroaster)'로 부르고, 그 종교를 '조로아스터교(Zoroastrianism)'란 이름으로 명명하였다. 마즈다이즘은 기원전 12세기부터 등장한 고대 이란의 종교로 엄격한 이원론이 그 기반이다. 우주가 생성될 때부터 이미 선신(善神)인 '아후라 마즈다(Ahura Mazda)'와 악신(惡神)인 '앙그라 마인유스(Angra Maiinus)'가 대립하여 우주의 패권을 놓고 싸운다. 조로아스터는 자신이 신봉한 신의 이름을 '아후라 마즈다(Ahura Mazdā)'로 불렀다. 이 신명(神名)의 첫 부분인 '아후라'는 '주인'이란 의미다. '마즈다'는 '마음을(Maz) 우주의 질서에 맞게 두다(dā)'라는 의미로 간략하게 '지혜'란 의미다. '아후라 마즈다'는 '만물을 적재적소에 배치하는 지혜의 주인'이란 의미다.[22]

아후라 마즈다가 이 우주 전쟁에서 승리하기 위해서는 그를 신으로 모시는 사람들이 일상생활에서 다음 세 가지를 조절해야 한다. 자신의 생각, 말 그리고 행동이다. 마즈다이즘 경전을 『아베스타(Avesta)』라 부르고, 이 『경전』의 언어를 아베스타어(Avestan)라고 부른다. 이 『경전』의 내용과 언어는 동일한 '인도-이란어' 전통에 속하는 인도의 가장 오래된 『경전』인 『리그 베다(Rig Veda)』와 베다 산스크리트어와 유사하다. 다리우스는 당시 이란인들 사이에 널리퍼진 마즈다이즘을 페르시아 제국의 종교로 수용한다. 그는 위 「비문」에서 "아후라 마즈다는 위대하므로, 나는 왕이다. 아후라 마즈다가 나에게 왕권을 주었다"라는 문구가 반복해서 등장한다.

'아리아어' 문자를 창제한 다리우스

다리우스가 페르시아 제국 내에 일어나고 있는 반란을 진압하기 시작했을 때, 고대 페르시아 문자는 존재하지 않았다. 그는 자신의 공적을 기리는 「비시툰 비문」을 이란에서 3,000년 동안 사용되었던 엘람 문자와 고대 오리엔트 세계의 고전어였던 아카드 문자로만 기록하였다. 키루스 대왕이 남긴 「원통비문」은 바빌로니아 제국의 언어인 아카드 문자로 기록되었다. 다리우스가 비시툰산에 자신이 반란군을 진입하는 과정을 표현한 부조물을 가장 먼저 조각한 후에, 엘람어와 아카드어로 자신의 등극 과정을 기록하였다.[23]

다리우스는 자신의 왕권을 확고하게 드높이기 위해 '고대 페르시아어'

를 창제한다. 대부분의 문자는 그 기원을 알 수 없고 오랜 기간 한 공동체의 소통수단으로 정착되는 과정을 어렴풋이 추적할 수 있다. 예를 들어, 헤로도토스는 『역사』에서 신화적인 인물인 '카드모스'가 유럽 문자들의 조상인 '페니키아 알파벳'을 창제했다고 다음과 같이 기록한다.

"카드모스와 함께 온 이 페니키아인은. 이전까지 그리스인들에게 알려지지 않은 문자(grammata, 그리스어, 그람마타)를 그리스로 가져왔다."

(『역사』, 5.58a)

헤로도토스는 셈족어로 '동쪽에서 온 자'라는 의미를 지닌 '카드모스'[24]가 그리스에 그리스 알파벳을 가져왔다는 전설을 소개할 뿐이다.

다리우스 왕은 자신을 왕권 찬탈자가 아니라 정당한 제왕이라는 정당성을 확보하기 위해 이전의 누구도 시도하지 않았던 일을 시도하였다. 그는 페르시아 전역에서 일어난 반란군들을 정벌하는 가운데, 자신의 업적으로 기록한 모국어 문자가 없음을 한탄한다. 그리고 당시 고대 근동 전역에서 사용되던 문자인 쐐기문자를 이용하여 '고대 페르시아 문자'를 창제한다. 다리우스는 「비시툰 비문」에서 고대 페르시아 문자 창제의 순간을 기록한다. 그는 자신이 새로 만든 문자를 '아리아 문자'라고 선포한다.

88b. θātiy\Dārayavauš\xšāyaθiya\vašnā\Au

89. -ramazdāha\i[ya]m\dipīmaiy\tay[ām]\adam\akunavam\ patišam\ariyā\āha\utā\pavast

90. -āyā\utā\carmā\graθitā\āha\patišamaiy\patikaram\

akunavam\patišam\uvadā

91. -m\akunavam\utā\niyapiθiya\utā\patiyafrasiya\paišiyā\mām\
pasāva\i[mā]m\d

92. -ipim\adam\frāstāyam\vispadā\atar\dahayāva\kāra\
hamātaxšatā

88b. 다리우스 왕이 말한다. "아후라 마즈다의 위대함으로,

89. 이것이 내가 만든 비문이다. 더욱이, 그것은 아리아 문자로 (기록)되
어 있다. 그것은

90. 진흙 토판과 양피지에 기록되어 있었다. 나는

91. 나를 조각한 작품을 제작하였다. 나는 나의 가계를 만들었다.

92. 그리고 그것은 기록되었고 내 앞에서 낭송되었다. 그 후에 나는 이
「비문」을 민족들 가운데 널리 보냈다. 민족들은 그것을 사용하려고
노력하였다.[25]

(DB Col. IV. 88b~92.)

다리우스의 「비시툰 비문」, 제4단 제88b~92행

다리우스는 고대 페르시아어 문자를 창제하였다. 인류 역사상 문자를 창제했다고 자신의 이름을 밝힌 두 명의 왕이 있다. 한 명은 페르시아 제국의 다리우스 왕이고, 다른 한 명은 훈민정음(訓民正音)을 창제한 세종대왕이다. 고대 페르시아 문자는 당시 고대 근동지방에서 사용 중이던 엘람어·아카드어·후리아어·히타이트어 쐐기문자와는 전혀 다른 문자체계다.[26] 고대 페르시아 쐐기문자는 세 개의 모음과 22개의 자음으로 구성되었다. 이 문자는 음절문자이나, 단모음 '아'를 제외한 모든 모음들은 표기된 알파벳 형식의 문자다. 다리우스는 자신이 창제한 문자를 '아리아어(ariyā, 제89행)'로 불렀다.

「낙쉐 루스탐 비문」

다리우스 대왕의 사상을 담은 또 다른 비문은 그의 무덤에 남긴 문헌이다. 무덤은 페르시아 제국의 수도 페르세폴리스에서 북서쪽으로 12킬로미터 떨어진 낙쉐 루스탐에 있다. 이곳에는 아케메네스 왕조의 네 명의 무덤이 평평한 절벽 중앙에 이른바 '페르시아 십자형'으로 파여 있다.

무덤 입구는 십자의 정중앙이며 그 안에는 왕의 시신을 담은 관이 있는 조그만 방이 있다. 절벽의 왼쪽부터 시작하여 다리우스 2세(재위: 기원전 423~기원전 404), 아르타크세르크세스 1세(재위: 기원전 465~기원전 424), 다리우스 대왕(재위: 기원전 522~기원전 486) 그리고 크세르크세스 1세(재위: 기원전 486~기원전 465)의 관이 놓여 있다.

오른쪽에서 두 번째에는 아직 완성되지 않은 무덤이 있다. 학자들은 이 무덤을 마케도니아의 알렉산드로스 대왕과 벌인 전쟁에서 패한 페르시아 제국의 마지막 왕 다리우스 3세(재위: 기원전 336~기원전 330)의 것이라고 추정한다.

다리우스 대왕은 원대한 비전을 지닌 군인이었다. 기원전 519년까지 그는 페르시아 제국의 영토를 확장하여 교두보를 확보하였다. 그 후 북쪽으로 스키타이와 헬레스폰트해협을 건너 트라케를 정복하고 마케도니아의 항복을 얻어냈다. 그는 동진해 오늘날 인도까지 진출하여 약 1,000만 명을 다스리는 제왕이 되었다.

그는 군인이었지만, 제국을 단순히 무자비하게 정복하지 않았다. 그는 제국을 하나의 기관으로 통치하기 위해, '왕의 대로'를 정교하게 건설하고, 중간중간에 여관을 두어 제국 전체를 하나의 원활한 유기체로 탈바꿈시켰다. 또한 그는 제국 안에서 통용되는 주화를 제작하여 제국 전체의 경제를 장악하였다. 그는 오리엔트의 강국 바빌론과 이집트를 함락시키고, 인류 역사상 유례가 없는 광활한 지역을 다스리는 제왕이 되었다. 다리우스는 '아리아 정신'을 통해 마즈다이즘과 아리아 문자인 고대 페르시아 문자를 창조하여, 인류 최초의 제국을 건설한 리더가 되었다.

다리우스 대왕은 낙쉐 루스탐 무덤 「비문」에 페르시아 제국의 통치자로서 자신의 신앙·철학·세계관을 선명하게 남겼다. 그는 자신이 세계를 정복하면서 깨달은 인생의 가르침을 무덤 「비문」처음에 다음과 같이 기록하였다. 맨 윗줄은 고대페르시아 쐐기문자, 그 아래는 음역과 번역이다.

1.  𒁀𒃶 𒈨𒌋𒀵𒁲 𒉿𒋾𒀭𒈨𒌋𒅆 𒀀𒌋𒊏 �.𒌋/𒌋

1. baga vazarka Auramazdā haya imām(바가 바짜르카 아우라마즈다 하야 이맘)

1. 아후라 마즈다는 위대한 신이다. 그는

2.  𒁀𒃶𒋾𒀭 𒉿𒋾 𒀀𒌋𒊏 �𒈨𒌋 𒌋𒀵/𒈨𒌋

2. būmim adā haya avam asmānam(부밈 아다 하야 아밤 아스마남)

2. 이(우리가 살고 있는) 땅을 창조하셨고, 저(높이 보이는) 하늘을

3.  �𒈨𒌋 𒀀𒌋𒊏 𒈨𒁲𒀭𒌋𒊏𒌋 �𒈨𒌋 𒀀𒌋/𒊏

3. adā haya martiyam adā haya(아다 하야 마르티얌 아다 하야)

3. 창조하셨고, (순간을 사는) 인간을 창조하셨고,

4.  �𒋾𒀭𒊏𒈨𒌋𒌋 �𒈨𒌋 𒈨𒁲𒀭𒌋𒊏𒌋𒊏𒈨

4. šiyātim adā martiyahayā(시야팀 아다 마르티야하야)

4. 그런 인간을 위해 ‘행복(조용)’을 창조하셨다.

5.  𒀀𒌋𒊏 𒁯𒊏𒀭𒊏𒌋𒌋 𒉿𒀭𒊏𒀭𒌋𒌋 �/𒀵𒁲𒌋𒌋

5. haya Dārayavaum xšāyaϑiyam akunauš(하야 다라야바움 흐샤야씨얌 아쿠나우쉬)

낙쉐 루스탐

이곳은 고대 페르시아 제국의 왕들의 무덤이 있는 장소다.
조로아스터 신앙에 따라 시신을 땅에 묻지 않고 절벽 중간에
십자 모형의 무덤을 만들어 그 안에 시신을 안치하였다.
왼쪽부터 다리우스 2세, 아르타크세르크세스 1세,
다리우스 대왕, 크세르크세스 1세의 무덤이 보인다.
오른쪽에서 두 번째 완성되지 않은 무덤은 페르시아 제국의 마지막 왕 다리우스
3세의 무덤이다. 알렉산드로스 대왕이 이곳을 정벌하여, 무덤 안에 있던 보물을 모두
약탈하였다.

5. 그는 나 다리우스를 왕으로 삼으셨다.

6. ⟨ 𒀹𒈦𒌷𒀸 ⟩ 𒊩𒈦𒊒𒌷𒀸 ⟩ 𒆜𒍝𒁰𒐅 ⟩ 𒁹𒐅

6. aivam parūvnām xšāyaϑiyam (아이밤 바루브남 흐샤이씨얌)

6. 모든 사람들 중 구별된 한 명으로,

7. ⟨ 𒀹𒈦𒌷𒀸 ⟩ 𒊩𒈦𒊒𒌷𒀸 ⟩ 𒆜𒍝𒁰𒐅 ⟩ 𒁹𒐅

7. aivam parūvnām framātāram (아이밤 바루브남 프라마타람)

7. 많은 리더 가운데, 유일한 한 명으로 (만드셨다.)

「다리우스 대왕 낙쉐-루스탐 비문a」, 제1~7행)

위 「비문」에서 '창조하다'라는 동사는 'adā'다. 이 동사의 인도·유럽어
어근은 "*dh2eh'로 '우주의 원칙에 따라 적재적소에 두다'라는 의미다.
창조(創造)란 무엇을 새로 만드는 것이 아니라, 삼라만상을 원래 있어야
할 곳에 적절하게 배치하는 행위다. 다리우스는 신이 네 가지를 창조했
다고 말한다.

1) 우리가 밟고 있는 이 땅
2) 우리가 보고 있는 저 하늘
3) 그리고 그 가운데 하늘과 땅을 이어주는 인간
4) 그리고 '행복'이다.

인간을 의미하는 고대 페르시아어 '마르티야(martiya)'는 '죽는다는
사실을 유일하게 인식하는 동물인 사람'을 의미하는 영어단어 '모털

(mortal)'과 같은 어원이다. 인간만이 언젠가 자신이 죽는다는 사실을 인식하며 산다. 그 인식이 나에게 주어진 오늘을 빛나게 만든다.

아후라 마즈다는 순간을 사는 인간에게 '행복'을 주었다. 고대 페르시아어 '시야팀(šiyātim/ 𐎹𐎠𐎫𐎡𐎶)'의 의미는 '행복'이다. 시야팀은 인도-유럽어 어근 '*kwyeə-'에서 유래했다. '*kw-'가 인도-이란어에서는 'sh-'로 음운변화를 일으켜, 아베스타어(『조로아스터 경전』 언어)에서는 '샤이티-(shaiti)'가, 라틴어로는 '쿠이에스(quies)', 즉 '조용'이 되었다. '시야팀'은 행복이며 정적이다.

다리우스 대왕이 일개 용병에서 인류 최초의 제왕이 될 수 있었던 이유는, 역사적인 존재로서 자신이 해야 할 임무를 발견하고 종교를 도입하고 문자를 만들 뿐만 아니라, 자신을 심오하게 돌보는 정적을 수련하였기 때문이다.

12

안티고네의 원칙,
호시아(Hosia)

———

"당신은 스스로에게
부끄럽지 않습니까?"

'호시아'(ὅσιος, Hosia; Hosios, 그리스어), '양심'

인간은 도시라는 인위적인 공동체를 만들면서 문명과 문화생활을 시작하였다. 도시는 개인의 자유보다는 도시라는 공동체를 유지하기 위한 추상적인 틀이다. 그리스인은 이 법을 그리스어로 '노모스'라 불렀고, 이 법이 집행되는 과정을 '디카이오스(δίκαιος)', 즉 '정의롭다'고 말했다. 그 법은 사회법이 만들어지기 이전 법이다. 그리스인은 이 법을 '히에로스(ἱερός)', 즉 '거룩한 (법)'이라고 불렀다. 그들은 그리스 문화의 중추가 되어버린 종교적인 행위들을 사회법처럼 준수하고, 자신들의 삶의 일부로 여겼다.

사회법이나 종교법과는 별도의 법이 있었다. 사회적으로 혹은 종교적으로 반드시 지켜야 할 필요가 없지만, 인간으로서 준수해야 하는 불문율이 있다. 이 법을 그리스어로 '호시오스(ὅσιος)'라 불렀다. '호시오스'는 사회규범보다 원초적이며, 종교법보다 내밀한 어떤 것이다. 바로 '양심(良心)'이다. 양심은 인간 존엄성의 핵심이며, 인간을 인간답게 만드는 '자유'의 어머니다.

그리스 최고 비극작가의 탄생

고대 그리스 철학자 아리스토텔레스는 그리스 비극 작품들을 깊이 분석한 『시학』에서 소포클레스를 그리스 최고 비극작가로 인정하였다.[1] 소포클레스는 기원전 496년에 아테네 외곽 콜로노스라는 시골에서 무기와 군장을 만드는 부유한 상인 소필로스의 아들로 태어났다. 그는 어려서부터 아테네 비극에 동원되는 합창대원으로 노래하면서 문학적·예술적인 감수성을 키웠다. 특히 그에게 기원전 480년 살라미스 전쟁의 승리는 충격이었다. 그리스의 여러 도시가 연합한 오합지졸의 그리스 연합군이 페르시아의 왕 중 왕 다리우스 대왕이 이끄는 페르시아 대군을 물리쳤기 때문이다. 소포클레스는 이 승리를 축하하기 위한 합창단을 이끌었다.

소포클레스가 비극작가로 이름을 날리기 시작한 시점은 기원전 468년, 디오니시아 축제에서 거행된 비극 경연대회다. 그는 이 대회에서 당시 최고의 작가였던 아이스킬로스를 꺾고 우승했다. 기원전 443년 페리클레스가 등극하여 아테네 르네상스를 일으킬 때, 소포클레스는 아테네 재정을 책임지는 재정관 중 한 명으로 선출되었다. 특히 기원전 441년엔 그리스 비극 「안티고네」를 무대에 올려 개인의 자유와 양심에 관한 깊은 성찰을 아테네 시민에게 촉구하였다. 그는 그해에 아테네 군대를 지휘하는 열 명의 장군 중 한 명으로 선출되어 아테네 정치에 깊이 발을 들여놓았다.[2] 그가 이런 아테네의 중요한 관직을 얻게 된 계기는 바로 「안티고네」라는 비극 작품을 통해 명성을 얻었기 때문이다. 독일 철학자 헤겔은 「안티고네」를 인류가 만들어낸 가장 위대하고 숭고한 작품이라고 평가한다.[3] 영국 소설가 버지니아 울프는 이 작품을 간결하게 "영웅주의 그 자체… 신실함 그 자체"로 평가했다.[4]

소포클레스의 대표작 「안티고네」의 배경은 테베의 왕 오이디푸스의 두 아들 간에 벌어진 갈등이다.[5] 오이디푸스가 죽은 뒤 두 아들은 테베를 번갈아가면서 통치하기로 결정한다. 그러나 장남 에테오클레스가 왕좌를 돌려주지 않자 동생 폴리네이케스와 그의 군대는 테베를 빼앗기 위해 전쟁을 벌인다. 이 전쟁 중 폴리네이케스와 에테오클레스 모두 전사한다. 이 틈을 타 이들의 삼촌인 크레온이 테베의 왕이 된다. 그는 두 조카의 죽음에 대해 각각 다른 조치를 내린다. 에테오클레스는 국장(國葬)으로 성대한 장례를 치러 매장한다. 그는 테베를 사수하다 전사했기 때문이다.

그러나 폴리네이케스의 경우는 다르다. 그는 자신이 태어난 도시를 공격한 반란군이기 때문이다. 크레온은 폴리네이케스의 시신을 성 밖에 방치한다. 그는 누구든 폴리네이케스를 매장하는 자는 죽임을 당할 것이라는 칙령을 내린다. 죽은 자를 위해 장례를 치르지 않고 야생동물에게 노출하는 행위는 반인륜적이다. 그러나 크레온은 도시라는 문명을 유지하

「폴리네이케스를 매장하려는 안티고네」

세바스티앵 노르블랭, 1825,
파리, 국립고등미술학교

기 위한 최소한의 조치로 이 반인륜적인 명령을 내렸다.

두 자매, 안티고네와 이스메네

테베의 권력을 잡고, 그 권력을 견고하게 다지고 싶은 크레온은 국장 (國葬)이라는 의례를 통해 자신의 통치를 정당화하고 싶어했다. 그는 안티고네의 오빠 에테오클레스에게는 성대한 국장을 포고했고, 또 다른 오빠 폴리네이케스에게는 금수의 먹이가 되도록 그의 시신을 길바닥에 방치하는 '긴급조치'를 명령했다. 그 조치를 조금이라도 어기는 자는 투석 사형으로 죽임을 당할 것이다. 자신들이 원하는 리더를 뽑기 위해 항아리에 조그만 돌을 던지는 거룩한 투표행위가, 이제 국가라는 권력이 명령한 조치를 위반하는 자에게 던지는 야만적인 투석행위가 되었다. 안티고네는 국가권력이 일방적으로 정한 조치가 자신의 정신세계와 부합하는지, 곰곰이 생각한다.

안티고네에게는 자신의 생각, 자신이 속한 가문의 전통이 국가의 법령보다 더 중요하다. 국가권력과 조치에 순응하려는 이스메네에게 안티고네는 가엽고 어리석다. 이스메네는 현실을 직시하고 자신이 국가권력에 대항할 수 있는 일이 아무것도 없다는 사실을 잘 알고 있기 때문이다. 이스메네는 철 없는 이상주의자 안티고네에게 말한다.

"도시에 금령이 내려졌는데도, 오빠를 묻어주려는 거예요?"

「안티고네」, 제44행

안티고네의 삶을 지탱하는 문법은 자신의 가족에 대한 자비와 예의다. 그녀는 눈으로 확인할 수 없고 귀로도 들을 수 없는 자비를 위해 기꺼이 목숨을 내놓을 참이다. 자신의 양심의 소리에 귀를 기울이고, 그 소리에 순종하는 것이 옳다. 자신이 옳다고 생각하는 것, 그것이 자신의 삶을 지탱해주는 원칙이기 때문이다.

이스메네는 언니 안티고네를 이해할 수 없다. 그녀들의 가문은 그런 전통을 지킬 만큼 훌륭하지 않기 때문이다. 아니, 세상의 웃음거리와 지탄의 대상인 오이디푸스 가문은 전통을 고수할 만 한 게 없다. 이스메네는 아버지 오이디푸스가 어떻게 자신의 두 눈을 상하게 했는지, 그녀들의 어머니이며 동시에 할머니인 이오카스테가 어떻게 자살했는지 그리고 그들의 두 오빠가 같은 시간, 같은 장소에서 어떻게 서로를 죽였는지 장황하게 설명한다. 이스메네는 자신도 다른 가족들과 같이 비참하게 죽을지도 모른다고 두려워했다. 안티고네의 고의적인 위반은 곧 죽음이기 때문이다.

안티고네는 크레온의 명령이 국법이라 할지라도, 자신의 오빠인 폴리네이케스의 시신을 매장하겠다고 말한다. 그 이유는 그런 행위가 인간으로서의 도리이기 때문이다.[6] 하지만 이스메네는 언니 안티고네에게 다음과 같이 말한다.

61. "우리는 명심해야 해요. 첫째 우리는 여자랍니다.
62. 남자들과 싸우도록 태어나지 않았어요.
63. 둘째, 우리는 더 강한 자의 지배를 받고 있는 만큼
64. 이번 일은 물론이고 더 괴로운 일들도 복종(服從)해야 해요."

(「안티고네」, 제61~64행)

이스메네는 선량한 시민으로서 법을 준수하고, 여성으로서 자신의 위

치를 지키는 것이 옳은 일이라고 판단한다. 하지만 안티고네는 폴리네이케스를 홀로 매장하기로 결심한다. 크레온은 조카인 안티고네가 국법을 어기려 한다는 소식을 듣고 분노한다. 그러나 안티고네는 크레온의 국법은 신들의 불문율을 거역하는 악행이라고, 최고의 권력인 크레온 앞에서, 누구도 침범할 수 없는 자신의 고결한 생각을 덤덤하게 고백한다.

450. "나에게 그런 명령을 내린 분은 제우스 신이 아닙니다.

451. 지하세계의 신들과 함께 사시는 정의의 여신도

452. 인간들 사이에 그런 법을 세우지 않습니다.

453. 나 또한 한낱 인간에 불과한 당신의 포고령이

454. 신들의 변함없는 불문율들을 무시할 수

455. 있을 만큼 강력하다고 생각하지 않습니다.

456. 그 불문율들은 어제오늘 생겨난 것이 아니라

457. 항상 존재해왔습니다. 아무도 그것들이 어떻게 생겼는지 알지 못합니다.

458. 난 한 인간의 오만이 두려워 이 불문율들을

459. 어겨 신들 앞에서 벌 받고 싶지 않습니다.

460. 나는 언젠가 반드시 죽는다는 사실을 잘 알고 있습니다.

461. 당신의 포고령이 없다 해도 나는 죽습니다.

462. 그러나 만일 내가 때가 되기 전에 죽는다면,

463. 그것도 내게 이익입니다."

「안티고네」, 제450~463행)

테베의 왕인 크레온은 자신이 왕이 되어 내린 첫 번째 포고령을 공개적으로, 고의적으로 어긴 안티고네를 그냥둘 수 없었다. 크레온은 화가 치밀어, 안티고네와 이스메네를 사형에 처할 것을 명령한다.

왕의 명령을 거역한 안티고네

크레온의 아들 하이몬은 안티고네와 결혼할 참이었다. 그는 아버지에게 사형명령을 거둘 것을 요구하지만 아버지를 설득하지 못하자 궁궐에서 도망친다. 크레온은 하이몬이 돌아올 것을 기대하면서 두 명 중 이스메네는 살리고, 안티고네는 동굴 속에 감금시켜 굶겨 죽이도록 명령을 변경한다. 이때 장님 예언자 테이레시아스가 등장하여 크레온에게 "신들이 크레온의 행위를 인정하지 않아 아들 하이몬이 죽을 것"이라고 경고한다.

크레온은 테이레시아스의 예언에 화가 났다. 하지만 아들의 운명을 걱정하여 폴리네이케스를 매장하고 안티고네를 동굴에서 풀어주라고 명했다. 그러나 크레온의 결정은 너무 늦었다. 안티고네는 스스로 목매달아 자살하였고 하이몬도 스스로 목숨을 끊는다. 크레온의 부인인 에우리디케도 하이몬의 자살 소식을 듣고 크레온을 저주하며 자살한다. 혼자 남은 크레온은 이 모든 비극에 대한 책임을 지고 빨리 죽기만을 원한다. 연극의 마지막에 합창대의 노래가 엄숙하게 울려 퍼진다.

1347. "지혜야말로 가장 중요한 행복입니다.

1348. 신들과 관련한 것들은

1349. 모독되어서는 안 됩니다.

1350. 오만한 자들의 큰소리는

1351. 더 큰 타력으로 벌을 받습니다.

1352. 늘그막의 지혜가 가르칩니다.”

「안티고네」, 제1347행~1352행)

소포클레스는 「안티고네」에서 질문한다. “국가권력이 개인의 인권보다 중요한가?”, 혹은 “인생에 의미가 있는가?” “인간은 무엇인가?” 현존하는 소포클레스의 일곱 편의 비극은 모두 한 가지를 질문한다.

“인간은 무엇인가?”

이 질문은 ‘테베 비극’이라고 불리는 소포클레스의 세 비극인 「안티고네」「오이디푸스 왕」 그리고 「콜로누스의 오이디푸스」의 공통 질문이지만, 특히 「안티고네」에서 부각된다. 개인과 국가 간의 정치적 상황에서 ‘개인이란 무엇인가’.

문명인으로서 인간은 도시가 가져다주는 혜택을 수혜하지 못한다면, 인간다운 삶을 살 수 없다. 가상적인 공간인 도시는 규율에 의해 운행되고 조절된다. 도시는 다수가 혜택을 받을 수 있는 관습과 법률을 제정한다. 만일 크레온이 테베를 침공하고 문명의 근간인 도시파괴를 시도한 폴리네이케스를 용인한다면, 테베는 야만사회로 회귀할 것이다.

그리스 철학자 플라톤은 도시국가나 개인이 최선을 추구하는 삶은 지혜를 사랑하는 철학적인 삶이며, 철학적인 삶은 정의로 이어진다고 믿었다. 그러나 비극작가 소포클레스가 「안티고네」에서 보여준 비전은 플라톤의 『국가』에서 제시한 비전과는 사뭇 다르다.

소포클레스는 선의의 경쟁자이자 동반자인 비극작가 아이스킬로스와 에우리피데스와 함께 기원전 5세기 아테네가 민주주의를 실험하는 시대에 등장하여 인간의 본성과 정치의 본질에 대해 숙고했다. 귀족 중심의 안정적인 삶이 역동적인 민주주의 도입으로 흔들리고, 참주와 민중선동가가 등장하여 권력에 도전하였다. 특히 해상무역을 통해 귀족 버금가는 영향력을 지닌 상인계급이 대두되었다.

기원전 5세기, 그리스 비극작가들은 스스로를 아테네 시민에게 새로운 도덕과 윤리를 가르치는 스승이라고 여겼다. 비극 경연 작품이 공연되는 '디오니시아 축제'는 이들의 교실이었다.

소포클레스는 가장 인기 있는 비극작가였다. 고대 로마 시대 『영웅전』의 작가인 플루타르코스에 따르면 소포클레스의 승리는 극적이었다. 소포클레스가 승리하기 전까지 비극 경쟁의 승리자는 아테네 시민의 투표를 통해 선택되었다. 그러나 소포클레스가 참가한 비극 경연부터는 우승자를 결정하는 평가자가 달라졌다. 당시 아테네 지도자인 키몬과 '코레고스'라고 불리는 연극 후원자들이 비극공연을 직접 보고 결정했다.

소포클레스는 스물일곱 살이 되던 기원전 468년 당시 최고 작가였던 아이스킬로스와 경쟁하여 이겼다. 아이스킬로스는 이 패배 이후 시칠리아로 떠났다. 그 후 소포클레스는 매년 열리는 디오니시아 축제 비극공연 경쟁에서 열여덟 번이나 우승하였다. 그는 62년간 비극작가와 정치가로서 파란만장한 삶을 살았다. 그는 아테네인에게 민주시민의 덕목을 가르치는 멘토였다. 그는 아테네인에게 두 가지 질문을 한다. "인간은 무엇인가?" 그리고 "개인의 양심과 행복을 파괴하는 비이성적인 권력으로부터 그 개인을 보호하기 위한 정치구조는 무엇인가?"다. 이 역설적인 두 질문은 「안티고네」의 주제다.

두 인물 사이 정의는 어디에 존재하나

「안티고네」는 전통적으로 개인의 양심에 관한 드라마로 해석되어왔다. 극중 인물로 등장하는 테베의 독재자 크레온과 양심적이며 도덕적인 여인 안티고네의 투쟁에 관한 이야기다. 우리는 안티고네를 양심으로, 크레온은 국가권력의 상징으로 여긴다. 이와 같은 해석은 르네상스 이후 서양에 등장한 국가와 그 이데올로기를 기반으로 형성되었다. 그러므로 개인과 국가 간의 '사회계약'이 이익집단의 이익을 위해 중요했다. 안티고네를 주인공으로, 크레온을 악당으로 여기는 해석은 지난 300년간 서양에 지속되어온 문학적이며 철학적인 전통이다. 소포클레스가 정말 이런 단순한 이원론적인 주제를 아테네 시민에게 전달하려 했을까? 기원전 441년 디오니시아 축제에서 이 비극을 감상하던 아테네 시민은 크레온이 상징하는 국가를 악의 축으로 생각했을까? 안티고네와 크레온의 극중 대결이 아테네인을 흑백 진영으로 나누었을까? 안티고네의 행위는 자신의 양심뿐만 아니라 전통적으로 내려오던 고대 관습을 지키려고 노력한 것은 아닌가? 이 두 인물 사이에 정의는 어디에 있는가?

「안티고네」에 등장하는 합창단은 인간보다 놀라운 존재는 없다고 노래한다. 인간은 땅, 바다 심지어 자신의 운명까지 지배한다. 아테네인은 인간은 도시 안에 거주하여 도시의 법을 따르는 존재로 정의하였다. 인간은 자신을 도시 공동체의 일원이며 도시는 가장 이상적인 법이 실현된 장소로 여겼다. 도시와 도시를 유지하는 법을 떠나서는 개인은 존재할 수 없다. 아리스토텔레스는 『정치학』을 다음과 같이 시작한다.

> 모든 도시(국가)는 일종의 공동체다. 모든 공동체는 선을 실현하기 위해 존재한다. 모든 인간은 그들이 생각하기에 선이라고 여기는 것을 실현하기 위해 행동한다… 모든 공동체가 선을 추구한다면, 모든 공동체의 으뜸은 도시 공동체다."
>
> (『정치학』, 1252a)

선한 사람은 정의를 추구한다. 소포클레스의 정의 실천에는 세 가지 원칙이 있다. 첫째는 인간관계에서 조화와 과잉금지다. 두 번째는 신의 조화로운 중용의 법에 순종하는 것이다. 세 번째는 자기 자신을 객관적으로 관조하고 그런 자신과 조화롭게 사는 것이다. 안티고네는 오빠의 시신 위에 아테네의 흙 세 줌을 뿌려 아테네가 중요하게 생각하는 '땅의 법'을 고의적으로 어긴다. '인간은 자신의 양심에 따라 자유롭게 행동하라'는 신들의 명령을 그대로 따른다. 산 자의 의무는 죽은 자에게 정성스러운 의례를 행함으로써 영혼이 불변한다는 진실을 수호하는 것이다. 산 자는 죽은 자를 고의적으로 방치하여 이 진실을 폐기할 수 없다. 그러나 크레온은 안티고네의 시민 불복종 이전에 왕으로 취임하여 권력을 과시한다. 그는 특히 정의가 아테네의 법과 일치한다고 확신한다. 여기에 서로 다른 정의가 있다. 안티고네와 크레온의 정의는 각자에게 절대적이며 압도적으로 거부할 수 없는 삶의 존재 이유다.

크레온 왕의 오만과 자기 도취

아테네 법정에 정의의 여신인 '디케(Dike)'가 앉아 있다. 소크라테스도 '디케'의 판결에 복종하여, 기꺼이 죽음을 선택했다. 안티고네가 불의한 폴리네이케스의 시신을 매장하는 일은 도시의 정의 입장에서 본다면 '불의(不義)'다. 우리는 「안티고네」에서 양립할 수 없는 두 종류의 정의를 목격한다. 크레온은 점점 자신의 선정(善政)과 '모두를 위한 최선'을 절대적으로 신봉한다. 안티고네는 국가의 이익이 개인의 이익보다 중요하다는 이데올로기에 도전하고 있다. 크레온과 안티고네 사이에서 첨예하게 갈등하는 도덕적·윤리적 모호함은 아테네 시민에게 인생의 선택에 대해 숙고하도록 인도한다.

크레온의 아들, 하이몬은 안티고네를 사랑하고 자신의 아버지에 정면 도전한다. 하이몬은 독립적인 인간으로 스스로 사고하여 결정한다. 그는 안티고네의 결심을 존중한다. 그녀는 자신의 오빠에 대한 사랑과 '기록되지 않은 신들의 법'을 지키기 위해, 그의 시신을 매장할 것이다. 하이몬은 이 비극을 보는 아테네 시민과, 이 글을 읽는 우리들처럼 안티고네에 대한 연민과 동정심으로 마음이 움직인다. 그러나 여동생인 이스메네는 다른 생각을 하고 있다. 그녀는 안티고네에게 아테네 시민에 대항하지 말 것을 충고한다. 그녀는 "우리는 여자라 할 수 있는 일이 없다"며 오히려 가부장적인 푸념을 쏟아놓는다. 하지만 소포클레스에게 아테네의 법은 이기심에 근거한 무작위적인 관습과 전통의 표현일 뿐이다.

크레온은 자신의 행동을 정당화하면서 도시와 법의 우월성을 노래한다. 불복종은 도시의 근간을 파괴하는 불의다. 불복종은 도시와 가정을 무너뜨릴 것이다. 만일 사람이 인간답게 살고 싶다면 도시의 법을 준수해야 한다. 하이몬은 아버지의 말에 허점이 없다는 점을 인정한다.

그러나 문제는 크레온의 주장이 '과도'하다는 점이다. 크레온은 "국가가 정한 위치에서 사람은 그 명령이 옳거나 심지어 옳지 않을 때도 복종해야 한다"라고 말한다. 그는 공공의 이익과 규범이 개인의 이익이나 관심보다 중요하다고 생각한다. 크레온은 오만에 빠져 자신만이 지혜롭고 자신의 웅변술과 자신의 생각은 모든 사람들보다 뛰어나다는 착각에 사로잡힌다. 하이몬은 아버지에게 인간은 완벽한 지혜를 가지고 태어나지 않았기 때문에 "다른 사람으로부터 배우는 것이 명예로운 일이다"라고 말한다. 숙고, 중용, 자기 인식 그리고 자신이 다른 사람들에게 어떻게 보이느냐를 의식하는 능력이 크레온에게는 없다. 안티고네의 주장은 옳고 그른 것을 떠나 크레온의 주장과는 다른 정의에 대한 또 다른 생각이 존재할 수 있음을 보여준다.

싸움은 선과 악, 혹은 개인의 양심과 국가권력의 투쟁이 아니다. 소크라테스는 매일 아침을 지혜에 대한 고백으로 이렇게 시작했다.

"나는 아는 것이 아무것도 없다."

심리학자 윌리엄 제임스(William James, 1842~1910)의 말을 빌리자면 "윤리적이며 도덕적인 결정은 '공포와 전율' 속에서 만들어진 것"으로 모호하다. 「안티고네」 관객들은 자신들의 삶 가운데서 만나는 다양한 윤리적·도덕적 책임과 해결방식도 마찬가지라는 것을 스스로 깨닫는다.

「안티고네」가 우리에게 질문한다. 개인의 양심에 따른 행동이 자신에겐 최선이지만, 모든 사람에게도 최선인가? 소포클레스가 「안티고네」에서 '가르치려는 교훈'은 이 두 가지가 일치하지 않는다는 점이다. 바로 이것이 인간의 비극이다. 모든 사람을 위한 최선을 고안해내지만 정의를 위해 필연적인 조건, 즉 이상·연민·자유와 같은 소중한 가치 때문에 실천으로 옮기지 못하는 상황이 인생이며 비극이다. 개인과 국가 이익이 충돌할 때 우리에게 필요한 것은 깊은 생각이며 숙고다.

개인

개인의 힘은 소수의 권력자들이 대중의 심리를 이용하는 대중정치에 맞서서 이길 수 있다. 또한 개인은 자신이 속한 사회의 진보와 행복을 보장할 수 있는 유일한 보루(堡壘)다. 문명과 문화의 근간이 되는 위대한 사상은 결국 위대한 개인의 생각과 양심의 정교한 확신에서 시작한다. 소크라테스, 예수, 코페르니쿠스, 루터 그리고 니체와 같은 혁명가들은 새로운 세상을 개화시키는 거룩한 씨앗이었다.

사람들은 흔히 사회의 변화와 개혁은 집단행동을 통해 가능하다고 믿는다. 개인의 생각과 결단은 이기적이며 사회의 진보와 개선에 오히려 방해가 된다고 생각한다. 우리는 사회의 일원으로, 사회의 공동 목적과 이익을 위해 힘을 합칠 때, 가시적인 변화를 불러올 수 있다는 사실을 분명히 알고 있다. 그러나 개인이 스스로 독립적으로 생각하지 못하고, 자신의 이익만 추구한다면, 그런 개인들이 모여 만든 집단은 더욱 위험하다. 선진적인 인간이 선진국을 만든다. 선진국은 선진적인 인간들이 많은 나라다.

문화는 그 문화를 향유하는 구성원들이 '투표'나 '청원'을 통해 결정하는 '평균(平均)'이 아니다. 19세기 미국 사상가 랠프 월도 에머슨이 1844년에 쓴 「정치」라는 에세이에서 다음과 같이 말한다.

"작은 정부가 좋은 정부입니다… 정부의 권력남용을 막을 수 있는 처방전은 개인의 영향과 성장입니다. 개인은 정부라는 대리인을 갈아치울 수 있는 자본입니다… 국가는 그런 지혜로운 자들을 교육하기 위해 존재합니다… 지혜로운 사람이 국가입니다."[7]

20세기 가장 잔인한 독재자들은 모두 개인의 가치를 인정하지 않는다. 그들은 이념으로만 존재하는 국가나 당이라는 집단을 강조했다. 21세기에 사는 우리가 아직도 집단의 환상을 가지고 있다면, 그것은 시대착오적일 뿐만 아니라 반민주적이다. 민주주의의 성공은 각성한 개인들의 숙고에서 출발한다.

자신을 다스리지 못하는 사람은 다른 사람을 다스릴 수가 없다. 다른 사람을 통치하려는 욕망을 지닌 사람들은 지혜로운 개인들을 싫어한다. 이들이 권력에 방해가 될 것이기 때문이다. 독재자들에게 집단은 개성을 지니는 개인들의 집합체가 아니라, 자신의 정제되지 않는 욕망을 맹목적으로 좇는 정신적 노예들이다. 오스트리아 경제학자 루트비히 폰 미제스

(1881~1973)는『이론과 역사, 사회-경제적 진화에 대한 해석』(1953)이란 책에서 집단주의를 비판한다.

"세상에 일관된 집단 이념은 없다. 거기에는 수많은 집단 교리만 있을 뿐이다. 이 교리들은 각자 자신들의 집단을 찬양하고 점잖은 시민들의 복종을 요구한다. 각 집단은 자신들의 우상을 숭배하고 다른 집단의 우상들에게는 매정하다."[8]

이런 집단의 구성원들과 그 리더들이 '민족 국가'를 만들었다. 집단구성원들은 기꺼이 순한 양 떼를 풀이 많은 곳으로 인도한다는 '목자'들의 말에 복종한다. 그러나 이들은 얼마 지나지 않아, 목자들은 늑대가 되고, 목자들의 지팡이는 철퇴가 되고, 시퍼런 이빨이 된다는 사실을 알게 된다. 위대한 개인은 위대한 국가를 구축하는 초석이다.

양심(良心)

안티고네는 비극 초반에 이스메네를 설득하지만 실패한다. 그리고 자신의 행동을 다음과 같이 표현한다.

69. "나는 너에게 더 이상 요구하지 않겠다.

70. 네가 그렇게 해주고 싶어도, 나는 네 협조가 더 이상 반갑지 않아.

71. 너는 네가 원하는 대로 생각해. 나는 그(오빠)를 매장할 거야.

72. 그러고 나서 내가 죽는다면 얼마나 아름다운가!

73. 그분의 사랑을 받으며 나는 그분 곁에 눕겠지.

74. '거룩한 범행'을 하고 나서, 나는 이 세상 사람들보다

75. 죽은 자들과 보낼 시간이 더 많아.

(「안티고네」, 제69~75행)

'거룩한 범행'으로 번역된 그리스어 '호시아(hosia)'는 번역하기 힘든 심오한 의미를 지니고 있다.[9] '호시아'는 그리스어에서 인간이 인위적으로 만든 법을 지키는 '정의(그리스어 '디카이오스')'나 신들에 의해 정해진 종교적인 '거룩(그리스어 '히에로스')'과는 구별된다. '호시아'는 자신의 양심에 비추어 거리낌이 없는, 스스로에게 '거룩한' 양심의 법이다. 안티고네는 자신의 마음속 깊은 곳에서 울려나오는 독립적이며 자생적인 음성인 '양심'에 복종하는 것이 종교의 교리보다 위대하고 숭고하다고 확신하였다. 그녀는 자신의 양심에서 흘러나오는 거룩한 소리에 복종한 위대한 사상가다.

주

제1장 호모 사피엔스-사피엔스의 카리스마, 콘템플라치오

1) Weber, Max, *The Theory of Social and Economic Organization*, trans. A.M. Henderson and Talcott Parsons, Free Press, (1924/1947), p.328, p.358ff.

2) Martin E. Spencer, "What is Charisma?", *The British Journal of Sociology 243*, (1973), pp.341~354.

3) David Charles and Dominic Scott, "Aristotle on Well-Being and Intellectual Contemplation", *Proceedings of the Aristotelian Society*, *Supplementary Volumes*, *Vol.73*, (1999), pp.205~223, pp.225~242.

4) Jean-Jacques Hublin et.al., "New fossils from Jebel Irhoud, Morocco and the pan-African origin of Homo sapiens," *Nature 546*, (2017), pp.289~292.

5) 배철현,『인간의 위대한 여정』, (21세기북스, 2017), p.291.

6) Rudolf Otto, *The Idea of the Holy: An Inquiry into the Non-Rational Factor in the Idea of the Divine and Its Relation to the Rational*, trans. John. W. Harvey (London: Oxford University Press, 1923), p.25.

7) Arthur Schopenhauer, *The World as Will and Representation*, Vol.I & II, (New York: Dover, 1966).

8) Joseph Lyons, "Paleolithic Aesthetics: The Psychology of Cave Art," *The Journal of Aesthetics and Art Criticism 26*, (1967), pp.107~114.

9) Steven Ungar, "Phantom Lascaux: Origin of the Work of Art," *Yale French Studies 78, On Bataille*, (1990), pp.246~262.

10) Robert and Michele Root-Bernstein, *Sparks of Genius: The 13 Thinking Tools of the World's Most Creative People*, (Boston: Houghton Mifflin Company, 1999), p.34.

11) E.H. Gombrich, *The Story of Art*, 15th ed., (Englewood Cliffs, NJ: Prentice-Hall, 1990). p.41.

12) Andre LeRoi-Gourhan, *Treasures of Prehistoric Art*, trans. Norbert Gutterman (Abrams, New York, 1967), p.112.

13) George Lechler, "The Interpretation of the 'Accident Scene' at Lascaux," *Man*

51, (1951), pp.165~167.

14) Walter Burkert, *Homo Necans: The Anthropology of Ancient Sacrificial Ritual and Myth*, trans, Peter Bing (Berkeley: University of California Press, 1983), pp.16~22.

15) Felicitas D. Goodman, "A Trance Dance with Masks: Research and Performance at the Cuyamungue Institute," *TDR 34*, (1990), pp.102~114.

제2장 나르메르의 카리스마, 마아트

1) John H. Taylor, *Ancient Egyptian Book of the Dead: Journey through the afterlife*, (British Museum Press: London, 2010), p.208.

2) Ibid., p.215.

3) 마아트 화장판 글은 필자의 「마아트의 재현, 나르메르 화장판」, (『종교학연구』 제 35권, 1~20쪽) 논문을 수정·보완한 것이다.

4) James P. Allen, *Middle Egyptian Grammar: An Introduction to the Language and Culture of Hieroglyphs*, (Cambridge: Cambridge University Press, 2000), p.104.

5) Jan Assmann, *Moses the Egyptian: The Memory of Egypt in Western Monotheism*, (Cambridge: Harvard University Press, 1997, p.185.

6) 영국 고고학자 J.E. 퀴벨(Quibell)이 1897년 이집트 남부 '히에라콘폴리스'(혹은 '네 켄', 오늘날 '알-콤 알-아흐말'로 불리는 곳)에서 이 화장판을 다른 유물들과 함께 발 견했다. 이곳에서 이집트 최초의 역사인 고왕국시대 제1 왕조가 시작된다. 이 화장판 은 길이가 64센티미터나 되며 편암으로 제작되었다. 크기, 무게, 장식으로 미루어 보 아 왕의 화장을 위해 사용한 일상적인 용품이 아니라 제의(祭儀)용품으로 추정된다.

7) Toby A.H. Wilkinson, *Early Dynastic Egypt*, (London: Routledge, 1999), pp.183~229.

8) James E. Quibell, *Hierakonpolis 1. Egypt Research Account 4*, (London: Bernard Quaritch, 1900); James E. Quibell and Frederick W. Green, *Hierakonpolis 5. Egypt Research Account 4*, (London: Bernard Quaritch, 1902).

9) '콜(Kohl)'은 휘안석(輝安石, stibnite)을 갈아 만든 고대 눈 화장품이다. 고대인들은 마스카라를 위해 목탄을 사용하였다. 콜은 아직도 중동·북아프리카·지중해·동유럽 ·남아시아 등지에서 눈 윤곽을 돋보이게 하는 화장품으로 사용한다. '콜'은 아라비아 어로 '쿠흘(kuḥl)'과 고전 히브리어 '카할(kaḥal)'로 남아 있다. 이들이 '콜'로 눈 화 장을 한 이유는 작열하는 태양의 거친 광선으로부터 눈을 보호하기 위해서다.

10) Raymond O. Faulkner and Ogden Goelet Jr., *The Egyptian Book of the Dead: The Book of Going Forth by Day: The Complete Papyrus of Ani Featuring*

Integrated Text and Full-Color Images, 20th rev. ed. Eva von Dassow (London: Chronicle Book, 2015), p.23.

11) A. Erman and H. Grawpow, eds. *Wörterbuch der ägyptischen Sprache. Vol.I*, (Leipzig: Akad. Verlag, 1926), p.52; H. Kischkewitz, *Egyptian Art: Drawings & Paintings*, (London: Hamlyn, 1989), p.21.

12) Richard H. Wilkinson, *Symbol & Magic in Egyptian Art*, (London: Thames and Hudson, 1999), p.104.

13) 이집트 선왕조시대의 중심도시였던 히에라콘폴리스에서 상·하-이집트의 통일을 기원하는 장식 화장판이 여러 개 발견되었다. 그들 중 대표적인 것이 '나르메르 화장판' '리비아 화장판', 아프리카 야생개, 기린 그리고 다른 동물들을 묘사한 '개들 화장판' '전투 화장판', 파라오를 상징하는 황소를 묘사한 '황소 화장판' 그리고 '사냥꾼 화장판' 등이 있다.

14) Toby A.H. Wilkinson, *State Formation in Egypt: Chronology and Society*, (Oxford: Oxford University, 1996).; J. Bains, "Origins of Egyptian Kingship," in O'Connor and Silverman eds., *Ancient Egyptian Kingship: Probleme der Ägyptologie 9*, (Leiden: Brill, 1995), pp.95~156.

15) Toby A.H. Wilkinson, "What a King is This: Narmer and the Concept of Ruler", *Journal of Egyptian Archeology 86*, (2000), pp.23~32.

16) James P. Allen, *Middle Egyptian Grammar: An Introduction to the Language and Culture of Hieroglyphs*, (Cambridge: Cambridge University Press, 2000), p.64.

17) 이집트 학자 윌킨슨은 '나르메르'라는 이름에 의문을 제기하며 다른 이름을 제안한다. '메기'를 의미하는 '나르'(n'r)가 후대 고왕국시대에 등장하나, 기원전 3100년경 그 발음은 알 수 없다고 주장한다. '메르'(mr)도 명사 '정'을 의미하기보다는, '아브'(ab)라는 음가로 사용된다. 그는 이집트 파라오 이름이 지니는 상징적인 의미를 담아 '헤르-사아브'(Hr-s'b)라고 판독하였다. 그 의미는 '(날개를) 활짝 편 호루스'란 의미다.

18) Diana Patch, "A 'Lower Egyptian' Costume: Its Origin, Development, and Meaning", *Journal of the American Research Center in Egypt 32*, (1995), pp.93~116.

19) Percy E. Newberry, "The Shepherd's Crook and the so-called 'Flail' or 'Scourage' of Osiris", *Journal of Egyptian Archaeology 15*, (1929), pp.84~94.

20) H. Smith, "The Making of Egypt: a Review of the Influence of Susa and Sumer on Upper Egypt and Lower Nubia in the 4th Millenium BC," in Friedman and Adams eds., *The Followers of Horus, Studies Dedicated to Michael Allen Hoffmann, 1944~1990*, (Michigan: Oxbow Books, 1992),

pp.214~244. 로제트 문양은 기원전 4000년대 메소포타미아 우루크에서 처음 등장한다. 우루크는 인류 최초의 문명 발상지로 동쪽으로는 이란과 중앙아시아를 거쳐 인도로, 서쪽으로는 시리아·이스라엘을 거쳐 이집트로 정교한 무역망을 구축하였다. 우루크에 거주하던 수메르인은 잎이 8개 달린 로제트 문양을 다양한 유물에 새겨놓았다. 특히 우루크의 여신인 인안나(Inanna)는 권력의 상징으로 로제트를 사용하였다. 인안나는 또한 샛별신이다. 메소포타미아 예술작품에서 인안나는 샛별을 표시하는 로제트로 등장한다.

21) David O'Connor, *The Narmer Palette*: *A New Interpretation in Before the Pyramids*: *The Origins of Egyptian Civilization* ed. Emily Teeter, *Oriental Institute Museum Publications 33*, (Chicago: University of Chicago, 2011), pp.145~152.

제3장 에안나툼의 카리스마, 메

1) Samuel Noah Kramer, *History Begins at Sumer*: *Thirty-Nine Firsts in Recorded History*, (Philadelphia: University of Pennsylvania Press, 1956).

2) 고립어로서 수메르어는 크게 다음 두 가지 문법적 특징이 있다. 첫째 특징은 문장에서 주어를 어미로 표시한다. 일반적으로 타동사를 지닌 문장에서 그 동사의 대상이 되는 목적어를 특별한 어미로 표시한다. 그러나 수메르어 문장에서 자동사의 주어는 아무 표시를 하지 않지만, 타동사의 주어는 특별한 어미 '에(e)'로 표시한다. 이것을 능동격(ergativity)이라고 부른다. 두 번째 특징은 문장에 등장하는 단어들은 자신들이 문장 안에서 행하는 문법적인 정보를 모두 표시한다는 것이다. 예를 들어, 터키어에서 '그의 집들로부터'는 evlerinden이다. ev는 '집'이고, ler는 복수형어미, den은 탈격을 의미하는 전치사로 '~로부터'라는 의미다. 더 자세한 설명은 다음 책을 참고하라. Marie-Lpuise Thomsen, *The Sumerian Langauge*: *An Introduction to its History and Grammatical Structure*, *Mesopotamia Copenhagen Studies in Assyriology Volume 10*, (Copenhagen: Akademisk Forlag, 1984., pp.49~52.; John L. Hayes, *A Manual of Sumerian Grammar and Texts*, (Malibu: Undena Publications, 2000), pp.8~14.

3) '수메르'라는 용어는 후에 등장한 바빌로니아인이 붙인 명칭이다. 수메르인은 스스로를 '우르삭긱가(ùĝ.saĝ.gíg.ga, 𒌦𒊕𒈪𒂵)'라고 불렀다. 이 수메르어 표현의 의미는 '머리(삭)가 검은(gíg) 사람들(우르)'이다. 그들은 검은색 머리카락을 지녔다. 그들은 자신들의 나라를 '키엔기(ki.en.gi, 𒆠𒂗𒄀)'라고 불렀다. 이 이름을 풀어 해석하면 '진실한(기) 주인(엔)의 땅(키)'이다. 수메르어는 '고립어(孤立語)'다. 고립어란 동서고금에 존재했던 어떤 언어와도 유전발생학적으로 연관이 없는 언어다. 예를 들어, 영어는 게르만어군에 속해 있으며, 게르만어군은 더 넓게는 인도-유럽어의

일원이다. 인도-유럽어에는 히타이트어·산스크리트어·라틴어·그리스어·러시아어·이란어 등이 속해 있다. 또 다른 예로 히브리어는 셈족어의 일원으로, 아라비아어·에티오피아어·페니키아어·아카드어와 유전발생학적으로 연관되어 있다. 수메르인은 기원전 4000년대에 등장했다가, 기원전 2000년경 등장한 셈족인의 문명인 바빌로니아에 의해 흡수되었다. 오늘날 프랑스 남부에 있는 바스크어와 캄차카반도의 언어들이 고립어들이다.

4) Hayden White, "The Value of Narrativity in the Representation of Reality," *Critical Inquiry 7.1*, (1980) pp.5~27.

5) Roland Barthes, "Introduction to the Structural Analysis of Narrative," *Music, Image, Text*, trans. Stephen Heath, (New York: Fontana Press 1977), p.79.

6) Douglas R Frayne, "Eannatum E1.9.3.09," in *Pre-Sargonic Period: Early Periods, Volume 1 (2700-2350 BC) (RIM The Royal Inscriptions of Mesopotamia)*, (Toronto: University of Toronto Press, 2008), pp.102~103.

7) Ferdinand de Saussure, *Course in General Linguistics*, ed. Charles Bally and Albert Sechehaye in collaboration with Albert Riedlinger; trans. Wade Baskin (New York: McGraw-Hill Book Company, 1915), pp.65~67.

8) Irene J. Winter, "After the Battle is Over: The 'Stele of the Vultures' and the Beginning of Historical Narrative in the Art of the Ancient Near East," *Studies in the History of Art 16*, (1985), pp.11~32.

9) Marie-Thérèse Barrelet, "Peut-On Remettre en Question la 'Restitution Matérielle de la Stèle des Vautours'?", *Journal of Near Eastern Studies 29.4*, (1970), pp.233~258.

10) Marie-Thérèse Barrelet, "Peut-On Remettre en Question la 'Restitution Matérielle de la Stèle des Vautours'?", *Journal of Near Eastern Studies 29.4*, (1970), pp.233~258.; Irene J. Winter, "After the Battle is Over: The 'Stele of the Vultures' and the Beginning of Historical Narrative in the Art of the Ancient Near East," In Kessler, Herbert L.; Simpson, Marianna Shreve eds., *Pictorial Narrative in Antiquity and the Middle Ages. Center for Advanced Study in the Visual Arts, Symposium Series IV.16*, (Washington DC: National Gallery of Art, 1985), pp.11~32.

11) Douglas R Frayne, "Eannatum E1.9.4," in *Pre-Sargonic Period: Early Periods, Volume 1 (2700-2350 BC) (RIM The Royal Inscriptions of Mesopotamia)*, (Toronto: University of Toronto Press, 2008), pp.104~107.

12) Jeremy Black and Anthony Green, Anthony, *Gods, Demons and Symbols of Ancient Mesopotamia: An Illustrated Dictionary*, (Austin, Texas: University of Texas Press, 1992), p.142.

13) Lorenzo Nigro, "The Two Steles of Sargon: Iconology and Visual Propaganda at the Beginning of Royal Akkadian Relief," *Iraq 60*, (1998), pp.85~102.

14) Sa-moom Kang, *Divine War in the Old Testament and in the Ancient Near East*, (Berlin: Walter de Gruyter, 1989), p.17.

15) Irene J. Winter, "After the Battle is Over: The 'Stele of the Vultures' and the Beginning of Historical Narrative in the Art of the Ancient Near East," *Studies in the History of Art 16*, (1985), p.16.

16) Fernando Echeverría, "Hoplite and Phalanx in Archaic and Classical Greece: A Reassessment," *Classical Philology 107.4*, (2012), pp.292~318.

17) P.R.S Moorey, "The Emergence of the Light, Horse-Drawn Chariot in the Near-East c.2000~1500 B.C.," *World Archaeology 18.2*, (1986), pp.196~215.

제4장 아킬레우스의 자비, 파토스

1) John Sheets, "Homonid Dental Evolution and the Origins of Language," *Man* 12.3 (1977), pp.518~528.; William Noble and Iain Davidson, "The Evolutionary Emergency of Modern Human Behaviour: Language and its Archaeology," *Man* 26.2 (1991), pp.223~253.

2) Aristotle, *Historia Animalium*, trans. A.L. Peck (London: Heinermann, 1970), #535a, 535b, 536b.

3) Joseph Russo and Bennett Simon, "Homeric Psychology and the Oral Epic Tradition," *Journal of the History of Ideas*, 29.4 (1968), pp.483~498.; John Miles Foley, "Guslar and Aoidos: Traditional Register in South Slavic and Homeric Epic," *Transactions of the American Philological Association*, 126 (1996), pp.11~41.; James V. Morrison. "Alternatives to the Epic Tradition: Homer's Challenges in the Iliad," *Transactions of the American Philological Association*, 122 (1992), pp.61~71.

4) B. Powell, *Homer and the Origin of the Greek Alphabet*, (Cambridge: Cambridge University Press, 1991).; Ibid., "When the Ancient Greeks Began to Write," *Archaeology May/June 2017*, pp.44~49.; Ibid., "Who invented the Alphabet: The Semites or the Greeks?" *Archaeology Odyssey 1*, (1998), pp.1~8.

5) Gregory Nagy, "Homeric Questions," *Transactions of the American Philological Association*, 122 (1992), pp.17~60.

6) Adam Nicolson, *Why Homer Matters* (New York: A John MACRAE Book, 2014), pp.76~77.

7) M.L. West, *Greek Metre*, (Oxford: Oxford University Press, 1982), pp.36~37.; Ibid., Indo-European Poetry and Myth (Oxford: Oxford University Press, 2008).; C. Watkins, *How to Kill a Dragon: Aspects of Indo-European Poetics*, (Oxford: Oxford University Press, 1995), pp.165~169.

8) Glenn Markoe, "The Emergence of Orientalizing in Greek Art: Some Observations on the Interchange between Greeks and Phoenicians in the Eighth and Seventh Centuries B.C.," *Bulletin of the American Schools of Oriental Research*, 301 (1996), pp.47~67.; M.L. West, *The East Face of Helicon: West Asiatic Elements in Greek Poetry and Myth*, (Oxford: Clarendon Press, 1997).

9) Bartoněk, Antonín and Giorgio Buchner "Die ältesten griechischen Inschriften von Pithekoussai (2. Hälfte des VIII. bis 1. Hälfte des VI. Jh.)", *Die Sprache*, (1995) 37.2, pp.129~231.

10) N.M. Binek, "The Dipylon Oinochoe Graffito: Text or Decoration?", Hesperia 86, (2017), pp.423~442.; B. Powell, "The Dipylon Oinochoe Inscription and the Spread of Literacy in 8th Century Athens," *Kadmos*, 27 (1988), pp.65~86.

11) *Iliad IX.*, pp.632~637.

12) Irene J.F. de Jong, "The Homeric Narrator and His Own kleos," *Mnemosyne* 59.2 (2006), pp.188~207.; Margalit Finkelberg, "More on Κλεοσ Αφθιτον'," *The Classical Quarterly*, 57.2 (2007), pp.341~350.

13) Frederick Williams, "Odysseus' Homecoming as a Parody of Homeric Formal Welcomes," *The Classical World*, 79.6 (1986), pp.395~397.; Lauren K. Taaffe, "There's No Place like Home: Ἀσπάσιος and Related Words in the 'Odyssey'," *The Classical Journal*, 86.2 (1990~1991), pp.131~138.

14) Anna Bonifazi, "Inquiring into Nostos and Its Cognates," *The American Journal of Philology*, 130.4 (2009), pp.481~510.

15) John Burt Foster Jr., "'Show Me the Zulu Tolstoy': A Russian Classic between 'First' and 'Third' Worlds," *The Slavic and East European Journal*, 45.2 (2001), pp.260~274.

16) P.H. Edwards, "Arma virumque Cano," *The Classical Weekly*, 14.2 (1920), pp.11~14.

17) Brian Satterfield, "The Beginning of the 'Iliad': The 'Contradictions' of the Proem and the Burial of Hektor," *Mnemosyne*, 64.1 (2011), pp.1~20;

18) Homer, *The Iliad*, trans. E.V. Rieu (London: Penguin Books, 1950), p.4.

19) Katharina Volk, "κλεοσ αφθιτον Revisited," *Classical Philology*, 97.1 (2002), pp.61~68.

20) Homer, *The Iliad*, trans. E.V. Rieu (London: Penguin Books, 1950), p.433.

21) C.W. Macleod, *Homer, Iliad, Book 24 in Cambridge Greek and Latin Classics*, (Cambridge: Cambridge University Press, 1982).

22) Jasper Griffin, "Homeric Pathos and Objectivity," *The Classical Quarterly*, 26.2 (1976), pp.161~187.

제5장 키루스의 자비, 샬림투

1) W.G. Lambert, "The Babylonians and Chaldaeans," In *Peoples of Old Testament Times*, edit. D.J. Wiseman (Oxford: Clarendon, 1973, pp.179~196.; S. Zawadzki, *The Fall of Assyria and Median-Babylonia Relations in Light of the Nabopolassar Chronicle. Seria Historia*, 149 (Poznan: Adam Mickiewicz Univ. Press, 1988).

2) F.N.J. Al-Rawi, "Nabopolassar's Restoration Work on the Wall Imgur-Enlil at Babylon," *Iraq*, 47 (1985), pp.1~13.; Paul-Alain Beaulieu, "Nabopolassar's Restoration of Imgur-Enlil, the Inner Defensive Wall of Babylon," In *The Context Scripture vol.II*, edit. W.W. Hallo, (Leiden: Brill, 2000), pp.307~308.

3) D.J. Wiseman, "Babylonia 605 – 539 BC." In Boardman, John.; Edwards, I.E.S. (eds.)., *The Cambridge Ancient History, Volume III Part II.*, (Cambridge: Cambridge University Press, 1991), p.293.

4) Alan B. Lloyd, "The Late Period" in *The Oxford History of Ancient Egypt*, edit. Ian Shaw (Oxford: Oxford Univ. Press, 2001), p.381.

5) Sungduk Yun, "Mother of her son: The literary scheme of the Adad-guppi Stele," *Acta Orientalia Academiae Scientiarum Hungaricae*, 70.3 (2018), pp.277~294.

6) H. Hayajneh, "Der babylonische König Nabonid und der RBSRS in einigen neu publizierten frühnordarabischen Inschriften aus Taymāʾ," *Acta Orientalia*, 62 (2001), pp.22~64.; Ibid., "First evidence of Nabonidus in the Ancient North Arabian inscriptions from the region of Taymāʾ," *Proceedings of the Seminar for Arabian Studies*, 31 (2001), pp.81~95.

7) A.T. Olmstead, *History of the Persian Empire*, (Chicago: The University of Chicago Press, 1948), p.xiii.; Amélie Kuhrt, *Ancient Near Eastern History: The Case of Cyrus the Great of Persia. In: Hugh Godfrey Maturin Williamson: Understanding the History of Ancient Israel*, (Oxford: Oxford University Press 2007).

8) Charles Freeman, *The Greek Achievement: The Foundation of the Western*

World, (New York: Viking, 1990), p.34.

9) Christopher Nadon, "From Republic to Empire: Political Revolution and the Common Good in Xenophon's Cyropae-dia," *American Political Science Review 90.2* (1996), pp.361~374.; Ibid., *Xenophon's Prince: Republic and Empire in the Cyropaedia*, (Berkeley and Los Angeles: University of California Press, 2001).

10) V.G. Childe, *The Aryans: A Story of Indo-European Origins*, (New York: Knopf, 1926).

11) I.L. Finkel and M.K. Seymour, *Babylon*, (Oxford: Oxford University Press, 2009), p.17.

12) Amélie Kuhrt, *The Persian Empire: A Corpus of Sources of the Achaemenid Period*, (London: Routledge, 2007), p.70, p.72.

13) P.-R. Berger, "Das Neujahrsfest nach den Königsinschriften des ausgehenden babylonischen Reiches," In A. Finet, *Actes de la XVIIe Rencontre Assyriologique Internationale. Publications du Comité belge de recherches historiques, épigraphiques et archéologiques en Mésopotamie, nr. 1*, (Ham-sur-Heure: Comité belge de recherches en Mésopotamie, 1970).

14) Josef Wiesehöfer, *Ancient Persia: From 550 BC to 650 AD.*, (London: I.B. Tauris, 2001), pp.44~45.

15) 『구약성서』 「다니엘서」에서는 나보니두스가 아니라 벨사살이 실질적인 왕으로 묘사한다. G.F. Hasel, "The Book of Daniel: Evidences Relating to Persons and Chronology," *Andrews University Seminary Studies*, 18 (1981), pp.37~49.

16) W. von Soden, "Kyros und Nabonid. Propaganda und Gegen-Propaganda," in H. Koch and D.N. MacKenzie, eds., *Kunst, Kultur und Geschichte der Achämenidenzeit und ihr Fortleben*, AMI Ergänzungsband 10 (Reimer Verlag : Berlin, 1983), pp.61~68.

17) R. Koldewey, *The Excavations at Babylon*, (London: Macmillan, 1914).

18) 영국박물관의 어빈 핀켈은 「키루스 원통비문」에 관한 모든 쐐기문자 문헌들의 최신 아카드어 자역을 마련하였다. 필자는 핀켈의 자역을 따랐다. Irving Finkel, *The Cyrus Cylinder: The King of Persia's Proclamation from Ancient Babylon*, (London: I.B. Tauris & Co. LTD, 2013), pp.130~133.

19) E.J. Bickerman, "The Edict of Cyrus in Ezra 1," *Journal of Biblical Literature*, 65 (1946), pp.249~275.; C. Hensley, *The Official Persian Documents in the Book of Ezra*, Ph.D. diss. (Liverpool: University of Liverpool, 1977), pp.211~216.

제6장 페리클레스의 자비, 카타르시스

1) McCumber, John, "Aristotelian Catharsis and the Purgation of Woman", *Diacritics* 18.4, 1988, pp.53~67.

2) Robert C. Horn, "The Constitution of the Athenians," *The Classical Weekly*, 38 (1945), p.23.; Harold B. Mattingly, "The Date and Purpose of the Pseudo-Xenophon Constitution of Athens," *The Classical Quarterly 47*, (1997), p.2.

3) Kagan, Donald, *Pericles of Athens and the Birth of Democracy*, New York: The Free Press, 1991, pp.1~2.

4) Ibid., p.3.

5) Voltaire, *The Age of LOUIS XIV*, ed. R. Griffith, London: Fielding and Walker, 1880, p.1.

6) Edwards, Jason, "Play and Democracy: Huizinga and the Limits of Agonism", *Political Theory*, 14.1, 2013, pp.90~115.

7) Echeverría, Fernando, "Hoplite and Phalanx in Archaic and Classical Greece: A Reassessment", *Classical Philology*, 107.4, 2012, pp.291~318.

8) Victor Davis Hanson, *The Western Way of War*, (Berkeley: University of California Press, 1994), pp.27~39.

9) Berent, Moshe, "Anthropology and the Classics: War, Violence, and the Stateless Polis", *The Classical Quarterly*, 50.1, 2000, pp.257~289.

10) Larsen, J.A.O., "A Recent Interpretation of the Achaean Assemblies", *Classical Philology*, 67.3, 1972, pp.178~185.

11) Chambers, Mortimer H., "Thucydides and Pericles", *Harvard Studies in Classical Philology*, 62, 1957, pp.79~92.

12) Ferrari, Gloria, "The Ancient Temple on the Acropolis at Athens", *American Journal of Archaeology*, 106.1, 2002, pp.11~35.

13) Burns, Alfred, "Hippodamus and the Planned City", *Historia: Zeitschrift für Alte Geschichte*, 25.4, 1976, pp.414~428.

14) Breebaart, A.B., "Plutarch and the Political Development of Pericles", *Mnemosyne*, 24.3, 1971, pp.260~272.

15) Plutarch, *Pericles*, 8.4.

16) Plato, *Gorgias*, 514a,

17) French, A., "The Party of Peisistratos", *Greece & Rome*, 6.1, 1959, pp.46~57.

18) Davison, J.A., "Peisistratus and Homer", *Transactions and Proceedings of the American Philological Association*, 86, 1955, pp.1~21.

19) Kantzios, Ippokratis, "The Politics of Fear in Aeschylus' "Persians", *The Classical World*, 98.1, 2004, pp.3~19.

20) Papadimitropoulus, Loukas, "Xerxes' 'hubris' and Darius in Aeschylus's 'Persae'", *Mnemosyne*, 61.3, 2008, pp.451~458.

21) Clifton, G. "The Mood of the 'Persai' of Aeschylus", *Greece & Rome*, 10.2, 1963, pp.111~117.

22) Sider, David, "Atossa's Second Entrance: Significant Inaction in Aeschylu's Persai", *The American Journal of Philology*, 104.2, 1983, pp.188~191.

23) Clure, Laura Mc, "Maternal Authority and Heroic Disgrace in Aeschylus's 'Persae'", *Transactions of the American Philological Association*, 136.1, 2006, pp.71~97.

24) Thalmann, William G., "Xerxes' Rags: Some Problems in Aeschylus' Persians", *The American Journal of Philology*, 101.3, 1980, pp.260~282.

제7장 파슈파티의 안목, 요가

1) Dean Zimmerman and Penelope Mackie, "Mind-Body Dualism," *Proceedings of the Aristotelian Society New Series 111*, (2011), pp.181~199.

2) G.S. Kirk, "Natural Change in Heraclitus," *Mind*, 60.237 (1951), pp.35~42.

3) R.D. Middleton, "Logos and Shekinah in the Fourth Gospel," *The Jewish Quarterly Review*, 29.2 (1938), pp.101~133.

4) Frederick T. Schumacher, "The Word of God as Event," *Journal of Bible and Religion*, 20.4 (1952), pp.251~254.

5) A.D. Momigliano, "Genesi storica e funzione attuale del concetto di Ellenismo," in *Contributo alla storia degli calssici*, (Rome: Edizioni d Storia e Letterature, 1955), pp.165~194.

6) Aristotle, *The Nicomachean Ethics/Aristotle: translated with an introduction by David Ross*, (Oxford: Oxford University Press, 1980).

7) Hannah Arendt, *The Human Condition*, (Chicago: University of Chicago. 1998), p.37.

8) Henry M. de Mauriac, "Alexander the Great and the Politics of 'Homonoia'," *Journal of the History of Ideas*, 10(1949), pp.104~114.

9) K.S. Joshi, "On the Meaning of Yoga," *Philosophy East and West*, 15.1 (1965), pp.53~64.

10) Jens Schlieter, "'Master the chariot, master your Self': comparing chariot metaphors as hermeneutics for mind, self and liberation in ancient Greek and Indian Sources," in *Universe and Inner Self in Early Indian and Early Greek Thought*, ed. Richard Seaford (Edindurgh: Edinburgh University Press:

2006), pp.168~185.

11) Philipp A Maas, *Samādhipāda:das erste Kapitel des Pātañjalayogaśāstra zum ersten Mal kritisch ediert*, (Aachen: Shaker, 2006).; Stephen H. Phillips, *Yoga, Karma, and Rebirth: A Brief History and Philosophy*, (New York: Columbia University Press, 2013).

12) Georg Feuerstein, *The Yoga-Sutra of Patanjali: A New Translation and Commentary*, (Rochester: Inner Traditions International, 1989).; Edwin F. Bryant, *The Yoga Sutras of Patanjali: A New Edition, Translation, and Commentary with Insights from the Traditional Commentators*, (North Point Press: New York, 2009).

13) Ian Kesarcodi-Watson, "Samadhi in Patanjali's Yoga Sutras," *Philosophy East and West*, 32 (1982), pp.77~90.

14) John Marshall, *Mohenjodaro and the Indus Civilization*, (v.1,2,3) *Being an Official Account of Archaeological Excavations at Mohenjodaro Carried out by the Government of India Between the Years, 1922~1927* (Delhi: Indological Book House, 1931).

15) E.J.H. Mackay, *Further Excavations at Mohenjo-Daro, Being an Official Account of Archaeological Excavations at Mo- henjo-Daro Carried out by the Government of India Between the Years, 1927~1931* I&II (Delhi: Government of India Press, 1938).

16) Yan Y. Dhyansky, "The Indus Origin of a Yoga Practice," *Artibus Asiae*, 48 (1987), pp.89~108.

17) Alf Hiltebeitel, "The Indus Valley 'Proto-Śiva', Reexamined through Reflections on the Goddess, the Buffalo, and the Symbolism of Vāhanas," in *When the Goddess was a Woman: Mahabharata Ethnographies: Essays by Alf Hiltebeitel*, Volume 2 ed. Vishwa Adluri and Joydeep. Bagchee, (Brill, Leiden, 2011), pp.339~432.

18) E.J.H. Mackay, "Arts and Crafts in the Time of Mohenjodaro," *Indian Art and Letters*, 13 (1939), pp.173~189.

19) E.J.H. Mackay, *Early Indus Civilization*, (London: Clay and Sons Ltd., 1935), p.70.

20) Jason Birth, "The Meaning of the haṭha in Early Haṭhayoga," *Journal of the American Oriental Society*, 131.4 (2011), pp.527~554.

21) Asko Parpola, "The Indus Script: A Challenging Puzzle," *World Archaeology*, 17.3 (1986), pp.399~419.

제8장 테미스토클레스의 안목, 프로노이아

1) Carl J. Richard, "A Dialogue with the Ancients: Thomas Jefferson and Classical Philosophy and History," *Journal of the Early Republic*, 9.4 (1989), pp.431~455.

2) Carl J. Richard, *The Founders and the Classics: Greece, Rome, and the American Enlightenment*, (Cambridge: Harvard University Press, 1995), pp.56~57.

3) A.J. Holladay, "The Forethought of Themistocles," *The Journal of Hellenic Studies*, 107(1987), pp.182~187.

4) Hubert Martin, Jr. "The Character of Plutarch's Themistocles," *Transactions and Proceedings of the American Philological Association*, 92 (1961), pp.326~339.

5) A. French, "The Party of Peisistratos," *Greece & Rome*, 6.1 (1959), pp.45~57.; Valerij Gouschin, "Pisistratus' Leadership in A.P. 13.4 and the Establishment of the Tyranny of 561/60 B.C.," *The Classical Quarterly.New Series.*, 49 (1999), pp.14~23.

6) Pierre Lévêque and Vidal-Naquet, *Cleisthenes the Athenian: An Essay on the Representation of Space and Time in Greek Political Thought from the End of the Sixth Century to the Death of Plato*, (London: Humanities Press, 1997).

7) F.A. Hayek, *The Constitution of Liberty*, (Chicago: University of Chicago Press, 1960), pp.162~175.; Mogens Herman Hansen, *The Athenian Democracy in the Age of Demosthenes: Structure, Principles, and Ideology*, (Oklahoma: University of Oklahoma Press, 1999).

8) Hannah Arendt, *On Revolution*, (London: Penguin Books, 1963), p.30.; Gregory Vlastos, "Isonomia," *The American Journal of Philology*, 74.4 (1953), pp.337~366.

9) J.D. Lewis, "Isegoria at Athens: When Did It Begin?," *Historia: Zeitschrift für Alte Geschichte*, 20.2 (1971), pp.129~140.; Yoshio Nakategawa, "Isegoria in Herodotus," *Historia:Zeitschrift für Alte Geschichte*, 37.3 (1988), pp.257~275.

10) Jeffrey M. Hurwit, "The Kritios Boy: Discovery, Reconstruction, and Date," *American Journal of Archaeology*, 93.1 (1989), pp.41~80.; Andrew Stewart, "The Persian and Carthaginian Invasions of 480 B.C.E. and the Beginning of the Classical Style: Part 1, the Stratigraphy, Chronology, and Significance of the Acropolis Deposits," *American Journal of Archaeology*, 112.3 (2008), pp.377~412.

11) Alexei V. Zadorojnyi, "Plutarch's Themistocles and the Poets," *The American*

Journal of Philology, 127.2 (2006), pp.261~292.; Hubert Martin, Jr., "The Character of Plutarch's Themistocles," *Transactions and Proceedings of the American Philological Association*, 92 (1961), pp.326~339.

12) Aristotle, *Aristotelis Ars Rhetorica*, trans. W.D. Ross (Oxford: Clarendon Press, 2008).

13) Norman A. Doenges, "The Campaign and Battle of Marathon," *Historia: Zeitschrift für Alte Geschichte*, 47.1 (1998), pp.1~17.; A. Lloyd, *Marathon: The Crucial Battle That Created Western Democracy*, (London: Souvenir Press, 2004), P. Davis, *100 Decisive Battles*, (Oxford: Oxford University Press, 1999).

14) Christopher J. Haas, "Athenian Naval Power before Themistocles," *Historia: Zeitschrift für Alte Geschichte*, 34.1 (1985), pp.29~46.

15) William W. Goodwin, "The Battle of Salamis," *Harvard Studies in Classical Philology*, 17 (1906), pp.74~101.; Borimir Jordan, "The Honors for Themistocles after Salamis," *The American Journal of Philology*, 109.4 (1988), pp.547~571.

제9장 아리스토텔레스의 안목, 프로네시스

1) Michale Hertig, *Anothe Kind of Knowledge: Aristotle's Pronesis from an Epistemological Point of View*, Ph.D. diss., (Lausanne: University of Lausanne, 2015), p.11.

2) Jonathan Barnes, *Early Greek Philosophy*, (London: Penguin Books, 1987), p.xi.

3) Stephenson, F. Richard, and Louay J. Fatoohi, "Thale's Prediction of a Solar Eclipse," *Journal for the History of Astronomy*, 28 (1997), p.279.

4) Jan Szaif, Doxa and Episteme as Modes of Acquaintance in Republic V in *Etudes Platoniciennes IV*, (Paris: Les Belle Lettres, 2007), pp.253~272.

5) Bernard Yack, "Rhetoric and Public Reasoning: An Aristotelian Understanding of Political Deliberation," *Political Theory*, 34 (2006), pp.417~438.

6) 군나르 시르베크·닐스 길리에, 『서양철학사』, 윤형식 옮김 (이학사, 2016), p.134.

7) Ibid., p.137.

8) Mortimer Chambers, "Aristotle's "Forms of Democracy," *Transactions and Proceedings of the American Philological Association*, 92 (1961), pp.20~36.

9) A.W.H. Adkins, "Theoria versus Praxis in the Nicomachean Ethics and the Republic," *Classical Philology*, 73 (1978), pp.297~313.

10) Wynne Walker Moskop, "Prudence as a Paradigm for Political Leaders,"

Political Psychology, 17 (1996), pp.619~642.

11) Christian Kock, "Choice Is Not True or False: The Domain of Rhetorical Argumentation," *Argumentation*, 23 (2009), pp.61~80.

12) Ibid., "Aristotle on Deliberation: Its Place in Ethics, Politics and Rhetoric" in *Let's Talk Politics. New Essays on Deliberative Rhetoric*, edit. H. Van Belle, P. Gillaerts, B. Van Gorp, D. Van De Mieroop, and K. Rutten (Amsterdam: John Benjamins, 2014), p.22.

제10장 길가메시의 원칙, 나끄바

1) Edward B. Taylor, *Primitive Culture 5th ed.*, (New York: Harper Torchbooks, 1958([1871]), vol.1 (retitled *The Origins of Culture*), pp.281~282.; Ibid., "Wild Man and Beast-Children," *Anthropological Review*, 1 (1863), pp.21~32.; Robert Segal, "Introduction: In Quest of the Hero," In *Quest of the Hero*, (Princeton: Princeton University Press, 1999), pp.vii-xxxi. '

2) Otto Rank, *Psychology and the Soul*, trans. Gregory Richter and E.J. Lieberman (Baltimore: Johns Hopkins University Press, 1998[1930]).; Ibid., *The Myth of the Birth of the Hero: A Psychological Exploration of Myth*, trans. Gregory Richter and E.J. Lieberman (Baltimore: Johns Hopkins University Press, 2004[1922]).

3) Lord Raglan, *The Hero: A Study in Tradition, Myth and Drama*, (New York: Vintage Books, 1956).

4) Joseph Campbell, *The Hero with a Thousand Faces*, (Princeton: Princeton University Press, 1949).; Ibid., *The Hero's Journey: Joseph Campbell on His Life and Work. The Collected Works of Joseph Campbell*, intro. by Phil Cousineau and foreword by Stuart L. Brown (Novato, CA: New World Library, 1990).

5) A. van Gennep, *The Rites of Passage*, trans. M.B. Vizedom and G.L. Caffee (London: Routledge and Kegan Paul, 1960).

6) 캠벨은 'monomyth'라는 용어를 제임스 조이스의 소설 『피네간의 경야』를 설명한 *A Skeleton Key to Finnegans Wake*(1944)란 책에서 처음 사용한다. 캠벨은 자신의 신화이론으로 이 소설을 분석하면서 영웅서사시의 공통분모와 구조를 설명하였다. Joseph Campbell and Henry Morton Robinson, *A Skeleton Key to Finnegans Wake*, (New York: Harcourt Brace, 1944).

7) George Smith, *The Chaldean Account of Genesis*, (London: Sampson Low, Marston, Searle and Rivington, 1876), pp.167~295.; Paul Haupt, *Das babylonische Nimrodepos*, (Leipzig: J.C. Hinrichs, 1884).; P. Jensen, *Assyrisch-*

babylonische Mythen und Epen, (Berlin: Keilschriftliche Bibliothek 6/1: Reuhter and Reichard, 1900), pp.116~265.; R. Campbell Thompson, *The Epic of Gilgamesh*(Oxford: Clarendon Press, 1930).; Thorkild Jacobsen, "The Gilgamesh Epic: Romantic and Tragic Vision," in *Lingering Over Words: Studies in Ancient Near Eastern Literature in Honor of William L. Moran*, ed. T. Abusch, J. Huehnergard and P. Steinkeller (Atlanta: Eisenbrauns, 1990), pp.231~249.; G.S. Kirk, *Myth: Its Meaning and Functions in Ancient and Other Cultures*, (Berkeley/Los Angeles: University of California Press, 1973), pp.132~152.; W.L. Moran, "The Gilgamesh Epic: A Masterpiece from Ancient Mesopotamia," in *Civilizations of the Ancient Near East*, ed. J.M. Sasson et al. (New York: Charles Scribner's Sons, 1995), vol.IV, pp.2327~2336.

8) Tvi Abusch, "The Development and Meaning of the Epic of Gilgamesh: An Interpretitive Essay," *Journal of the American Oriental Society*, 121.4 (2001), pp.614~622.

9) J.H. Tigay, *The Evolution of the Gilgamesh Epic*, (Philadelphia, Bolchazy-Carducci Publishers, 1982).

10) Thorkild Jacobsen, *The Treasures of Darkness*, (New Haven: Yale University Press, 1976), pp.193~219.

11) Samuel Noah Kramer and Thorkild Jacobsen, "Gilgamesh and Agga," *American Journal of Archaeology*, 53 (1949), pp.1~18.; W.H. Ph. Roemer, *Das sumerische Kurzepos 'Bilgamesh and Akka' Alter Orient und Altes Testament*, 209 I, (Kevelaer: Verlag Butzon & Bercker, Neukirchen-Vlyun: Neukirchener Verlag, 1980).

12) A.R. George, *The Babylonian Gilgamesh Epic: Introduction, Critical Edition and Cuneiform Texts*, (Oxford: Oxford University Press, 2003), p.145.

13) Marie-Louise Thomsen, *The Sumerian Language: An Introduction to its History and Grammatical Structure*, (Copenhage: Akademisk Forlag, 1984), p.44.

14) Thorkild Jacobsen, "Second Millennium Metaphors, "And Death the Journey's End": The Gilgamesh Epic," in *The Treasures of Darkness*, (New Haven: Yale University Press, 1976), pp.119~120.

15) A.R. George, "Shattered tablets and tangled threads: Editing Gilgamesh, then and now," *SOAS University of London*, p.11.

16) A.R. George, *The Babylonian Gilgamesh Epic: Introduction, Critical Eidtion and Cuneiform Texts Vol.1 & Vol.II*, (Oxford: Oxford University Press, 2003).

17) 자역(字譯, transliteration)은 아카드어 쐐기문자로 기록된 원문의 음가를 있는 그대

로 표시한 것이다. 쐐기문자 하나하나는 저마다 고유한 음가를 지니고 있다. 음역(音譯, transcription)은 자역을 가지고 아카드어 문법에 맞게 언어학적 해석을 가미한 작업이다. 아카드어는 자음의 중복이나 모음의 장단이 의미를 결정하기 때문에, 아카드어 문법을 완벽하게 이해하지 못한다면 음역을 할 수 없다. 특히 길가메시처럼 중요한 인명·지명·신명은 셈족어인 아카드어가 아니라 수메르어로 표기되어 있다. 원문에서 단어가 모두 대문자로 기록된 단어는 수메르어 단어다. 자역에서 수메르어로 기록된 단어는 음역에서 아카드어로 번역되어 표기하였다. 학자는 자역과 음역 과정을 거친 후, 정확하게 그 문장의 의미를 번역할 수 있다.

18) J.H. Tigay, *The Evolution of the Gilgamesh Epic*, (Philadelphia, Bolchazy-Carducci Publishers, 1982), pp.214~240.

제11장 다리우스 대왕의 원칙, 아리야

1) '아리아'의 PIE 형태인 '하르(*h2ar)'는 문헌에는 실제로 존재하지는 않지만, 이란어 '아리야'와 산스크리트어 '아르야' 언어형태의 조상을 문헌학적으로 재구성한 모습이다. 서양인의 조상인 인도-유럽인은 아마도 기원전 4000년경 하나의 집단으로 존재하면서 이 단어를 사용했을 것이다. 학자들은 이런 존재하지 않는 단어라는 표시로 단어 앞에 별 표시를 한다. 원-인도유럽어에 관한 자세한 논의는 I.P. Mallory, D.Q. Adams, *The Oxford Introduction to Proto-Indo-European and the Proto-Indo-European World*, (Oxford: Oxford University Press, 2006)와 Oswald Szemerényi, *Introduction to Indo-European Linguistics*, (Oxford: Oxford University Press, 1996)를 보라.

2) Aditi Chaturvedi, "Harmonia and ṛtá," in *Universe and Inner Self in Early Indian and Early Greek thought*, ed. Richard Seaford (Edinburgh: Edinburgh University Press: 2006), pp.40~54.

3) Franciscus B.J. Kuiper, "the Bliss of Aša," *Indo-Iranian Journal*, 8.2, pp.96~129.

4) Truesdell S. Brown, "Herodotus' Portrait of Cambyses," *Historia: Zeitschrift für Alte Geschichte*, 31.4 (1982), pp.387~403.; Pierre Briant, *From Cyrus to Alexander: A History of the Persian Empire*, trans. Peter T. Daniels (Winono Late, Indiana: Eisenbrauns, 2002), p.61.

5) Stephen Howe, *Empire: A Very Short Introduction*, (Oxford: Oxford University Press, 2002), pp.10~15.; Lawrence Freedman, *Strategy: A History*, (Oxford: Oxford University Press, 2013).

6) Karl Jaspers, *Origin and Goal of History*, (London: Routledge Revivals, 2011).

7) Pierre Briant, *From Cyrus to Alexander: A History of the Persian Empire*, trans.

Peter T. Daniels (Winona Lake, Indiana: Eisenbrauns, 2002), pp.107~164.

8) A.T. Olmstead, *History of the Persian Empire*, (Chicago: University of Chicago Press, 1948), p.9.; Hinz, *Darius*, p.145.

9) M.A. Dandamayev, *Persien unter den estern Achämeniden*, transl. H.-D. Pohl (Wiesbaden: Lubwig Reichert, 1976).

10) Aeschylus, *Persians in Greek Tragedy in New Translations: the Complete Aeschylus*, Vol.II, ed. Peter Burian and Alan Shapiro (Oxford: Oxford Unviersity Press, 2009), pp.3~112.

11) Jan Stronk, *Ctesias' Persian History*, Part I: Introduction, Text, and Translation (Wellem Verlag: Düsseldorf, 2010).

12) Herodotus, *Herodotus: the Histories: the Complete Translation, Backgrounds, Commentaries*, trans. Walter Blanco., ed. Jennifer Tolbert Roberts (New York: W.W. Norton & Company, 2013).

13) Gore Vidal, *Creation A Novel*, (New York: Random House, 1981).

14) 쐐기문자 판독이 진행되면서 단문보다는 페르세폴리스에 있는 장문의 쐐기문헌이 필요하게 되었다. 그런데 이란의 자그로스산맥의 서쪽 비시툰산에는 한 「비문」이 새겨져 있었다. 영국의 장교이자 외교관인 롤린슨(1810~1895)은 1826~1833년까지 인도에 장교로 머물면서 힌디어·아라비아어·현대 이란어를 배웠다. 그 후 이란 국왕 군대를 훈련시키기 위해 비시툰산이 속해 있는 케르만자 지방의 책임자로 부임했다. 탁월한 체력의 소유자였던 그는 동네 양치기 소년의 도움으로 1,100행 이상 되는 「비시툰 비문」을 모두 베끼는 데 성공하여 판독하였다. 이 「비시툰 비문」에 바로 다리우스 대왕의 족적이 남겨져 있었다.

15) W. Hinz, "Die Enstehung der altpersischen Keilschrift", *Archaeologische Mitteilungen aus Iran Neue Folge*, 1 (1968), pp.95~98.

16) Diodorus Siculus, *Diodori Siculi Bibliothecae liber sextus decimus. Biblioteca di studi superiori*, 56 (Firenze: La Nuova Italia, 1969), 2.13.1.

17) H. Luschey, "Studien zu dem Darius-Relief von Bisutin," *Archaeologische Mitteilungen aus Iran Neue Folge*, 1 (1968), p.67.

18) Chulhyun Bae, "Religion, Art and Literacy: three Critical Devices for the Legitimation of King Darius's Kingship," *Scripta*, 4 (2012), pp.133~150.

19) J. de Morgen, *Mission scientifique en Perse, IV Cartes des rives méridionales de la mer Caspienne, du Kurdistan, du Moukri et de l'Elam*, pp.160~171, pl.11. (Paris: 1895).

20) Irene Winter, "On Art in the Ancient Near East," in *Culture and history of the ancient Near East*, Vol.II, *From the Third Millennium B.C.E.*, (Leyden & Boston, Brill, 2010), pp.85~149.

21) Chulhyun Bae, *Comparative Studies of King Darius's Bisitun Inscription*, *Ph.D.dissertation*, (Harvard University, 2001), pp.76~80.

22) F.B.J. Kuiper, "Avestan Mazdā-," *Indo-Iranian Journal*, 1 (1957), pp.86~95.; Idem, "Ahura Mazdā "Lord Wisdom"?", *Indo-Iranian Journal*, 18 (1976), pp.25~42.

23) 엘람어는 이란 지역에서 기원전 3100년부터 사용된 쐐기문자로 동서고금의 어떤 언어와도 유전발생학적으로 상관이 없는 '고립어'다. 다리우스는 제국의 의례도시로 '페르세폴리스'를 만들어 그 안에 자신이 정복한 국가에서 징수한 금은보화를 비롯한 조공을 보관하는 창고를 두었다. 그는 제국의 「행정문서」와 「경제문서」를 모두 엘람어로 기록하였다.

24) '카드모스'라는 그리스어 'kadmos'는 그리스어가 아니라 셈족어로 '동쪽'을 의미하는 어근 '*q-d-m'에서 유래한 단어다. 그 의미는 '동쪽에서 온 사람'이란 의미다.

25) Ibid., Chulhyun Bae (2001), p.220.

26) R. Schmitt "Old Persian," in Roger D. Woodard, *The Ancient Languages of Asia and the Americas*, (Cambridge: Cambridge University Press), pp.76~100.

제12장 안티고네의 원칙, 호시아

1) Aristotle, *Poetics*, trans. Anthony Kenny (Oxford: University of Oxford, 2013), p.21.

2) D. Herbert Abel, "Sophocles, Poilitikos," *The Classical Journal* 49.1 (1953), pp.17~21.

3) G.W.F. Hegel, *The History of Philosophy*, trans. E.S. Haldane and Frances H. Simson (New York: Humanities Press, 1892), p.441.

4) Virginia Woolf, "On Not Knowing Greek," in *The Essays of Virgina Woolf*, ed. Andrew McNeillie (London: Hogarth, 1994), p.42.

5) Norman W. DeWitt, "Character and Plot in the 'Antigone'," *The Classical Journal*, 12.6 (1917), pp.393~396.

6) S.M. Adams, "The 'Antigone' of Sophocles," *Phoenix*, 9.2 (1955), pp.47~52.

7) Stephen S. Bush, "Sovereignty of the Living Individual: Emerson and James on Politics and Religion," *Religions*, 8 (2017), p.164.

8) Ludwig von Mises, *Theory and History: An Interpretation of Social and Economic Evolution*, (Auburn: Ludwig von Mises Institute, 2007), p.183.

9) Norman K. Swazo, "Preserving the Ethos: Heidegger and Sophocles," *Symposium*, 10 (2006), pp.441~471.

스스로에게 존경받는 사람

한 공동체를 규정하는 인물이 있다. 리더다. 리더를 보면, 그 공동체의 수준을 알 수 있다. 리더는 그 공동체가 선출한 최선이기 때문이다. 우리는 누구를 리더로 선택하는가? 공동체를 이끄는 리더의 덕목은 무엇인가? 누구에게 리더라는 호칭이 어울릴까? 우리는 군중 속에 있는 리더를 어떻게 구분할까?

리더는 '스스로에게 리더인 사람'이다. 혼자 있을 때 자신에게 리더인 사람이, 남들과 함께 있을 때에도 '리더'다. 리더의 표식은 '아우라'다. 아우라는 그 사람이 고귀한 열망과 그것을 성취하기 위해 노력하며 겸손이 몸에 배인 사람에게 나타난다. 신은 그런 사람에게 '카리스마'를 선물한다. 리더는 일상을 가볍게 여기지 않는 사람이다. 그는 일상을 인생의 첫날처럼, 인생의 마지막 날처럼 사는 사람이다. 1초가 1분이고, 1분이 한 시간이며, 한 시간이 하루다. 마찬가지로 하루는 1년이고, 1년이 100년이며, 100년은 바로 우주가 탄생했다는 138억 년이다. 순간을 소홀히 여기는 사람은 자신의 일생을 푸대접하는 어리석은 사람이다. 자신의 하루를 가벼이 여기는 자는 우주 탄생의 신비와 의도, 자신이 세상에 태어난 이유를 모르는 사람이다.

1세기 로마 시인 호라티우스는 '카르페 디엠(carpe diem)'이라고 말했다. 이 라틴어 문장에서 '디엠'은 '하루'가 되고 태양광선이나 눈으로 들어오는 '순간'이 되며, 신이 우주를 창조하면서 '빛이 있으라!'라고 말했을 때, 처음 등장한 바로 그 빛이기도 하다. '카르페'는 '카르페레(carpere)'라는 라틴어 동사의 명령형이다. '카르페레'는 과수원을 운영하는 로마의 농부가 과실농사에 사용하던 단어다. 사과의 당분이 최고인 순간은 사과가 자신을 가지와 연결시키는 작은 버팀 줄기인 과병(果柄)으로부터 떨어지기 직전이다. 과수원 농부는 그 순간을 경험을 통해서 안다.

그(녀)는 잘 익은 사과를 과병으로부터 과감히 떼어낸다. '카르페 디엠'이란 '순간을 포착하여, 과감히 자신을 위한 최선으로 전환시켜라!'라는 명령이다. 왜냐하면 그 순간이 영원이기 때문이다. 영원은 순간을 통하지 않고는 움직이지 않는다. 부분은 전체이고 전체는 부분이다. 부분이 없는 전체는 존재할 수 없기 때문이다. 우주 안에 존재하는 모든 것은 눈에 보이지 않는 사소한 것들의 조화로운 집합이다. 고대 그리스 과학자 데모크리토스는 우주를 허공(虛空)과 허공을 채우고 있는 원자(原子)의 집합으로 보았다. 그는 원자를 '더 이상 쪼갤 수 없는 것'이란 의미로 '아토모스(ἄτομος, atomos)'라고 불렀다. 이후에 현대 과학자들은 '아톰'이 더 이상 아톰이 아니라는 것을 발견하였다. 그 안에서 수많은 다른 개체를 발견했기 때문이다. 무한한 우주와 같은 원자에는 전자도 있고 원자핵 안에는 중성자와 양성자도 있다. 몇 년 지나면, 과학은 이 개체들 안에 셀 수 없는 우주가 있다는 사실을 밝혀낼 것이다. 과학은 인간의 지식을 발전시키기도 하지만, 동시에 인간의 무지와 무식을 알려주는 등불이다. 원자는 우주이고 우주는 원자다.

원자가 스스로 원자라는 이름과 힘을 가지기 위해서는 '원자'라는 자생적인 문법이 있어야 한다. 이 문법 없이, 원자는 원자라고 불릴 수가 없다. 그 문법이 바로 '응집력(凝集力)'이다. 원자가 응집력을 잃어버리면, 더 이상 원자가 아니며 우주 안에 존재하는 어떤 물건도 존재할 수 없어 무형이 되고 말 것이다. 원자가 완벽해야지만, 원자의 집합체인 인간도 자연도 우주도 완벽할 수 있다. 물방울은 바로 이 응집력이 만들어낸 가시적인 예술작품이다. 물방울은 베토벤의 「영웅」 교향곡보다 렘브란트의 「야경순찰」 그림보다 신비하고 완벽하다. 가만히 보고 있으면 전율이 느껴진다. 물방울이 모여 비가 되고, 시냇물과 강이 되어 결국 바다가 된다. 물방울이 바다이고 바다가 물방울이기 때문이다.

리더는 순간을 장악하여 예술로 승화하기를 연습하는 사람이다. 리더는 자신도 모르게 그(녀)를 좌지우지하려는 구태의연한 '과거의 자신'을 끊임없이 소멸(消滅)하는 자다. 13세기 페르시아의 시인 루미(1207~1273)는 이 소멸의 수련을 아라비아어로 '파나(fana)'라고 불렀다. '파나'는 순간으로 이루어진 자신의 일상을 장악하려는 수련이다. 리더는 파나라는 응집력으로 여기-지금을 장악하는 자다.

나는 스스로에게 묻는다.

"나는 나에게 리더인가?"

"나는 일상을 장악하는가?"

"나는 순간을 영원처럼, 영원을 순간처럼 대접하는가?"

리더는 일상에서 스스로에게 온전하고 완벽한 사람이다. 리더는 스스로에게 존경받을 만한 사람이다.

후기

주저(躊躇)와 오해(誤解)

리더의 하루는 확신과 환호가 아닙니다. 오히려 '주저'의 연속입니다. 그는 아무도 시도해보지 않는 길을 개척해야 하기 때문입니다. 항상 불안하고 초조하여 무슨 일을 한 번에 결정하기를 주저(躊躇)합니다. 주저는 신중(愼重)의 다른 이름입니다. 그는 이 주저를 통해, 더 깊이, 더 높이, 더 멀리서 자신의 현재를 관조합니다. 그는 마치 독수리처럼, 더 높은 곳으로 치솟아 올라 현실을 파악하고, '어두운 숲속' 너머에 있는 '파라다이스'를 찾아냅니다. 누구도 자신의 발을 들여놓은 적이 없는 '어두운 숲'이, 모두를 위한 지름길이란 사실을 깨닫습니다. 그의 비전을 믿을 사람은 거의 없습니다. 사람들은 오히려 그를 오해하고 배척합니다.

리더는 주저(躊躇)합니다. 그 심정을 미국시인 로버트 프로스트는 「가지 않는 길」이란 시의 첫 단락에서 이렇게 표현하였습니다.

"노란 숲에 두 길이 갈라져 있었다. 내가 두 길 다 갈 수 없어 아쉬웠다. 한 길밖에 갈 수 없는 여행자라 한참 서 있었다. 내가 볼 수 있는 만큼 저 밑까지 바라보았다. 그곳은 덤불길로 굽어진 장소였다.”

　일상은 딜레마일 수밖에 없습니다. 이 길도 좋아 보이고 저 길도 좋아 보입니다. 사람들은 저마다 자신에게 유리한 길이 옳은 길이라고 주장합니다. 이것이 리더와 대중의 차이입니다. 대중은 자신의 의견을 빠르게 주장하지만, 리더는 모든 이들의 서로 다른 요구를 경청합니다. 그리고 안타까워합니다. 그래서 리더는 연민(憐憫)합니다. 연민하기 때문에 주저합니다. 그(녀)는 일상의 난제를 가지고 ‘한참 서 있습니다’. ‘한참 서서 보는 행위’는 ‘대충 보기’와 다릅니다. ‘대충 보기’는 자신의 경험을 통해 얻은 지식을 통해, 자신에게 익숙한 대로 보는 행위입니다. 심지어 다른 사람의 의견은 틀리고 자신의 의견이 옳다고 착각하고 심지어는 자신의 생각만이 유일한 대안이라고 남들에게 강요합니다. ‘한참 보기’는 고독과 침묵을 오랫동안 훈련한 사람만이 할 수 있는 능력입니다.

　‘한참 보기’는 인도의 서사시 『마하바라타』에 등장하는 영웅 아르주나의 궁술과 같습니다. 그의 스승인 드로나는 영웅 아르주나와 그의 네 형제에게 궁술을 가르칩니다. 드로나는 나무로 제작한 작은 새를 높은 나무 위에 올려놓고 그것을 화살로 쏘아 떨어뜨리라고 말합니다. 드로나는 활을 쏘기 전에 다섯 명에게 묻습니다.

　“너는 무엇을 보는가?”

　형제들은 각각 나무의 웅장함, 가지의 풍성함, 자신과 나무 간의 거리, 활과 화살의 견고함, 자신의 몸 상태, 새의 모양 등을 장황하게 설명합니다. 그러나 아르주나는 다음과 같이 대답합니다.

　“나는 새를 봅니다.”

　그러자 드로나가 다시 묻습니다. “그러면 새가 어떻게 생겼는지 묘사해보아라!”

그러자 아르주나는 "저는 새의 모양을 묘사할 수 없습니다. 저는 새의 눈만 보기 때문입니다."

아르주나의 화살은 여지없이 새의 눈에 명중합니다. 리더는 주저를 통해 '새의 눈'이 자신의 눈에 들어올 때까지 인내합니다.

리더는 오해받는 사람입니다. 그는 공감의 대상이라기보다는 반감과 오해의 대상입니다. 그의 전략은 일부 이익집단을 위한 좋은 것이 아니라, 모두를 위한 것입니다. 당장이 아니라 항구적입니다. 사람들은 그런 리더들을 배척하고 제거해왔습니다. 리더들의 공통점은 동시대인에게 미움과 질시의 대상이 되어 자신들은 정작 외로움과 고통에 시달렸다는 점입니다. 미국의 사상가 랠프 월도 에머슨은 「자립」이란 에세이 '제14단락'에서 위대한 리더들이 대중으로부터 받는 평가는 환호가 아니라 오해라고 말합니다.

"오! 당신이 분명 오해의 대상이 될 것입니다. 피타고라스·소크라테스·예수·루터·코페르니쿠스·갈릴레오 그리고 뉴턴은 오해의 대상이 되었습니다. 육체를 지니고 태어난 모든 청결하고 지혜로운 영혼은 그렇습니다. 위대하다는 것은 오해를 받는 것입니다."

리더는 남들보다 많이 주저하고 오해받기를 두려워하지 않기 때문에 위대합니다. 리더는 스스로에게 감동적인 삶인 '위대함'을 매일 수련합니다. 그 수련이 그에게 진실(眞實)함과 선(善)이라는 카리스마를 선물로 줍니다. 리더는 이 덕목을 몸에 훈습(薰習)하여 자신의 생각, 말 그리고 행동으로 보여줍니다. '진실함'은 자신에게 주어진 소중한 가치를 지키고 발휘하려는 겸손한 마음가짐입니다. 그(녀)는 남의 일에 참견하여 들이대지 않습니다. 자신에게 온전하게 몰입되어 항상 침묵을 수련하고 누구의 칭찬이나 인정을 바라지 않습니다. 그러기에 우리는 진실한 사람을 좀처럼 찾을 수 없습니다.

그(녀)는 거대한 산과 같습니다. 등산하는 사람들은 그 안에 심긴 나무와 흐르는 시냇물을 보고 감탄하지만 그 산 전체를 볼 수 없습니다. 위대한 리더는 산처럼 멀리서 봐야 비로소 그 윤곽을 드러냅니다. 사람들은 자화자찬하는 사람을 좇습니다. 이들에게 서양문학의 효시인 호메로스 시인은 길거리에서 노래 부르는 걸인 장님에 불과하며, 예수는 가난한 집에서 태어나 고등교육을 받지 못한 떠돌이 목수 아들일 뿐입니다. 호메로스는 문학에 대한 이론을 만들어 연구하는 사람이 아닙니다. 자신의 눈앞에 앉아 있는 실의에 찬 동료들의 눈을 보고, 자신의 몸과 목소리 그리고 눈으로 영웅들의 희로애락을 함께 노래하면서 웃고 눈물을 흘린 자입니다. 예수는 모든 인간에겐 신적인 DNA가 있고, 그 유전자를 자극하고 완성하는 가치는 종교의 교리가 아니라 사랑이라는 복음을 명료하게 외쳤습니다. 이들의 천재성은 시·공간을 넘어 인류 모두에게 전파될 진실이 되었습니다.

리더는 선(善)할 수밖에 없습니다. 선한 행동과 말은 선한 생각에서 나옵니다. 기원전 6세기에 등장했다고 추정되는 이란의 예언자 '자라투스트라'는 이란의 전통적인 사상을 집대성하여 '마즈다이즘(Mazdaism, 조로아스터교)'이란 종교를 창시하였습니다. 마즈다이즘의 핵심교리는 이것입니다. '좋은 생각(正思)', '좋은 말(正言)' 그리고 '좋은 행동(正行)'입니다. 영화「보헤미안 랩소디」의 첫 장면에서, 프레디 머큐리의 아버지가 가수가 되려는 프레디 머큐리에게 한 말입니다. '선'은 의도적이지 않고 자연스럽습니다. 선은 그 사람이 오랫동안 자신의 생각, 말, 행동을 갈고닦아 단순한 삶을 추구할 때, 그의 몸에 자연스럽게 스며드는 향기(香氣)입니다. 그 자신이 선을 항상 추구하기 때문입니다.

찾아보기

배철현 裵哲炫, 고전문헌학자

미국 하버드대학교에서 셈족어와 인도-이란어 고전문헌학을 전공하여 박사학위를 받았다. 인류 최초로 제국을 건설한 페르시아 다리우스 대왕은 이란 비시툰산 절벽에 「삼중 쐐기문자 비문」을 남겼는데, 그는 이 비문에 대한 권위자다.

저서로는 『구약성서』를 인류가 남긴 위대한 경전으로 해석한 『신의 위대한 질문』, 인간의 신적인 존엄성을 주장하다 순교한 예수에 대해 쓴 『인간의 위대한 질문』, 인류 진화의 핵심을 '이타심'으로 파악하여 빅뱅에서 기원전 8천 년 농업의 발견까지를 추적한 『인간의 위대한 여정』 등이 있다. '위대한 국가'의 초석인 '위대한 개인'이 되기 위한 묵상집인 『심연』 『수련』 그리고 『정적』을 출판하였다.

7년 전 시골로 이주하여, '글쓰기가 깊은 생각'이란 신념으로, 명상·조깅·경전-고전 연구·'매일묵상' 글쓰기에 몰입하고 있다.

배철현의 위대한 리더
자신에게 리더인 사람이 리더다

펴낸날	초판 1쇄 2019년 11월 5일
	초판 3쇄 2020년 4월 20일

지은이	배철현
펴낸이	심만수
펴낸곳	(주)살림출판사
출판등록	1989년 11월 1일 제9-210호

주소	경기도 파주시 광인사길 30
전화	031-955-1350 팩스 031-624-1356
홈페이지	http://www.sallimbooks.com
이메일	book@sallimbooks.com

ISBN	978-89-522-4040-8 03100

※ 값은 뒤표지에 있습니다.
※ 이 밖에 본문에 인용한 각각의 그림에 대한 저작권을 찾아보았지만, 저작권자를 찾지 못한 그림이 있습니다. 차후 저작권자를 알려주시면 그에 맞는 대가를 지불하겠습니다.
※ 잘못 만들어진 책은 구입하신 서점에서 바꾸어 드립니다.

이 도서의 국립중앙도서관 출판시도서목록(CIP)은 서지정보유통지원시스템 홈페이지(http://seoji.nl.go.kr)와 국가자료공동목록시스템(http://www.nl.go.kr/kolisnet)에서 이용하실 수 있습니다.(CIP제어번호: CIP2019011125)

책임편집 교정교열 서상미